골골한
청년들

꼬물꼬물한 청년들

'건강한 몸'의 세계를 살아내는
다양한 몸들의 이야기

사회건강연구소 기획

김미영·김향수 지음

오월의봄

차례

개인적 문제를 공적 이슈로, 공적 이슈를 개인적 의미로

김명희

노동건강연대 운영위원장, 예방의학 전문의

"단순히 질병이 없는 것이 아니라 신체적·정신적·사회적으로 완전한 안녕 상태." 1948년 제정된 세계보건기구 헌장에 규정되어 있는 건강의 정의다. 세계대전의 참상을 딛고 출발한 세계보건기구가, 그저 질병에 걸리지 않았다는 것에 만족하지 말고 더욱 적극적 의미의 건강을 추구하자는 의욕을 담은 것은 이해할 만하다. 그러나 이 정의에 따르면 지구상에 진정 건강한 사람은 단 한 명도 없을 것이다. 한국 사회만 해도 성인 셋 중 한 명이 고혈압, 일곱 명 중 한 명은 당뇨병과 함께 살아간다. 또한 셋 중 한 명은 평생 사는 동안 암에 걸리고, 또 암에 걸린다고 해도 70퍼센트 이상은 생존한다. 말하자면 대다수의 사람들이 크고 작은 건강 문제를 가지고 살아간다. 이렇게 '완전한' 안녕 상태는 현실에 존재하지 않음에도 불구하고, 한국 사회는 이를 전제로 굴러간다. 예전에 근무했던 일터의 창업자가 펴낸 자서전 제목이 "쉴 틈이 어딨어?"였다. 너무 지당하신 말씀이다. 한국 사회는 쉴 틈은커녕 "아플 틈"도 없다.

빡빡한 인력으로 쉴 틈 없이 돌아가는 일터는 한껏 당겨진 고무줄 같다. 누구 하나 갑자기 아파서 혹은 가족 돌봄 때문에 결근이라도 하면, 고무줄은 더 이상 견디지 못하고 끊어진다. 부담은 나머지 동료들에게 고스란히 전가되고 비난의 화살은 자연스럽게 그 사람에게 돌려진다. 고무줄을 한껏 당겨놓은 구조 자체는 잘 보이지 않는다. 아픈 사람들은 이렇게 민폐를 끼치지 않기 위해 알아서 노동시장 주변부로 물러난다. 이제 이들은 맨날 골골하고 사회에서 '제 몫'을 하지 못하는 사람이 된다. 이 책의 주인공들이 일상적으로 경험한 것이다.

그래, 노동시장에서 제 몫을 하지 못한다면 환자로서 아픈 문제라도 잘 해결해야지 싶지만, 이게 또 쉬운 일이 아니다. 일단 의료서비스를 이용하려면 돈이 든다. 국민건강보험과 의료급여 제도를 통해 보편적 의료보장universal health coverage 체계를 갖추고 있다지만, 한국의 본인 부담금 수준은 OECD 회원국에서 가장 높은 편에 속한다. 보건의료 전공자가 아니더라도 '비급여'라는 단어쯤은 대부분 알고 있을 정도다. 다행히 본인부담금상한제나 산정특례 제도 같은 보완책이 있지만, 부담을 완전히 없애지는 못하고 여기에도 여러 조건이 따른다.

치료비만 문제는 아니다. 아파서 일을 못 하면 생계를 이어갈 수단이 있어야 하는데, 한국은 기업이 제공해야 하는 유급 병가를 법적으로 보장하지 않고 상병수당 제도는 2022년에서야 처음 시범사업이 시작되었다. 세계 최초로 독일이 상병수당을 도입한 것이 1883년이었고, 스웨덴은 의료서비스에 대한 급여를 시작하기 40년 전인 1891년에 상병급여를 시작했다. OECD 회원국 사이에서 임금근로자의 질병으로 인한 평균 결근일 수를 비교할 때 한국이 압도적으로 낮은 것은 한국 노동자들이 세계 최고로 건강하기 때문만은 아닐 것이다.

이제 상병수당이 도입되고 (당분간 그럴 것 같지 않지만) 건강보험 보장성이 한층 더 강화된다면 문제가 해결될까? 그랬으면 좋겠지만 또 다른 암초가 있다. 분절적이고 상업화된 보건의료 공급 체계 말이다. 환자 스스로 길을 찾아나가기 굉장히 어려운 것이 현실이다. 세분화된 전문과들과 어려운 의학 용어 사이에서 길을 잃지 않도록 안내해주고, 오랜 신뢰 관계를 바탕으로 전반적 건강 상태와 삶의 조건을 고려해 최선의 치료 선택지를 찾도록 도와주는 주치의가 없기 때문이다. 그러다 보니 이 책의 주인공들처럼 진단받기까지 오랜 시간이 걸리거나, 많은 자원과 시간을 소모하면서 '의료쇼핑'을 하고, 효과를 알 수 없는 영양제에 의존하는 일들이 생겨난다. 사실 일가친척 중에 의사가 있거나, 언제라도 전화 한 통 걸어 궁금증을 해결할 수 있는 의사 친구가 주변에 있다면야 주치의 제도가 있든 없든 무슨 상관이랴. 하지만 계급 양극화가 극심한 한국 사회에서 골골하며 노동시장 주변부를 들락거리는 사람이 이러한 사회 네트워크를 갖기란 매우 어렵다. 주치의 제도의 부재는 사회적 약자에게 압도적으로 불리하다.

이런 문제들은 이 책의 주인공인 '청년'만의 것은 아니다. 어쩌면 나이 들어가면서 건강 문제가 한층 많아지고 생계 부양의 부담도 더 커지는 중장년층, 특히 노동시장에서의 불리함이 배가되는 중장년 여성들이야말로 이런 문제에 더욱 심각하게 직면할 가능성이 크다.

하지만 청년들에게는 이들만의 고유한 문제가 있다. 바로 이때가 생애 과정에서 중대한 이행의 시기라는 점이다. 교육과정에서 벗어나 노동시장으로 이동하고, 독립적 생계를 꾸리거나 새로운 가족을 형성하며, 가족과 친구를 벗어나 공적인 사회 네트워크를 만들기 시작하는, 일종의 '결정적 시기critical period'라고 할 수 있다. 이 시기의 크고 작은 건강 문제는 교육과정을 충실하게 이행하는 데 어려움을 안겨주고, 노동시장에 진입하는 데에도 장애물이 된다. 일자리를 얻는다 해도, 경력개발을 하고 사회 네트워크를 발판으로 삼아 더 나은 일자리로 이동하는 것을 어렵게 만든다.

게다가 지금 청년 계층은 단군 이래 최고의 스펙을 가진 세대라고 하지 않는가. 학벌, 학점, 외국어, 자격증과 인턴 경험…… 이렇게나 많은 각자의 무기를 가지고 격돌하는 전쟁터에서 단 한 가지라도 약점이 있어서는 안 된다. 그러다 보니 이 책의 주인공들은 "더 나은 미래의 삶"을 위해 아픈 몸을 부여잡고 자기계발이라는 중대한 과제를 어떻게든 수행하려 한다.

그리고 이러한 분투는 다시 건강의 악화로 이어진다.

또한 책의 머리글에도 등장하듯, 흔히 청년은 "돌도 씹어 먹는", 아니 씹어 먹어야 하는 사람으로 간주된다. 건강한지 아닌지 물어볼 것도 없이 당연히 인생에서 최고 건강하다고 단정되는 사람들이다. 그런데 골골대고 여기저기 아프다고? 인간 자체에 중대한 결함이 있거나 자기관리에 실패한 것으로 여겨지기 십상이다. 이런 적대적 환경 속에서 스스로에게, 또 타인에게 자신을 어떤 사람으로 정체화할 것인가는 골골한 청년들이 직면한 존재론적 질문이기도 하다.

추천사 주제에 너무 설명이 길었다. 이제 짧고 단호하게 결론을 이야기하겠다. 부디 이 책을 읽고, 주변에 골골한 또 다른 청년이 있다면 이 책을 적극적으로 소개해주시라. 당신은 혼자가 아니라고 말이다. 그리고 이 책이 제시한 과제들이 현실이 될 수 있도록 함께 노력하자.

이 책에는 건조한 설명문으로는 도저히 전달할 수 없는, 다양한 질병과 함께 살아가며 분투해온 청년들의 생생한 삶이 담겨 있다. 또한 개인들의 질병서사를 우리 사회의 보건의료 체계, 사회복지 제도 맥락 안에서 설명하고, 사회학적 이론들과 연결 지음으로써 이것이 불운한 개인들의 특별한 사연이 아니라 '사회적 문제'임을 잘 보여준다. 사회학자 라이트 밀즈 C. Wright Mills는 《사회학적 상상력The Sociological Imagination》에서 개인적 문제personal troubles를 공적 이슈public issues로, 공적 이슈를 다양한 개인에 대한 인간적 의미human meaning의 용어로 번역하는 것이 사회과학자의 정치적 책무라고 이야기한 바 있다. 두 연구자가 이 책을 쓰며 했던 작업이 바로 이것이었다고 생각한다. 그래서 독자들은 그저 안타까움이나 공감을 넘어서 우리 사회에서 무엇이 바뀌어야 하는지를 더 구체적으로 생각해볼 수 있게 되었다. 우리는 더욱 다양한 개인적 문제를 사회적인 것으로 만들어야 하고, 사회적 문제 안에서 더 깊게 개인의 삶을 바라볼 수 있어야 한다. 그래서 저자들에게는 조금 미안한 말이지만, 이 책이 '독보적이고 유일무이한' 책으로 남아있기보다는 앞으로 만들어질 커다란 다양성 모자이크의 중요한 한 조각이 되었으면 좋겠다.

여기, 골골한 청년들이 있다

정진주
사회건강연구소 고문,
근로복지공단 서울남부업무상질병판정위원회 위원장

만성질환으로 인해 또는 의학적 질병이 확인된 것은 아니더라도 일상을 지속하는 데 에너지가 부족하고 힘들다는 이야기는 사람들이 모여서 자주 나누곤 하는 주제다. 나 역시 상당 기간 기력이 딸려 골골한 상태로 시간을 보냈다. 이렇듯 '골골한' 사람들은 오래전부터 우리 곁에 있었지만 무시되거나 드러나지 않았고, 이 주제는 어디서도 주목하지 않았고 누구도 적극적으로 드러내지 않았다.

그렇다면 골골한 사람들의 이야기는 왜 수면 위로 떠오르지 않을까? 병원에 입원하고 치료를 하고 있어야만 관심의 대상이 될 수 있는 걸까? 만약 골골한 사람이 청년이라면, 그 청년들은 어떻게 살아가고 있을까? 여러 질문이 다가온다.

우리가 '골골한 청년'에 주목하는 것은 몇 가지 측면에서 중요하다. 첫째, 현재 우리 사회의 청년들에 대한 인식은 과거에 비해 지금의 청년들이 취업과 경쟁으로 인해 힘든 시기를 보낸다는 세대론적 담론이나 이들은 매우 다른 생각과 행동양식을 보인다는 사회문화적 관점이 대세를 이룬다. 건강의 측면에서 청년에게 접근하는 시도는 매우 부족하다. 둘째, 청년은 젊고 활기차고 체력도 좋다는 것이 일반적인 인식인데, 모든 청년이 이 이미지에 부합하지는 않는다. 따라서 골골한 청년을 호명해 그들의 삶을 드러내는 것이 중요하다. 셋째, 청년기는 생애주기상 노동 세계에 입문하는 시기다. 이 시기에 골골하다는 것은 일터로부터의 배제, 중도 이탈, 성장 가능성의 포기 등을 의미한다. 이는 향후 커리어의 발전과 삶의 질에 큰 영향을 미친다. 넷째, 각종 사회정책은 건강한 청년을 대상으로 한다. 이의 허점을 드러내고 대안을 마련하는 것, 골골한 청년들이 사회구성원으로 살아가기 위한 든든한 사회적 지지가 필요하다.

이 중요성에 착안해 골골한 청년 연구가 시작됐다. 사회건강연구소는 의학적 측면뿐 아니라 사회문화적 측면에서 건강을 분석하고 대안을 모색하는 연구 및 교육을 오랫동안 수행해온 곳으로, 골골한 청년에 대한 연구 역시 그 맥을 같이한다.

이 책에 수록된 골골한 청년들의 이야기가 비슷한 상황에 처한 다른 청년들에게 동병상련의 위로를 주길 바란다. 또한 우리 사회가 골골한 청년들을 사회 구성원으로 적극적으로 품고, 그들이 더 나은 삶을 누릴 수 있도록 만드는 계기가 되기를 희망한다.

일러두기

1. 구술자의 구술 내용은 국립국어원 표기에 맞지 않거나 비문일 경우에도 대부분 그대로 실었다. 다만 독자의 이해를 돕기 위해 가다듬은 부분이 있다.
2. 저자들이 독자의 이해를 돕기 위해 부연한 내용은 대괄호([ ])로 표기했다.
3. 단행본은 겹화살괄호(《 》), 논문(한국어)·기사·영화·드라마 등은 화살괄호(〈 〉), 논문(영어)·웹페이지 등은 겹따옴표(" ")로 표기했다.

건강한 몸의 세계에서
골골한 청년으로 살아가기

골골함이란 몸이 약해 종종 아픈 상태를 뜻한다. 골골함은 나
의 모습이기도 하고 주변의 많은 사람에게서 보이는 모습이
기도 하다. 그러나 우리 대부분은 몸 상태와 상관없이 건강한
몸able-bodiedness을 기준으로 만들어진 사회 규칙에 맞춰 살아
간다.

　　누구나 누려야 할 삶이라고들 하는 '워라밸work-life balance'
조차 어떻게 이야기되고 있는지 생각해보자. 한국에서 일·생
활 균형 정책은 자녀 돌봄 등의 이유로 일과 가정생활을 동시
에 해내야 하는 기혼 노동자 중심으로 도입되었다. 또한 '하루
8시간'과 같은 근무시간 제도가 워라밸을 보장해주는 기본적
조건인 것처럼 논의된다. 미디어 담론에서는 어떠한가? 사생

활을 중시하고 자신만의 취미생활을 즐기는 젊은 직장인을 워라밸 세대로 지칭하며,[1] 일과 자기 성장 사이의 균형을 누리기 위해 안정된 직장도 마다하는, 마치 MZ세대의 라이프스타일 혹은 가치관 변화로 여기곤 한다.

그러나 골골한 이들에게 워라밸은 여가와 삶의 질을 넘어선 생존의 문제일 수 있다. 임금을 벌기 위해 사용한 노동력을 보충하려면 자신의 몸을 돌보는 시간이 필요한데, 골골한 이들은 건강한 이들보다 그 시간이 더 길게 필요하기 때문이다. 그럼에도 한국 사회에서 워라밸은 가족 돌봄의 책임, 자기 성장, 삶의 질을 저해하는 긴 노동시간의 문제로만 여겨지며, 실천하는 사람들 저마다의 몸과 생활환경에 따른 다양한 경험과 욕구를 고려하지 않는다.

그러한 현실에서 우리는 여러 가지 질문을 던지게 되었다. 생애에서 가장 활력 있고 건강하다고 여겨지는 청년의 모습에서 벗어난 골골한 청년들의 워라밸 경험은 어떠할까? 사회인으로서 자신의 위치를 형성하기 시작하는 성인 초기, 이들은 자신을 계발하고 성장할 기회를 어떻게 만들어나갈까? 그렇지 않아도 한국 사회는 노동시간이 긴 곳인데, 골골한 이들의 삶을 지원하는 사회정책도 부족한 상황에서 이들은 어떻게 살아가고 있을까? 지난 10년간 아픈 사람들을 만나며 그들의 이야기를 들어왔던 연구자와 다양한 이들의 워라밸 특성을 연구했던 연구자가 만난 계기가 된 질문들이었다.

우리는 누구나 아플 수 있다. 그런데 이 명제를 우리는 어떻게 받아들이는가. 흔히 질병은 치료하면 되는 문제고, 치료를 하고 나면 아픈 몸으로 살아가는 고통 역시 사라지리라 생각한다. 하지만 모든 병이 완치되지는 않는다. 아무리 치료해도 증상만 완화될 뿐 완치되지 않는 병도 있다. 아픈 몸, 골골한 몸, 다시 아파질 수 있는 몸으로 살아가는 이들이 있다. 의료사회학자 아서 프랭크Arthur Frank는 재발을 우려하는 사람들, 식이조절 등 관리가 필요한 사람들, 만성질환자, 장애인, 그들의 가족을 "계속 회복 중인 상태로 살아가는 사람들의 사회",[2] 즉 회복사회remission society의 구성원이라 지칭한다.

이 회복사회의 구성원 중에는 청년이라는 존재도 있다. 하지만 우리 사회는 아프고 골골한 청년이 마치 존재하지 않는 것처럼 여긴다. 돌도 씹어 먹을 나이에 아프다니. "아프니까 청춘이다"라는 표현처럼, 우리 사회는 청년의 아픔을 성장통으로 바라본다. 청년의 이상과 현실의 간극에서 생긴 고투이기에 당연한 아픔이라 여긴다. 상사와 직원의 회사생활을 보여주는 한 텔레비전 예능 프로그램에서, 출연자 한 명은 "두통과 대상포진으로 아픈 직원들에게 왜 반차를 주지 않느냐"는 다른 출연자의 질문에 "젊은 애들은 허구한 날 아프다고 한다"라는 답을 했다.[3] 청년의 신체적 고통을 나약함과 불성실이라 여기는 사회적 편견이 반영된 말이다. 이처럼 청년이 아프면 그건 성장통, 즉 꾀병이라며 그들의 신체적 고통을 부인한다.

우리 사회는 아프고 골골한 청년들의 삶에 관심이 없다.

보통 청년기는 교육을 마치고, 직장을 구하고, 새로운 사회적 관계를 형성하고, 부모에게서 독립하는 등 다양한 전환이 이루어지는 시기다. 그러나 불안정성으로 표현되는 사회구조 속에서 교육, 주거비, 일자리 등의 이유로 인해 독립된 개인으로 성장하는 시기가 점점 지연되고 있으며 많은 청년이 전통적 생애 발달과업 수행에 어려움을 겪고 있다.[4] 비싼 대학 등록금을 벌기 위해 아르바이트를 하며, 취업을 위해 공부를 하고 다양한 스펙을 쌓아도 정규직으로 진입하기 힘든 청년, 그래서 연애도 결혼도 포기한 청년의 모습이 아마 우리 사회가 무채색이라 생각하는 전형적인 청년의 모습일 것이다. 희망과 가능성보다 절망과 좌절을 뜻하는 '이생망(이번 생은 망했다)'이라는 단어로 회자되는 청년들을 위해, 최근 다양한 사회정책이 도입된 것이 그 방증이다.

하지만 모든 청년이 동일한 처지에 있거나 동일한 경험을 하지 않는다. 예를 들어, 청년 세대 내의 양극화가 극명하다. 2021년에 통계청이 발표한 〈2020년 가계금융복지조사〉 분석 결과에 따르면, 20대 가구 상·하위 20퍼센트 간 자산 격차는 39배인 것으로 나타났다. 상위 20퍼센트의 평균 자산은 전년 대비 817만 원 늘어난 3억 2,800만 원이지만 하위 20퍼센트의 평균 자산은 전년 대비 115만 원 줄어든 844만 원이다.[5] 20대 내 소득 격차는 2.45배인데 자산 격차가 39배라는 점은 일해서 번 돈보다 누군가의 도움으로 자산이 형성된다는 걸 보여준다. 이런 자산 형성의 차이는 청년 내부의 격차, 즉 미래를 위해 투자할 시간과 경제적, 문화적, 사회적 자본의 차이를 드러낸다. 자산 격차는 개인 생활·고용·교육·주거·가족 형성 등 다양한 영역에서 불평등을 야기하기 때문이다.[6] 실제로 청년 정책이 고용 중심으로 시행되는 데서 벗어나 청년들의 다차원적 경험을 고려해야 한다는 논의가 있었고, 노동·주거·건강·사회관계 등을 포괄하는 제도인 청년기본법이 2020년에 제정되기도 했다.[7] 청년 내부의 다양성을 이해하는 것은 청년들이 겪는 불평등을 이해하기 위한 전제 조건이다.

그렇기에 우리는 골골한 청년들의 삶의 경험에 주목했다. 만성질환이라는 의사의 진단을 받았고, 주 40시간 이상 일하는 게 체력적으로 어려워 일을 그만둔 적이 있는 20~30대 청년을 사회건강연구소 홈페이지와 페이스북을 통해 모집했다. 집합적 사례 연구collective case study로 "문제나 과정, 사건 등에 대한 다른 관점을 보여주는 사례를 선택"[8]하기 위해, 병력과 직업력을 기준으로 연구참여자를 선정했다. 질환, 중증도, 발병 시기와 같은 건강 상태뿐 아니라 직업, 고용형태와 지위에 따라 골골한 청년들이 일하고 살아가는 경험과 욕구가 다르기 때문이다. 이렇게 만나게 된 청년들은 우리에게 워라밸을 넘어 골골한 몸으로 살아갈 수 있는 삶의 조건이 무엇인지를 이야기해줬다.

특히 이 책은 연구에 참여한 구술자들의 출간 제안에서 시작되었다. 우리가 만난 골골한 청년들은 우리 사회에도 아픈 청년이 존재한다는 것을 드러내고, 사회가 그들을 있는 그대로 바라보길 바란다. 열심히 살고 있는 자신들을 베짱이처럼 보는 사회의 시선이 변화해야 한다고 이야기한다. 청년은 아프지 않을 것이라 생각하는 일터와 사회정책의 전제가 바뀌어야 한다고 이야기한다. 워라밸이 누군가에게는 선호의 문제지만 누군가에게는 건강관리의 필수조건일 수 있다고 이야기한다. 골골한 청년의 목소리를 듣지 않는 사회에서는 몸과 마음이 더 아파질 수밖에 없다고 소리친다. 무엇이 이들을 절망하고 자책하게 하는지, 어떻게 해야 이 상황을 개선할 수 있을지 말하는 것이다. 그들은 자신의 경험, 사유, 욕구가 사회에 전해지길 바라는 마음으로 연구에 참여했고, 더 많은 사람에게 자신들의 이야기가 전해지길 바랐다.

골골한 청년들의 삶에 주목하고 그들의 이야기에 귀 기울이면, 우리가 무엇을 해야 하는지 알 수 있다. 무엇보다도 건강한 사람들의 세상이 변해야 한다. 예를 들어, 현재 시행 중인 가족친화family-friendly 정책과 고령자친화age-friendly 정책은 가족을 돌봐야 하는 노동자와 고령자가 차별받지 않고 일할 수 있도록 지원한다. 이는 한편으로 가족을 돌봐야 하는 노동자나 나이 든 고령 노동자는 일하는 데 부적합하다고 여겨져 일터에서 배제되어왔음을 역설적으로 드러낸다. 즉, 일터에서 생산력 있는 몸, 이상적 몸의 기준은 '건강한 성인', '비장애 남성'이다. 남녀노소 누구든 건강한 젊은 비장애 남성이 할 수 있는 일을 해야 하며, 그렇지 않으면 공적 세계에 참여할 수 없다고 여긴다. 생산력 있는 몸이라는 기준을 적용하는 노동환경,

높은 수행 능력을 기대하는 일터는 일할 의지와 능력을 갖춘 많은 이들을 성별, 연령, 질병 및 장애와 같은 몸의 조건을 이유로 차별해왔다. 이는 일터뿐 아니라 사회생활의 다른 영역에도 모두 적용된다. 아프다는 이유로 배제되거나, 일하다 아파져서 일을 그만두는 것이 아니라 회복하며 일하는 삶을 지원하는 정책이 필요하다.

이 책이 구술자들의 바람처럼 골골한 청년들, 그리고 몸의 한계를 경험한 사람들에게 위로와 울림을 주길 바란다. 책은 지식을 전달할 뿐 아니라 타인의 삶을 통해 나를 돌아보게 만든다. 이 책의 구술자들 역시 아픈 몸으로 살아가는 경험과 생각을 담은 책, 사회권과 관련된 책을 읽으며 '골골한 나'라는 존재와 삶을 고민했다. 면담 사이사이 들었던 "아파도 미안하지 않으려 매일 다짐한다", "건강 격차"와 같은 표현을 통해 이들이 아픈 자신의 경험을 해석할 언어를 얻기 위해 책을 읽으며 더 나은 삶과 사회를 오랫동안 생각해왔음을 미루어 짐작할 수 있었다.

이 책은 골골한 청년 일곱 명의 생애사를 다룬다. 또한 이들의 경험을 바탕으로 자아, 질병서사, 돌봄, 사회관계, 노동, 생활시간, 사회정책 문제를 살펴본다. 이 책에서 만난 골골한 청년들의 삶은 다양한 방식으로 어그러졌으며, 몸과 마음의 고투를 겪으며 시민으로서, 사회구성원으로서 자기의 삶을 살아가고 있었다. 그렇기에 골골한 청년의 생애 경험을 통해 우리 사회를 생각해보기 위해 생애사라는 글쓰기 방식을 채택했다. "개인들은 그들 스스로가 살아 있는 사회의 재생산 단위"[9] 라는 사회학자 울리히 벡Ulrich Beck의 주장처럼, 사회는 인간의 삶에 영향을 주지만 그 사회 역시 구성원 개인들이 만들어나 간다. 골골한 청년들의 생애사는 건강한 몸이 기준이 된 사회 에서 그 기준을 따를 수 없는 이들이 어떤 어려움을 겪고 어떻 게 살아가는지 그들의 인생 굴곡뿐 아니라, 그들의 가치관과 미래 전망을 알 수 있게 하는 힘이 있다. 진단명, 발병 연령, 사 회적 자원(즉, 가족의 지원, 가용할 수 있는 보건의료 제도, 질병에 대한 우리 사회의 인식 등), 일하는 삶, 친밀한 관계에 관한 골골 한 청년들의 경험을 통해 질병이 우리 사회의 기존 불평등과 교차하며 개인의 삶에 어떤 질곡을 만들어내는지, 그리고 어 떤 변화가 필요한지 살펴보고자 한다.

생애사 이야기 사이사이에, 골골한 청년들의 일하는 삶을 둘러싸고 그들의 삶을 촉진하거나 제한하는 개인적 요인과 사 회적 요인이 무엇인지 분석했다. 우리는 연구참여자의 질병서 사를 좀더 광범위한 사회적, 역사적, 이론적 맥락 속에 위치시 킴으로써 그들의 경험을 개인적인 것으로 국한하기보다 이들 을 둘러싼 환경과 그것이 어떻게 상호작용하는지 살펴보았다. 구체적으로는 생애 이야기에서 드러난 골골한 청년의 자아정 체성, 돌봄, 사회적 낙인, 사회관계, 노동, 생활시간, 질병서사 에 대한 논의를 통해, 건강한 몸able-bodiedness으로 인한 사회 적 편견과 사회적 배제를 드러내어 사회가 함께 이 문제를 해 결해가야 할 이유를 짚어보았다.

많이 통용되는 말이지만 그 의미에 대해 의구심이 있는 말, 강조의 의미가 있는 말 등에 작은 따옴표를 사용했다. 큰따옴표는 다른 사람의 말이나 글을 인용한 경우에만 사용했다. 구술생애사 글쓰기는 구술자의 구술성을 그대로 살리기 위해 인용한 말에 큰따옴표를 사용하지만, 따옴표가 너무 많으면 읽기 어렵다는 편집자의 의견을 수용해 구술자의 사유와 당시 감정을 잘 표현하는 단어에만 큰따옴표를 사용했다.

구술자 보호를 위해 구술자 이름은 가명으로 썼다. 생애사 구술자들은 자신이 불리길 바라는 이름을 스스로 정했다. 생애사 구술자들을 제외한 연구참여자들은 색깔을 뜻하는 한글에서 이름을 따왔다. 보라, 연두, 하늘, 하양, (다)홍이 등. 서로 다른 색깔이 위계와 배제 없이 자신의 색깔 그 자체로 인정받고 그 안에서 각기 다른 매력을 뽐내듯, 지닌 질환과 처지도 서로 다르지만 구술자들의 말처럼 그들이 "나답게", 자기답게 살아가길, 자신의 존재 가능성을 충분히 펼치며 살 수 있는 사회가 되길 바란다.

저자 일동

영스톤씨 이야기

영스톤 씨는 콜센터에서 일하는 서른한 살 청년이다. 미국 급진주의 페미니스트인 슐라미스 파이어스톤Shulamith Firestone을 존경한다며, 그 이름을 따 젊음을 뜻하는 '영young스톤'이라는 이름을 쓰고 싶다고 했다. 책에서만 보던 건강 격차 문제가 자신의 이야기가 될 줄 몰랐다며, 아픈 청년들에게 그들이 혼자가 아니라고 손 내밀어주는 다양한 사회서비스가 도입되길 바라는 마음으로 연구에 참여했다. 고등학교를 졸업하고 편의점 아르바이트, 사무보조 등 주로 "저임금 노동"을 하다가 군대를 다녀왔다. 제대 후 청년 뉴딜일자리에서 일하며, 처음으로 인간답게 일하고 시민으로 살아갈 수 있었다. 청년 뉴딜일자리의 계약 기간이 끝날 즈음, 고열과 고혈압, 몸살이 보름 넘게 계속되었다. 고혈압, 편도선염, 중추기원의 현기증, 소뇌염, 수면무호흡이라는 진단명은 자신의 신체적 고통이 무엇인지 알아내기 위해 쓴 3년의 시간과 노력의 산물이다. 집이 넉넉한 편이 아니라서 그동안 벌어놓은 돈과 금융권의 대출로 생활비와 치료비를 해결했다. 인터뷰 당시에는 일할 수 있는 몸으로 회복해 무기계약직이지만 주 40시간을 일하고 있었다. 아프면 혼자라고 생각할 수밖에 없는 순간이 있다며, 언젠가 자신의 경험을 바탕으로 아픈 이들에게 혼자가 아니라고 전하는 글을 쓰고 싶어한다. 꿈을 간직한 채, 지금은 빚을 갚기 위해 매일 일하고 있다.

최저시급: 삶을 꿈꿔볼 돈이
주어지지 않아요

영스톤 씨는 대학에 가지 않는 선택을 했다며, 고졸 청년으로 일하는 삶에 대한 이야기부터 시작했다. 20대 초반에는 프로 게이머가 되려 노력했다. 하지만 자신이 주로 하는 게임에서 프로 게이머가 될 수 있는 사람은 많지 않았다. 열심히 했지만, 결국 프로 데뷔는 하지 못했다. 그 후 편의점 아르바이트나 회사 사무보조와 같은 "저임금 노동"을 주로 했다. 군대를 다녀온 뒤에도 계속 저임금 노동을 하다가 지인의 권유로 청년 뉴딜일자리에 지원했다. 청년을 위한 공공일자리에서 일한 경험은 기술, 직무 교육, 경력 제공 이상의 의미가 있었다.

공무원이나 중견기업, 대기업에 비하면 급여, 복지가 떨어진다고 하지만 저에게는 굉장히 좋은 환경이었어요. 흔히 말하는 고용주와의 문제랑, '급여를 받을까 받지 못할까' 그런 생각 때문에 힘들어하지 않고 일만 집중하면 되고. 휴가 자유롭게 쓸 수 있고, 병가 자유롭게 쓸 수 있고. 이게 웃긴데…… 사람으로 대해주는 느낌? 사람으로 기능하는 느낌이 있었어요. 전에는 급여를 주지 않을까 전전긍긍한 적도 있었고. 기본적으로 저보다 나이 많은 사람들이 고용주이기 때문에 폭언이나 그런 것들을 참아야 하고. 뭐…… 하다 못해 식대 같은 거라도 요구하려면 뻔뻔해야 하는데, 저는 어렸을 때는 요구하지 못했어요.

그는 공공기관에서 일하며 자신이 사람으로, 즉 한 명의 사회구성원으로 존중받으며 일한다고 처음 느꼈다. 고용주의 부당한 대우와 고객의 모욕적 언사를 참지 않아도 된다는 점, 임금이나 시간 외 근무수당을 받지 못할까 전전긍긍하며 일하지 않아도 된다는 점, 휴가도 병가도 눈치를 보지 않고 사용할 수 있다는 점 등이 그 이유다. 4대 보험이 처음 주어지고 대출이 나오고 카드가 발급되자 자신이 사회의 시민으로 기능한다고 느꼈다. 그뿐만 아니라 삶을 영위할 수 있는 자원이 주어지자 나에게 투자하는 일상을 꾸릴 수 있게 되었다. 최저임금을 받는 일을 할 때는 경제적 빈곤과 시간 빈곤에 시달렸다. 하루하루의 생활을 유지하는 삶이었기 때문이다.

영스톤 씨가 저임금 일자리에서 부당한 대우를 받아왔던 데는 그가 고졸 청년 비정규직 노동자라는 이유가 컸다. 한국 고졸 청년 노동자의 노동시장 불안정을 다룬 한 연구에 따르면, 영스톤 씨와 같은 고졸 청년 노동자는 나이에 따른 위계 때문에 일터에서 어려움을 겪는다. "고졸이라는 것과 나이가 어리다는 것이 복합적으로 작용하면 중첩적인 차별, 무시, 폭언의 원인"[1]이 된다는 것이다.

> 최저시급이어서 먹고사는 거 이후로 삶을 영위하고 꿈꿔볼 수 있는 돈이 주어지지 않았던 그게 되게 힘들었는데. 적어도 뉴딜일자리를 하면 월 200만 원은 주어지니까. 생활비 이후에 뭔가를 해볼 수 있는 돈이 생기고, 저는 그걸로 외국어 과외도 받고 책도 보고 그래서 이전보다 나은, 그래서 돌아갈 수 없는 삶을 만들 수 있던 거 같아요. 사실 그때는 자기계발 이상의 의미를 두지 않았던 거 같아요. 똑똑해지고 싶었고, 뭔가 남들에게 무시당하고 싶지 않았고, 무언가 한 가지 현상이나 사건을 봐도 넓은 시야로 보고 싶고. 그러려면 언어가 필요하다고 생각해서 영어 과외를 친구한테 받았고.

공공기관 뉴딜일자리는 청년의 일 경험 형성, 그리고 사회적으로는 공공서비스 강화를 위해 2013년 서울시에서 도입한 사업이다. 지자체 산하 공공기관에서 행정사무 등을 담당하는데, 직무 교육을 받으며 직무 역량을 강화하고 사업 후 민간 일자리로 취업을 돕는다는 점이 공공근로와의 차이점이다. 비록 청년 뉴딜일자리가 "계약직이라 회의에서 배제되고 일없이 방치되는"[2] 등 일 경험을 쌓기 어렵다는 비판이 있지만, 영스톤 씨는 이러한 경험을 통해 새로운 시각으로 일을 바라보기 시작했다. 지루하고 고되고 모멸스러운 감정 외에 일을 하며 성취감과 보람도 느낄 수 있다는, 즉 일에 대한 생각이 바뀌었다.

월급도 변했지만 변화는 단순히 그뿐만이 아니었던 셈이다. 일터에서 겪는 비인간적 대우에 어떻게 대처할지, 소중한 나의 노임을 어떻게 다 받아낼 수 있는지와 같은 인간다운 노동의 조건에 대한 고민은 어떻게 "쓸모 있는 사람"이 될 것인가라는 진로에 대한 고민으로 바뀌었다. 미래를 모색할 시간과 자원을 얻었기 때문이다. 몇 년간 일을 해도 고졸자라는 이유로 숙련 형성이 가능한 업무를 하지 못했기에, 경력과 숙련이 중요하다고 생각했다. 시간 여유가 생기니 자신의 상황을 돌아보고 미래를 모색할 수 있었다. 인간답게 일할 수 있는 조건은 무엇인지, 그리고 숨어 있는 나의 능력과 재능을 찾고 발휘하기 위해 무엇을 해야 할지 고민하고 실천하게 된 것이다. 친구들처럼 20대면 대학을 나오고, 군대를 다녀오고, 연애를 하는 그런 흔한 생애주기에서 자신이 벗어났다고 느꼈다. 그래서 나만의 메리트가 있으려면 열심히 노력해야 한다고 생각했다. 그래서 퇴근 후에 과외를 받고 운동을 하고 독서를 열심히 했다. 영스톤 씨는 이것이 자신을 아프게 만들지 않았을까 생각하기도 한다.

진단명을 찾아:
아플 땐 합리적으로 사고할 수 없어요

영스톤 씨가 병이 난 건 청년 뉴딜일자리 계약이 끝날 무렵인 2017년 11월이었지만, 정확한 병명을 알기까지 1년 반이 걸렸다. 처음에는 몸살인 줄 알았다. 열흘이 지나고 보름이 지나도 몸이 낫지 않자 않자 "이거 장난 아니다"라는 생각이 들었다. "장난이 아닌" 신체적 감각이 무엇인지, 이 감각이 일상적인지 병리적인지 판단하고 그 증상들이 어느 진료 과목에 적합한지 인터넷을 검색하다가 우선 동네 내과를 찾았다.

몸살이고, 비정상적으로 혈압이 갑자기 250까지 막 솟았었어요. 그리고 38도에서 39도의 고열. 모든 혈액 검사에서 수치가 안 좋게 나오는 거예요. 의사도 진단명은 모르고 저는 "어지럽고 아프다" 이 말만 반복했고. 그렇게 병을 달고 사는 거죠, 그 상태로. "눈에 보이는 병은 편도선이 기도를 막고 있다. 산소포화도가 낮아지니까 잘못하면 뇌에 손상이 갈 수 있으니 수술을 해라" 그런 조언을 받았어요, 의사 선생님에게. 그래서 수술을 했는데, 그 수술을 하기까지도 거의 반년이 걸렸어요. 왜냐면 아프고 힘들고 졸리니까 정상적 판단을 할 수 없어서 대학병원에 가야겠다고 판단하기까지 너무 오래 걸렸어요.

발병 즈음 뉴딜일자리도 그만두어야 했다. 기간제 일자리의 계약만료에 따른 퇴사였다. 몸이 나아야 일을 할 수 있다는 생각에 우선 치료에 전념했다. 의사의 처방에 따라 치료하면 몸이 나아지리라 생각했지만 차도가 없었다.

아픈 채 지내는 시간이 길어지자, 치료에 대한 기대 역시 바뀌었다. 완치되면 좋겠지만, 당장 증상이 조금이라도 완화되길 바랐다. 그렇게 집에서 "붙박이처럼" 지냈다. 여러 병원을 다니며 뇌 MRI 검사를 받아야겠다는 생각이 들었다. 정밀 검사가 필요하다고 생각하고, 어느 병원에서 검사받고 치료할지 판단하고 실천하기까지 2년이라는 시간이 걸렸다. 검사 비용뿐 아니라 이후 치료 효과까지 고민해야 하기 때문이다. 그는 아플 때 합리적으로 사고할 수 없었다고 그 시간의 자신을 회고했다.

지레짐작이 들어서, 제 판단이 들어서. 여러 병원에 가도 정확한 진단명도 2년 동안 못 알아냈고 차도도 없으니 충분히 도움받지 못했다는 생각이 들었고……. 처음에 내과를 갔거든요. 나중에 1년 반이 지나서야 밝혀진 진단명에는 뇌에 이상이 있었던 거예요. 그런 사이에 공백들을 메꾸기까지 너무 힘들었던 기억이 나요. 병원에서 치료하면 좋은 거고 아니면 만성질환으로 달고 살아야 하는 운명이잖아요. 어느 병원에 갈지, 어떤 치료를 받을지, 개인의 선택이 아니라 주치의 제도처럼 충분히 상담받고 도와주는 의료 제도나 의료인이 필요하다는 생각이 들었어요.

'고혈압', '편도선염', '중추기원의 현기증', '소뇌염'이라는 진단명은 그가 자신의 신체적 고통이 무엇인지 알아낸 시간과 노력의 산물이다. 무엇이 문제인지 알게 되자, 점차 차도가 보였다. 하지만 여전히 뭔가가 불편했다. 2020년 여름, 충분히 자도 개운치 않다고 느꼈다. 수면 부족이 일상생활에 영향을 끼친다는 판단하에 수면다원화 검사를 받았다. 수면무호흡 진단을 받고 양압기 처방을 받았다. 그렇게 "정상적"인 수면과 일상 활동이 가능해졌다고 했다.

'3분 진료' 때문에 그는 "충분히 상담받고 도와주는 의료 제도", 즉 주치의 제도가 도입되길 바랐다. 영스톤 씨의 분투는 1차 진료primary medical care는 활성화되었지만 1차 의료 primary health care는 취약한 한국 보건의료 제도의 문제점을 보여준다. 1차 진료는 몸이 아프거나 다쳤을 때 의료진에게 받는 첫 단계의 서비스를 말한다. 우리는 흔히 동네 병의원인 1차 의료기관에서 치료를 받으며, 때로는 의사의 소견서를 받아 2차, 3차 의료기관에서 진료를 받기도 한다. 반면 1차 의료는 세계보건기구World Health Organization, WHO가 1978년에 제안한 것으로, 개인이 접하는 보건의료 체계의 첫 관문이자 지역사회와 국가가 감당할 수 있는 비용으로 제공하는 필수적 보건의료 제도를 말한다.[3]

비용이 많이 필요한 검사, 진료 예약까지 몇 달이 걸리는 대학병원 진료 등 시간과 돈을 더 투자해야 하는 진료가 자신에게 필요한지, 그 비용을 자신이 지불할 수 있는지 영스톤 씨는 홀로 고민해야 했다. 내 몸에 무슨 일이 일어나고 있는지, 왜 아픈지, 어떻게 치료할 수 있는지, 병원 순례 속에 몸도 마음도 지쳐갔다. 건강 증진, 예방, 치료 및 재활 등 포괄적 보건의료가 이루어지는 1차 의료가 도입되었다면, 아마 영스톤 씨는 홀로 지레짐작하고 판단하느라 긴 시간을 보내지 않았을 것이다.

와병: 파산이긴 한데, 이걸 운에 맡겨야 하나?

아픈 원인과 효과적 치료 방법을 알아내기 위해 영스톤 씨는 주로 집에 있었다. 그는 3년에 가까운 그 시간을 누워서 허비했다고 회고한다.

집에 주로 있었는데. 아프지 않은데 사람이 쉬는 방법이 보통은 밖에 나가서 산책을 한다든가, 운동을 한다든가, 책을 읽는다든가, 친구를 만나든가, 기획을 하는 거잖아요. 저는 아침에 일어나서 천장을 보고 있고, 밤에 잘 때도 천장을 보고. 그 사이에 밥을 먹고, 자고, 자고, (웃음) 또 잤어요. 그러다 어쩌다 심심하면 게임하고. 사람을 생산성의 관점으로 보면 안 되는데, 진짜 그냥. 지금 생각해보니까 생산성으로 나를 판단했다니 아찔하네요.

영스톤 씨는 그 기간에 직장에서 일하지는 않았지만, 그렇다고 아무런 노력도 하지 않았던 것은 아니다. 자신의 몸이 일할 수 있는 몸이 아니라고 판단했고, 당장 구직 활동은 못 하지만 나중에 일할 때 더 나은 내가 되기 위해 직업 교육을 받았다. 그는 솔직히 말하니 부끄럽다며 자신의 학력 콤플렉스를 고백했다. 일단 학사학위가 있어야 그다음을 해볼 수 있기에 방송통신대학교에 진학했다. 청년 뉴딜일자리 이전에 일했던 일터의 열악함과 비인간적 대우, 그리고 그곳에서 숙련 기회를 얻지 못했던 경험은 교육과 직업 훈련을 통해 자신의 인적 자원 수준을 높여야 할 필요성을 일깨웠다. 최종 학교를 졸업하고 취업school to work transition하는 표준적 이행은 이제 요요 이행yo-yo transition으로 변화했다. 즉, 학교에서 취업으로 이행하고 끝나는 것이 아니라 이제는 마치 위아래를 오가는 요요의 모습처럼 "시장과 교육/훈련 사이를 오가는 요요 이행"[4]의 모습이 노동시장에서 나타난다는 것이다.

2020년을 살아가는 사람이다 보니 효율을 추구하고, 시간을 통제하고 싶고, 그런 욕망이 있을 거 아니에요. 그래서 나라에서 하는 교육들도 받아보고, 방송통신대학 그것도 넣어보고 했는데 다 중도 포기하게 되더라구요. 방위에 따라 직업기술교육원이 있더라구요. 북부, 남부, 서부, 동부, 그리고 중부 기술교육원이 있던데. 컴퓨터 그래픽 과정이 있더라구요. 제가 실무를 하고 업무를 하는 데 그런 툴을 잘 다루면 도움이 되지 않을까 해서 원서를 넣고 합격을 하고 수업을 듣기 시작했는데. 일단 통증과 질환 때문에 도저히 수업 시간에 집중이 안 되고 못 따라잡는 거예요. 기력도 없으니까 쉬는 시간이나 방과 후에 "더 알려주세요" 할 수도 없고. 그래서 쫓겨나듯이. 사실 그분들은 쫓아내지 않았는데 제가 부끄러워서 도망가듯이 거기서 나왔던 거 같아요.

국가에서 강의료 전부를 부담하는 직업 교육이어서 부담 없이 신청했다. 그런데 직업 교육은 대학과 달리 휴학 제도도, 아픈 이를 위한 학습 지원도 없었다. 국비 지원 교육이니 중도에 그만둘 때 있을지 모르는 불이익이 무엇인지 고민하기보다, 몸이 아프니 당장 집에서 쉬고 싶다는 생각만 들었다. 선택지는 없었고, 그렇게 서너 달 수강하다 그만두었다.

이 3년의 와병 기간에 1,000만 원 이상의 빚이 남았다. 수

입은 두 번의 단기 아르바이트로 번 게 전부였다. 생활비와 치료비 외 불필요한 지출을 줄이려 노력했다. 하지만 버는 돈보다 쓰는 돈이 훨씬 많았다. 버는 돈이 거의 없었기 때문이다. 영스톤 씨는 어머니와 함께 살지만, 치료비를 요구할 수 없었다. 함께 사는 어머니께 생활비나 용돈을 못 드려 미안한 마음이 들었다. 집이 풍족하고 넉넉한 편이 아니기에, 어머니가 공과금을 내주시는 것만도 큰 도움이 되었다. 진단명이 나오기까지, 모든 검사비와 치료비는 건강보험 급여, 비급여를 떠나 오롯이 자신의 몫이었다.

실비보험이 있었어요. 실비가 있었으니 이만큼이었던 거고. 제가 어찌 됐건 생소한 병명이라도 병명이 있고 코드명이 있으면 보험 처리가 되는 거니까 이 정도인데. 만약 희귀한 병이라면, 10만 명당 1명이라는 병이면 못 버텼을 거 같아요. 거의 파산에 가까울 거 같아요. 지금도 제가 파산이 아니라는 거는 아닌데. 아예 파산 선고받으러 법원에 갔을 거 같아요. 저는 '그나마 운이 좋았다'는 말로 표현할 수밖에 없는 거 같아요. '이걸 운에 맡겨야 하는 건가⋯⋯. 국가가 해야 하는 역할 아닌가?' 그런 질문이 있어요.

그동안 벌어놨던 돈, 실업급여, 퇴직금을 모두 쓸 수밖에 없었고, 통장 잔고가 바닥나자 병원비와 생계비를 대출했다. 그는 전 직장이 공공기관이라 1금융권에서 대출을 받을 수 있었다. 자신이 1금융권에서 받을 수 있는 대출을 다 받자 신용 등급이 1등급에서 7등급으로 떨어졌다. 하지만 파트타임으로라도 일할 생각을 할 수 없었다. 몸이 너무 아파서 아픈 몸 외에 다른 생각을 할 수 없었다. 일을 하기보다 "최소한, 최소한으로" 지출을 줄여야 했다. 법원에 파산 신청을 하지 않았으니 "그나마 운이 좋았다"라고 위안하며, 그는 조심스레 국가와 사회제도의 역할에 대해 질문한다. 금융권 대출은 금융상품일 뿐, 아픈 사람이 사회에 복귀하지 못하더라도 최소한의 존엄성을 잃지 않게 하는 사회적 지원책은 아니기 때문이다.

보호자 수술 동의서:
가족은 진짜 뭐지?

돌봄이 개인의 영역으로 여겨질 때, 가족의 역할은 더욱 중요해진다. 수술을 받게 되자, 병원에서는 보호자를 찾았다. 수술을 한다고 말했지만, 어머니는 아들의 아픔이 얼마나 심각한지 전혀 인지하지 못했다. 수술 전 병원에 와서 의사에게 어떤 수술인지, 회복은 어떨지 물어보지도 않았다. 수술하는 날도 병원에 나타나지 않았다. 수술 동의서를 작성할 때도, 수술 후의 간병도 친구의 조력을 받았다. 수술비는 다시 금융권 대출로 해결했다. 한국 사회는 돌봄의 1차적 책임을 가족에게 맡겨왔다. 최후의 의존처로 여겨지는 가족 안에서도 아픈 사람이 생기면 누가 누구를 돌볼지, 병원비나 아팠던 기간의 생활비는 누가 책임질 것인지 갈등이 생길 수밖에 없다. 가족의 역할과 의미를 계속 고민할 수밖에 없었다.

수술한다거나 그럴 때 다른 가정처럼 흔쾌히 50만 원, 100만 원을 던져준다거나 하는 걸 바라지도 않았지만. 아니다, 안 바랐다면 거짓말이죠. 그런 게 없어서 서운했어요. 솔직히 서운하기도 했고. 그런 부분을 나 혼자만 고민하고 책임져야 한다는 사실이 '우리는 진짜 뭐지?' 그런 생각을 들게 했어요. 저는 가족이라는 제도, 가족이라는 관계 맺기 방식에 대해 고민을 많이 하게 됐던 거 같아요. 실제로 제 친구들하고 비혼 지향 사회공동체 하나를 하고 있어요. 그렇게 생각이 발전하게 된 계기였죠. 단순히 혈연 같은 걸로 묶여서 '우리는 평생 함께할 거야'가 아니라 질문을 하게 되고, 어떤 점이 가려져 있는지 고민하게 된 계기 같아요. 모르겠어요. 어디까지 요구해야 하고, 어디까지 서운해해야 할 부분인지 모르겠고, 혼란스러워요. 솔직히 답이 없어요.

물론 성인이 된 그의 치료비와 생활비 전부를 부모에게 바라지는 않았다. 일하는 어머니가 수술 후 간병을 해주기 어렵다는 점도 알았고, 병문안 올 시간이 없었을 수도 있다고 생각한다. 하지만 1년 넘게 원인 모를 병으로 아팠던 아들이 어떤 병으로 아팠는지, 수술은 어떻게 되는지, 퇴원 후 어떻게 보살펴야 하는지 애정과 관심, 정서적 지지를 보여주었다면 좋았겠다는 생각이 들었다. 수술 후 병실에도 찾아오지 않은 어머니에게 서운하기도 했고, 이 모든 걸 혼자 책임져야 한다는 생각에 힘들었다. 수술할 당시에는 어머니의 처지와 마음을 헤아릴 여유도 없었다. 수술에 대한 두려움은 차치하고, 수술비와 간병할 사람을 구하고 수술 후 회복을 어떻게 해야 할지를 생각하는 것만으로도 벅찼다. 그저 지금은 당시의 부모님도 그럴만한 이유가 있었겠거니 생각할 뿐이다.

의료인류학자 아서 클라인먼Arthur Kleinman의 지적처럼, "가족 돌봄은 돌봄 부재에 관한 이야기이기도 하다".[5] 수술한 몸을 부축하고, 수술 부위가 잘 아무는지 살피고, 뜻대로 움직이지 않는 몸으로 인해 힘든 마음을 살피는 등 돌봄은 신체적, 정서적 요구에 적절히 대응해야 한다. 하지만 돌봄이 필요한 이의 욕구에 어떻게 반응하는가는 각자 처한 상황에 따라 달라질 수밖에 없다. 가족의 경제적 상황, 가족을 돌보고 부양해야 한다는 사회문화적 기대, 가족 관계, 가족이 이용할 수 있는 자원 등에 따라 의사 결정, 역할 분담, 자원 배분이 이루어진다. 만약 영스톤 씨가 입원한 병원에서 간호·간병통합서비스가 제공되었다면, 수술 후 몸의 회복뿐 아니라 이 모든 상황을 혼자 책임져야 한다는 마음의 부침이 조금 덜했을 것이다. 누군가가 입원할 정도로 아프면 그 가족이 그를 돌볼 것이라는 기대나 그것이 가족의 책무라는 생각은 돌봄 문제를 개인과 개별 가족의 문제로 여기게 만든다. 이를 개인과 가족이 해결하는 문제로 바라보기보다, 다양한 가족의 현실에 기반한 지원을 제공해야 한다.

한국에서 민법을 넘어서서 하다못해 무슨 주택청약을 하더라도 가족, 혈연, 부부 관계 아니면 잘 권리를 얻지 못하잖아요. 그런 것들에 대한 문제의식도 있었고. 뭔가, 아우, 말하기 민망한데, 남자 시민이 되기 위해서는 트로피처럼 여성을 가지고 있어야 되는 이런 작동 방식이 문제적이라 생각했던 거 같아요. 그래서 만약에 내가 파트너가 생기고 같이 하고픈 사람이 생겨도 제도 안으로 들어가지 않고 제도 밖에서 뭔가 법적 지원을 받기 위해, 그렇게 바꾸기 위해 친구들과 운동을 했고.

'가족이 무엇인가'라는 질문은 여러 생각을 낳았다. 진료를 받으러 병원에 갈 때, 의료진은 환자인 자신에게 어떤 치료를 받을지 설명하고 동의를 구했다. 하지만 수술을 받을 때, 의료진은 보호자인 가족을 찾았다. 보호자는 수술 동의서 작성뿐 아니라 신체적·인지적 고통을 겪는 환자를 대신해 입원 동의서 작성이나 의료서비스 결정, 간병 등을 결정할 수 있다. 사회건강연구소의 한 연구에 따르면, 의료 현장에서는 의료법 등의 법적 근거는 없지만 환자의 법정 대리인인 직계 존비속이나 배우자 등 가족이 환자의 보호자로 여겨진다.[6]

이러한 관행은 현실의 다양한 가족과 공동체를 포괄하

지 못한다. 다양한 가족이 사회적으로 인정받지 못하는 현실 속에서, 법적 근거가 없거나 미약한데도 불구하고 이루어지는 가족 중심의 보호자 개념은 누군가에게 "단순히 의료서비스를 받지 못한다는 의미를 넘어서 자신의 존재 조건이 사회에서 체계적으로 무시되고, 인정받지 못한다는 것을 의미"[7]할 수 있다. 다행히 영스톤 씨는 수술 전 보호자가 곁에 없자, 함께 온 친구가 수술 동의서를 쓸 수 있게 병원에서 허가해주었다.

영스톤 씨는 수술 이후 여러 질문이 이어졌다고 한다. 아플 때 내가 기댈 수 있고 나를 돌보는 사람이 누구인지, 무엇이 최선의 선택일지 함께 고민할 사람이 누구인지, 친족 중심의 보호자 관행보다 환자 중심의 관점에서 보호자를 생각할 수는 없는지. 나아가 그는 자신에게 연애가 어떤 의미인지, 결혼과 가족을 넘어선 어떤 친밀한 공동체를 꾸릴지, 이를 위해 어떤 법 제도적 변화가 필요한지 고민하고 그 대안을 실천하고 있다.

팬데믹과 일상:
나는 여기서 뭐하고 있나?

집에서 지냈던 3년 동안 영스톤 씨는 두 차례 아르바이트를 했다. 하나는 지인의 소개로 2주간 일했던 행사 진행요원 아르바이트다. 정오에 출근해 저녁 6~7시까지 일했다. 오전 출근은 아니었지만, 한겨울이라 일어나는 게 힘들었다. 일 자체는 자신이 딱 감당할 수 있는 만큼의 일이어서 어려움은 없었다. 오히려 처음 해본 일이라 재미있었다. 하지만 퇴근을 하면 그렇게 배가 고팠다. 영스톤 씨는 당시 자신의 퇴근 후 배고픔이 "가짜 배고픔"이었다고 말한다. 에너지원이 필요한 게 아니라 스트레스 때문에 먹게 됐다는 것이다. 그렇게 퇴근하고 먹고 싶은 대로 먹고 집에 가서 자니 체중이 점점 불었다.

사람이 어느 부분에 신경을 못 쓰게 되면 아예 무시하게 되는 건지, 생각을 안 하게 되는 건지 모르겠는데. 특히 사람을 대하는 일이라면 어찌 됐건 간에 외관에 대해 신경을 쓰잖아요. 어떤 옷을 입고, 어떻게 목소리를 내고 표정을 짓고, 그걸 신경 써야 하는데. 그걸 하나도 신경 안 쓰고 트레이닝복을 입고 일했어요. (웃음.) 부끄러움이 없어지더라구요. 당장 내가 중요하니까. 아까도 말했듯이 겨울 아침에 일어나는 것, 잠드는 게 너무 힘들었어요. 아무래도 호흡기 질환도 같이 왔다 보니까 비염이 너무 심해져서 제대로 잠을 못 자고. 제대로 잠을 못 자니까 스트레스나 피로가 안 풀리니 먹는 걸로 피로를 풀게 되고. 악순환의 반복이었어요. 일하면 살이 빠져야 하는데 막 10킬로 쪘던 거 같아요.

일단 돈이 급했기에 몸이 안 좋아도 반나절, 하루라도 쉬지 않았다. 아파도 우선 출근했다. 2020년 봄 코로나 팬데믹

마스크 대란은 그에게 두 번째 시간제 일자리를 가져다주었다. 바로 병의원에 공급되는 공적 마스크 판매의 보조 업무였다. 영스톤 씨는 조달청에서 공급받은 공적 마스크 상자를 동료와 함께 엘리베이터 없는 건물 3층 사무실까지 매주 마스크를 7~8만 개씩 날랐다. 그리고 그 상자 안에 들어 있는 공적 마스크를 10개씩 한 묶음으로 포장한 뒤, 건강보험심사평가원(심평원)에서 제공하는 관내 병의원 수와 병원당 종사 의료진(의사, 간호사, 간호보조사, 물리치료사 등) 수에 따라 판매했다.

마스크 판매 일은 육체적으로도 고되었고, 최저임금에, 흔히 말하는 주휴수당도 전혀 없고 4대 보험도 안 되는 "3D 업종"이었다. 편의점 알바를 다시 하는 기분이었다. 공적 마스크의 생산과 분배가 매일 주요 뉴스로 보도되고, 그 일의 성격이 전염병 위험을 줄이는 공적 업무임에도 불구하고 공적 마스크와 관련된 일을 하는 사람들의 노동조건에는 아무도 관심을 두지 않았다. 젊은 청년의 노동, 단기 계약직 시간제 일자리는 노동법의 적용도 되지 않는 사각지대에 놓일 뿐이다.

2020년 1월 20일 국내 첫 코로나19 확진과 2월 20일 첫 코로나19 사망이 보도되었다. 확진자가 하루에 수십, 수백 명씩 증가하자, 감염병 위기 경보는 '주의'에서 '경계'를 넘어 2월 23일 '심각'으로 격상되었다. 2020년 3월 세계보건기구는 코로나19의 세계적 대유행, 즉 팬데믹pandemic을 공식 선언했고, 한국에도 같은 해 3월부터 코로나 1차 대유행이 시작되었다. 그 무렵 영스톤 씨는 공적 마스크 판매 일을 시작해서 업무는 익숙해졌지만, 팬데믹이 언제 끝날지 알 수 없는 상황과 '공적 마스크 일을 하는 나'라는 존재를 인지할 때마다 혼란스러웠다.

병원들이 보통 1시부터 2시까지 점심시간이어서 그때 많이 찾으러 오셔서 저희는 3시에 밥을 먹었어요. 3시에 밥을 먹으면 TV에서는 중앙질병관리본부에서 브리핑하고 있더라구요. 그때 '제가 지금 뭐하고 있는 건가?' (웃음.) 이제는 '팬데믹이라는 현상이 예외 상태가 아니다, 우리 일상이다' 받아들이고 있는데. 그때 당시는 (한숨 쉬며) "아우- 이거 언제 끝나?" 했죠. 사람들이 픽픽 쓰러져가고 심지어 요양병원에서 몇십 명이 걸리고. 똑같이 코로나에 걸려도 입원한 사람, 취약한 사람이 죽는데. '나도 지금 아픈 사람인데 여기서 이걸 팔면서 뭐하고 있나?' 어안이 벙벙한 거예요. 현실 인식이 안 되는 거죠.

영스톤씨가 "어안이 벙벙"하고 현실 인식이 잘 안 되었다던 시기는 코로나 팬데믹이 시작된 바로 그해 봄이다. 바이러스 전파를 막기 위해 사회적 거리두기가 도입되었고, 학교는 문을 닫았으며, 사람들은 집에 머물러야 했다. 멈춘 일상이 다시 돌아와 자유로운 일상생활을 영위할 수 있으리라 바랐지만, 비대면의 삶이 일상이 되었다.

2020년 3월 매일 아침 조달청으로부터 배송받은 공적 마스크를 나르고 포장하는 것이 오전 업무였다. 주로 가장 붐비는 시간은 고객인 병원의 점심시간인 1~2시였다. 그 시간이 지나 3시경 점심을 먹으면 매일 질병관리본부 중앙방역대책본부의 브리핑이 생중계되었다. 매일 확진자 수와 감염 경로를 보도한다. 정례 브리핑은 언제나 "확진 시 중증으로 이어질 가능성이 높은 고위험군인 60세 이상 어르신 및 기저질환자분들께서는 외출은 최대한 자제해주시고, 불가피한 외출할 경우 반드시 마스크를 착용해주시길 당부드립니다"로 끝난다. 아픈 사람은 코로나19에 더 취약하다는 반복된 보도에 영스톤 씨는 자신에게는 "리스크가 더 있다"라고 생각했다. 특히 2020년 2월 20일 코로나19로 국내 첫 사망자가 보도되자, 그러한 마음이 더 커졌다. 고인은 청도 대남병원 입원 환자였고, 폐쇄병동에 20년 넘게 입원해 있던 무연고자였다.[8] 고인의 사망 원인과 고인이 입원해 있던 병원에 대한 보도를 볼 때마다 가슴이 아팠다.

진짜 환장하는 게 출퇴근이나 식사도 다 같이 해야 하는 거예요. (웃음.) 제 질병 때문에도 있지만 제 체력 때문에 꺼려졌고요. 심리적 문제도 있잖아요. 저 혼자 에너지 충전하고 싶은데 자꾸 약속 잡으면서 거절 못 하게 한다거나. 근데 지금 이야기하면서 생각난 건데, 제가 면역력이 약해지면서 비염과 호흡기 질환들이 막 엄청 심해졌어요. 숨을 쉬는 게 힘드니까 마스크를 자꾸 내리게 되는데 그러면 주변 사람들이 다 쳐다보게 되고.

언론에서 계속 보도되는 방역수칙에도 불구하고, 일터에서 방역수칙은 절대적으로 지켜지지 않았다. 같이 밥을 먹고, 2미터라는 물리적 거리두기도, 환기도 잘 되지 않았다. 나만 너무 예민하게 구는 건가 싶어 이런 고민을 말하기 어려웠다. 사회적 거리두기, 마스크 쓰기와 같은 감염병 상황에서 신체에 행사되는 사회적·법적 규제인 방역 수칙이 있지만, 개인의 위험 인식은 개인적 경험, 믿음, 그리고 자기 신체의 취약성을 경험하고 인식하는 방식에 따라 달라진다.[9] 영스톤 씨의 갈등은 외출을 삼갈 것이 권장되는 "기저질환자"라는 신체적 취약성, 대출 상환 압박이라는 경제적 취약성, 이러한 삶의 조건 속에서 아픈 나를 지키기 위해 방역수칙을 준수하라고 일터에 요구하기 어려운 노동자라는 사회적 취약성에 기인한다.

우정과 일, 분명해진 기준들

집에서 지낸 3년은 아파서 계속 집에 누워있었던 시간, 밖에 돌아다니거나 다른 사람들처럼 어떤 장소에 가서 뭔가 즐겼다고 자랑도 하지 못하는 시간이었다. 노동이라는 경제적 활동도, 우정이라는 친밀한 관계와 사회생활도, "전반적으로 이 사회에서 사람답게 살 수 있는 어떤 행위들을 하나도 못 한 채" 지냈다. 그러다 짧게는 몇 주, 길게는 몇 달간 두 차례 아르바이트를 했는데, 모두 친구의 소개를 통한 것이었다.

자꾸 제가 저 자신을 아래로 놓더라구요. (웃음.) 자존감이 낮아져서. 사실 그렇게 좋은 관계 맺기가 아닌데. 계속 막 그렇게 이상한 행동을 하는 저를 발견하게 되더라구요. 아파도 아픈 티를 잘 안 내고 혼자서 해결한다든가. 컨디션이 정 안 좋으면 휴가를 내고 안 나갈 수 있는데도 꾸역꾸역 나가가지고 그걸 책임감이라는 이름으로 포장한다든가. 그리고 뭐가 있을까? 계속 친구한테 반복해서 강박증마냥 "고맙다. 일 구해줘서 고맙다" 이런 이야기를 하고. 그게 저 자신의 자존감에도 별로 좋지 않은 영향을 주고 있다가 첫 번째고. 두 번째는 그 친구의 마음을 신경 쓰지 않은 채 제가 선의로 가득한 마음을 포장한 게 관계에도 좋지 않을 거라 생각이 들어서. 그 친구도 저한테 수동적으로 나올 수밖에 없잖아요. 아, 아픈 애가 자기한테 고맙단 소리를 하는데, 그러면 함께 일할 때 그 친구가 저한테 할 말을 못 하게 되잖아요.

영스톤 씨는 친구가 눈치를 주지 않아도 눈치가 보였다. 친구의 소개로 일할 수 있었고, 잠시 어지럽거나 통증을 느끼면 친구의 배려로 쉴 수 있었다. 바쁘게 움직여야 하며 쉬지 않고 일해야 하는 일터에서 자신만 배려받는 것 같았다. 고마운 마음을 그때그때 표현하다 보니 강박증처럼 고맙다고 말하는 게 아닐까 싶었다. 이런 자신의 모습에 자존감이 낮아졌고, 친구에게도 좋지 않을 것 같았다. 당당하게 휴게 시간을 보장받을 수 있는 일터였다면 어땠을까 생각했다. 어쨌든 "계약서를 쓴 노동 계약"이기 때문이다.

와병 시간을 지나 다시 사람들과 만나며 일하게 되니 '환자', '아픈 나', '회복 중인 나' 그리고 사회적 관계에 대한 고민이 이어졌다.

'나는 괜찮아. 나는 환자니까 나는 저걸 못 할 수 있어'라는 생각과 '나는 저걸 왜 못 하지. 나는 쓸모없는 사람이 된 건가'라는 생각과. 나는 환자니까, 환자임에도 불구하고 내 주변 사람들이 친구라면 요청할 수 있잖아요. "나 지금 아프지만 함께하고 싶어" 이렇게까지 말할 필요는 없겠지만 "너에게 짐이 될 수 있겠지만 도와줄 수 있겠니?" 이런 말을 할 줄 알아야 했는데 그것도 못 했어요. 꼬인 인간이 된 거 같아요. 아픈 기간 동안, 지금도.

진단명과 치료법을 찾으며 보낸 3년뿐 아니라 적절한 치료로 증상이 호전되다 다시 아파지는 지금도, 신체적 불확실성은 친구와 만나는 등 사회생활을 해나가는 데 설명해야 할 상황을 만든다. 증상에 따라 먹는 것과 활동하는 것이 달라질 수 있고, 때로는 더 아파지는 게 걱정되어 약속을 연기하거나 자리에 참석하지 못할 수도 있다. 몇 번 이런 일을 겪자, 친구들 역시 영스톤 씨를 배려하며 조심스레 대했다. 돌아보니 신체적 불확실성이 사회적 만남을 회피하게 만든 게 아닌가 싶었다. 친구에게 아픈 모습을 보여줄 수도 있고 때로는 어떤 활동을 같이하기 위해 친구들이 자신에게 도움을 요청할 수도 있었으면 하는 생각이 들었다.

그는 아팠던 시간이 길어지면서, 자신의 처지를 이해해주는 친구들만 남았기에 자신을 "꼬인 인간"이라 표현한다. 친구를 맺는 방식뿐 아니라 친구의 기준에 대해서도 다시 생각해 보게 되었다.

이 사람에게 배울 수 있는 게 있는 거 같고 재밌고 친밀감이 쌓이다 보면 괜히 친구인 거 같고 막 내 사람인 거 같다고 착각을 했어요. 사람 관계가 아무나 친하면 안 되잖아요. 그때는 아무하고나 친했어요. 아프고 나서 제가 잘못한 부분이 있다면, 사람들과 약속을 잡는다거나 거절하는 걸 잘 못했어요. 이게 1년이 되고, 2년이 되고, 3년이 되니까 이것도 짬밥 같은 게 생겨서. 상대가 저에게 만남을 요청했을 때 저도 거부할 수밖에 없는 상황이 오잖아요. 제가 못 만난다 하더라도 내 사정을 잘 이해해줄 수 있는 사람만 남았어요. 단순히 걱정해주는 몇 마디가 아니라 제 처지나 상황을 이해해주고 알아가는 사람들. 내 상황을 이해하는 것도 그냥 되는 게 아니라 나를 위해 노력해주는 거라는 걸 알게 되었어요. 예전에는 빚지기 싫어서, 신세 지기 싫어서 돈을 더 내거나 도움을 더 주는 식으로 이상하게 인간관계를 벌였다면, 지금은 더 솔직하게 이야기할 수 있어요.

인간은 사회적 동물이기에 홀로 살아갈 수 없으며, 서로 관계를 맺고 살아간다. 영스톤 씨는 아프기 전 "아무하고나 친했다"라고 회고하는데, 이는 사회생활을 하는 데 사람이 재산이라고 하는, 인맥이 강조되는 사회문화적 분위기 때문이다. 친밀감이 쌓인 사람이면 내 사람이라 착각하며 웬만한 부탁이나 약속을 거절하지 않았다. 하지만 아프고 나자 내 시간이 한정적이라는 점을 깨닫게 되었다. 그러자 예전처럼 흐리멍덩하게 "뭐 먹을래" 하면 아무거나 취향 없이 말하지 않게 되었다. 순간의 재밌음, 순간의 즐거움으로 관계를 지속하던 이전과 달리 나를 불편하게 하는 것이 무엇인지 고민하고 생각하기 시작했다. 적어도 내가 눈치 보지 않고 대할 수 있는 사람들, 그런 사람들이 모인 관계망에서 내가 나다워진다는 점을 알게 되었다. 그는 "나답다"라는 말이 이상하다고 하면서도, 아픈 후 명확해진 인간관계 기준을 그렇게 표현했다.

사회안전망: 혼자가 아니야

공적 마스크 판매는 오전 9시에 출근해 오후 6시에 퇴근하고 월급을 110~120만 원가량 받는 일이었다. 3개월간 일하고 나자, 이제 풀타임으로 일할 수 있다고 생각했다. 그렇게 두 달간 구직 활동을 했다. 직장을 정하는 기준은 세 가지였다. 첫째, 월급이 200만 원가량일 것. 둘째, 이후의 이직에 도움이 되는 실무를 배워 숙련도를 높일 수 있을 것. 셋째, 직장 동료와 상사들이 업무 외로는 간섭하지 않는 직장문화.

업무 이외에 터치하지 않은 곳을 원했어요. 업무에 대해서는 상관없는데, 사적인 것까지 물어보고 간섭하시니까. 또 퇴근하고 데이트 가는지 병원 가는지 이런 걸 이야기해야 하면, 제가 아픈 사람이란 걸 설명해야 하잖아요. 그게 너무 싫었고 귀찮아서 공사가 확실히 구분되는 곳을 원했고. (중략) 그런 기준으로 골랐던 거 같아요. 그래서 굉장히 만족스러워요. 기준을 확실히 하고 넣으니까 주변인들이 "왜 너는 지금 당장 입에 풀칠하기도 힘든데 그렇게 고르고 있냐" 하는 말을 너무 들어서 짜증이 나는데. 잘 다니니까 그런 말들이 없어졌어요.

영스톤 씨가 구직 기준을 포기하지 않을 수 있었던 건 청년수당 덕분이다. 그는 코로나 팬데믹 전까지는 청년수당을 받아본 적이 없다. 몇 번 신청했지만 우선순위에서 밀렸다. 2020년 처음 4개월 동안 서울시에서 지급하는 청년수당을 받았다. 영스톤 씨는 50만 원이 큰돈은 아니지만 그게 없었으면

큰일 날 뻔했다고 말한다. 근로장려금이나 코로나19에 따른 긴급생계비 지원은 가구원 수와 소득에 따라 가구주에게 지급하지만, 청년수당은 청년 개인을 기반으로 지급한다. 이 청년수당 덕분에 그는 구직 기준을 포기하지 않았고, 그래서 공공기관 콜센터에서 일할 수 있게 되었다. 영스톤 씨는 만약 청년수당이 없었다면 배달 일을 하거나 사기업에 가서 장시간 일하고 퇴근 후 지쳐 잠들 수밖에 없었을 것이며, 필자와 인터뷰도 하지 못했을 것이라고 너스레를 떨었다.

친구들이 놀랐던 게, "그 몸뚱이가 어떻게 된 몸뚱이냐?" 이런 말을 했는데, 저한테. 일을 하니까 아프지 않게 됐어요. 어떻게 된 말이냐면 아침 9시에 일어나서 어찌 됐건 밤 11시나 12시에 자야 하잖아요. 회사에 구내식당이 있고요. 제때 자고 제때 일하고 제때 먹고 이런 식으로 루틴 있게 살아갈 수 있게 환경이 조성이 되니까, 그동안 아프고 힘든 것들이 다 날아가버리더라구요. "회사에 가면 안 아프고 집에 가면 아프다"라는 소리를 친구들한테 하니까, "미친 거냐 드디어. 어떻게 그럴 수가 있냐"고 그러는데. 그렇게 돼버렸어요. 회사에 다니면서 점점 더 건강해졌어요.

일하다 너무 아프면 상사에게 보고하고 조퇴할 수 있다는 점뿐 아니라 일하며 규칙적인 생활을 할 수 있다는 점 때문에 건강해졌다고 한다. 팀장, 부장 등 상사가 주로 여성이며, 일만 잘하면 터치하지 않는 문화다. 정시에 퇴근할 수 있고, 회식이나 상급자에 대한 아부도 강요하지 않기에 이직을 고민하지 않는다.

영스톤 씨는 예기치 못한 발병으로 자신의 신체적 고통의 원인이 무엇이며 치료는 어떻게 해야 하는지를 알아보는 데 오랜 시간을 보냈기에, 1차 의료인 주치의 제도에 적극 공감한다. 하지만 아무리 좋은 제도여도 치료를 받고 생활하기 위해서는 결국 돈이 있어야 하기에 경제적 지원이 필요하다고 이야기한다. 그는 기술교육생들에게 제공되는 고용노동부의 생활비 대출을 예로 들며, "분홍빛 미래"의 기술교육생들과 "의식주가 극한으로 몰린" 아픈 이들을 대조하며 왜 더 어려울 수 있는 사람들에게 이러한 지원 제도가 없는지 소리 높여 질문했다.

기술교육생들은 고용노동부나 이런 데서 2.5퍼센트짜리 저리로 생활비 대출을 해주는데, 근데 아픈 사람은 생활비 대출을 안 해주더라구요. 물론 무슨 말인지 알아요. 아파서 심지어 일을 못 하게 되는 경우는 부도난 수표잖아요. 부도난 수표여서 힘들다는 건 알겠는데. 뭐 고용보험도 가입 안 되어 있고, 저 사람을 믿을 수 없다는 건 알겠는데. 그럼에도 이 사회에서 시민으로 살아가게 혹은 복귀할 수 있게 하려면 대출을 해줘야 한다고 생각하는데. 정말 대출이 없어요……. 근데 아프고 나면 당장 내 목구멍이 배고프니까 빌릴 수밖에 없죠. 몰리고 몰려 의식주가 극한으로 몰리는 사람과 앞으로의 분홍빛 미래가 있는 사람이 차이가 있는 거 같아요. 아까 말했듯이 당사자나 당사자 가족들을 위한 대출 제도가 있으면 좋겠고. 돈을 달라고 말 안 해요. 그저 대출 좀 해줬으면 좋겠고.

영스톤 씨는 경제적 지원뿐 아니라 회복 후 사회 복귀 과정에서 몸과 직업적 상황, 일터 등을 통합적으로 고려해 어떤 점에 주의해야 할지, 몸에 무리가 가지 않는 선에서 몇 시간 동안 일하는 것이 좋을지 등 전문가와 상담할 수 있는 통합적 사회서비스가 도입되길 바란다. 아플 때 혼자서 정보를 모으고 모든 것을 판단하는 데 따른 어려움 때문이다. 그가 심리상담을 중요하게 생각하는 것은 2018년에 서울시 청년마음건강 지원 사업인 블루터치를 이용했던 경험 때문이다. 아파서 "계속 집에 누워있고 무기력했던" 당시 서울시 청년마음건강 지원 사업 소식을 듣고 신청했다.

내가 좋지 않다는 걸 인지했고 더 나아지겠다는 마음이 있어서 갔는데. 사실 이게 흠이라고 생각하면 절대 못 갈 거 같아요, 사람들이. 근데 흔히 말하는 캐치프레이즈처럼 "우울증은 마음의 감기입니다" 이것도 말도 안 되는 거고. 당뇨 내지는 고혈압 같은 건데. 내가 이상하다? 내가 이상하다는 사실이 (웃음) 이상해 보이지 않는 사회여야 할 거 같아요.

어쨌건 저는 저만의 병이 어떻게 발생했을 거라는 막연한 예측을 할 수 있잖아요. 막연한 예측 중에 어느 것은 사실로 밝혀지고 그런 것들이 저에게 효능감을 주었던 거 같아요. 어느 것은 사실이 아닌 걸로 알게 되고 그것도 기분이 좋았고. 의사를 통해서 내 마음을 객관적으로 봐주고, 그것도 일종의 돌봄이니까.

만성질환이 항상 우울증이나 정신적 고통을 동반하지는 않는다. 하지만 투병을 하던 3년의 기간 동안 영스톤 씨는 자신의 마음, 여러 생각과 고민, 숱한 감정의 결을 알고 싶어졌다. 누가 "내 이야기를 듣는다고 나를 이해해줄까"라는 마음에 정신과를 가기까지가 힘들었다. 하지만 "가고 싶다", "가야겠다"라는 생각이 드니 돈부터 걱정되었다. 치료비와 생활비도 신용대출로 해결하는데, 1회에 최소 5만 원인 정신과 진료비는 엄두가 나지 않았다. 다행히 지자체에서 세 번에 한해 진료비를 대납해준다는 소식에 상담과 치료를 시작할 수 있었다. 정신과 상담으로 "치료가 필요한 게 무엇"이고 "어떤 고민은 사실이 아니었다는 것"을 알 수 있었던 점이 큰 성과였다. 약물과 의료서비스를 무료로 지원받았다는 점, 그리고 상담을 통해 내 마음의 곤경을 이해하고 살피도록 전문가의 돌봄을 받았다는 점 때문에 정신과 진료와 심리건강에 대한 사회서비스의 도움을 받았다고 회고한다.

병자, 환자로 있으면서 많은 인지 부분이 망가지는 거 같아요. 몸이 아프니까 생각하기 힘들고. 아픈 채 홀로 시간을 보내다 보니 고립된 거 같고. 그래서 누군가 오랫동안 아프면 혼자가 아니라는 말을 해주고 싶어요. 근데 혼자가 아니라 말해주고 싶다는 말 이면에는 제 경험이 있어요. 전 그때 정말 혼자라고 생각했었거든요. 혼자라고 생각할 수밖에 없는 순간이 있어요. 근데 혼자가 아니거든요. 나를 걱정하고 마음 써주는 사람도 있는데.

아프면 혼자라고 생각할 수밖에 없는 순간이 있다. 다행히 나를 보살피는 사람이 있더라도, 신체적 고통은 아픈 이 혼자 오롯이 감내해야 한다. 아픈 건 그 누구와도 나눌 수 없기 때문이다. 오랜 시간 아프게 되면 일도, 친구와의 만남도 줄일 수밖에 없다. 그냥 집에서만 지내야 할 때도 있다. 의도치 않게, 사회적으로 고립되는 것이다. 그렇기에 이 시간을 지나온 영스톤 씨는 아픈 이들에게 혼자가 아니라는 말을 건네고 싶다. 나아가 아픈 청년들에게 치료비 지원뿐 아니라 혼자가 아니라고 손 내밀어주는 다양한 사회서비스가 도입되길 바란다. 다시 일을 시작하고 사회에 복귀할 때, 직업 훈련뿐 아니라 내 몸이 일할 수 있는 몸인지 내 마음이 너무 위축되지 않았는지 함께 이야기할 수 있는 사회서비스 말이다.

극복서사를 넘어:
아팠던 나도 나예요

한편 그는 독서 모임에서 읽었던 인문사회학 분야의 다양한 책에서 접했던 건강 격차 문제가 자신의 이야기가 될 줄 몰랐다며, 체현된 지식의 중요성도 언급했다.

지식이라는 게 그렇잖아요. 나를 관통하지 않으면 머리에 쌓아두는 거잖아요. 막말로 그걸로 허영을 부릴 수 있고. 그게 내가 필요로 하는 어떤 이야기가 되고, 좀 생각할 수 있게 만들고, 판단할 수 있는 자원이 될 줄은 몰랐다는 거예요. '사람들이 다르구나' 그런 생각도 들고. 사람들은 아프지 않은 것을 당연하다고 생각하고 아픈 순간 자기관리를 못했다고 생각하고…… 온갖 이야기들이 붙잖아요. 아픈 사람들에 대한 이야기를 잘 찾을 수 없었어요. 아픈 사람, 아픈 사람들과 관계된 사람, 그것을 바라보는 이론들을 찾는 데 책이 많이 도움이 된 거 같아요.

효율과 자기관리, 스펙이 강조되는 사회에서 "아픈 순간 자기관리를 못했다"라는 이야기 외에는 아픈 사람에 대한 이야기를 잘 찾아볼 수 없었다. 아픈 나의 경험을 주조하는 사회제도와 규범, 사회적 낙인, 그로 인한 사회적 고통은 아픈 사람, 아픈 사람들과 관계된 사람, 이를 바라보는 이론들을 찾기 위해 책을 더 읽게 만들었다. 그렇기에 지식은 지적 호기심을 채우거나 허영을 부릴 수 있는 자원에서 내 삶의 이해할 수 없는 부분을 설명할 수 있게 하는, 내 삶을 해석하는 관점과 언어를 가져다주는 것이 된다. 그는 성매매 여성의 구술생애사 책이 사회적 낙인과 정상성에 대한 사회적 압력을 어떻게 해석할지에 대한 자원을 가져다주었다고 언급했다.

> 망치로 머리를 얻어맞은 기분이었어요. '내가 어떤 정상성에 대한 갈망을 포기하지 않은 인간이었구나' 들킨 기분이어서. 구술생애사 책을 읽다 보니. 최현숙 선생님의 《천당 허고 지옥이 그만큼 칭하가 날라나?》[10]였어요. 전쟁통에 남편하고 헤어졌는데 흔히 말하는 양색시라 불리는 할머니가 사회의 시선, 낙인을 다른 방식으로 해석하시더라구요. 거기서 많은 힌트를 얻었던 거 같아요. 저도 외면하거나 내지 모른 척했던 인생의 중요한 고민들을 마주하게 되고. 분명히 이게 쓸모없는 기억으로만 남았던 게 아닌데 계속 쓸모없는 기억으로 만들고 싶은 나와 계속 대결하고 있는 거죠, 어떻게 보면. 3년 동안의 빚, 내 건강, 몸뚱이……. 계속 손익계산서 굴리고 있는 나랑 싸우고 있는 거죠.

생산성과 효율의 관점에서는 아팠던 3년의 시간은 빚이라는 경제적 손실과 아픈 몸이라는 결과로 남았다. 와병해야 했던 아팠던 나도 나았고, 출근할 수 있을 정도로 건강하게 몸을 관리하는 지금의 나도 나다. 그런데 그 시간을 어떻게 보냈는지 이야기할 때, 극복의 관점으로 각색하는 나를 발견하는 순간 모순을 느낀다. "환자인 내가 있고 환자가 아닌 내가 있으면 난 이거를 극복했다"라고 자신의 경험을 이야기하거나 그렇게 사람들에게 해석될 때가 있다. 어쨌든 지금은 다시 직장을 다니고 한 명의 사회구성원으로 일상을 꾸려나가기 때문이다. 한편으로 '내 몸을 통제하고 싶은 나'와 '내가 아팠던 순간도 내 인생에 도움이 됐다고 자원화하고 싶은 나'가 계속 껄끄럽게 부딪친다. 아팠던 순간이 그렇게 "쓸모없는 기억"으로만 남겨지지는 않았기 때문이다. 아픈 몸으로 지내다 보니 삶, 노동, 가족, 관계, 나라는 존재에 대해 더 많이, 더 구체적으로 고민할 수 있게 되었다.

노력이나 의지로 되는 게 생각보다 없다는 거였어요. 내가 어떤 사람들 곁에 놓여 있고 어떤 환경 속에 놓여 있어서 그렇게 행동할 수밖에 없는 것이 중요한 거지, 100번 의지로 노력해봤자 안 된다는 거였어요. 저는 그걸 뼈저리게 느꼈어요. 제 의지랑 노력으로 안 됐던 거를 다 내 탓이라 생각했던 시절이 정말 힘들었는데 그걸 놓게 됐어요……. 제 인생에 중요한 것 중 하나가 페미니즘이어서 페미니즘 이야기가 나올 수밖에 없는데, 페미니즘에서 배운 것 중 하나는 '경험은 해석이다'예요. 내 경험이 어떤 관점에서 어떻게 윤색되느냐에 따라서 아예 다르게 돼버리는 건데. 어떤 경험은 피하고 잊고 싶은 순간이지만 그게 사실 그 속에서 버틸 수 있었던 힘이 있잖아요. 아픔도 마찬가지로 내가 2년간, 3년간 어떤 관점으로 보면, 속된 말로 개삽질한 건데. 내 주변에 사람들이 남아 있었고. 이것을 나만의 이야기, 다른 사람과 다른 나라고 할 수 있는 이야기잖아요. 근데 그걸 알면서도 머릿속에는 건강하고 멋지고 팬시한 나로 다시 바뀌고 싶다는 게 갈등적이고 모순적이라는 거예요. 만약 A랑 B가 있다면 '나는 A로 가겠다. 아니다, 나 B로 가고 싶어' 이게 아니라, 이 모든 게 다 내 이야기라는 생각이 들어요.

노력 만능주의로 가는 것 역시 경계해야 하지만 어쨌든 시간을 내서 내 몸을 돌보기 위해 뭔가를 찾고 행하는 것은 누가 대신해주는 일이 아닌 바로 내가 나라서 할 수 있는 것이다. 그렇게 내 능력, 내 힘으로 그 시간을 버텨낸 것이다. 하지만 이러한 경험이 노력 만능주의로 전해지거나 해석되지 않길 바란다. 3년의 시간 동안 겪었던 몸의 고통과 그 아픈 몸으로 인해 겪었던 사회적 고통과 그 사유에 관해 이야기할 때, 골골하고 아픈 몸이라는 신체적 조건, 가족 상황, 경제적 조건이 개인이 극복해야 하고 극복할 수 있는 시련과 고통으로 간주되기를 바라지 않기 때문이다.

　　우리 사회는 최저임금을 받는 곳이 아닌 좋은 일자리도, 골골하고 아픈 몸이 아닌 건강한 몸도 개인의 노력과 의지, 책임의 문제, 나아가 굳은 의지로 노력한 개인적 결과이자 개인이 짊어져야 하는 몫으로 여기곤 한다. 사회적 대책을 논의하기보다 개인을 단속하는 것이다. 영스톤 씨는 한양대 의대 신영전 교수의 책 《퓨즈만이 희망이다》를 읽었던 기억을 떠올렸다. 완벽한 건강이라는 불가능한 꿈을 추구한다는 점을 비판하며 "완벽한 건강이나 질병과 장애의 '박멸'이 아니라 본질적 불완전성과 함께 '온존'하기 위한 존재들의 끝없는 연대"[11]가 필요하다는 데 공감했다. 사람마다 신체적 능력이 다를 수 있고, 그에 따른 요구와 바람도 다를 수 있다. 이러한 인식에 바탕을 둔 채, 한 사람이 개인의 잠재력을 실현하고, 사회의 구성원으로 참여하며, 인생을 즐길 수 있으려면 어떤 사회적 변화가 필요한지 함께 논의하길 바란다. 그는 우선 자신의 노동으로 그간의 빚을 갚고, 자신의 경험을 바탕으로 글을 쓰고 싶다는 소망을 이야기한다. 자신을 멋지게 각색하지 않고도, "나와 비슷한 경험이 있다면 당신도 혼자가 아니"라며 아픈 이들에게 공감과 위로를 전하는 글 말이다.

골골한 몸으로 살아간다는 것:
만성질환과 자아

건강이 나빠지는 거에 대한 두려움이 있고, 사회에서 차별
을 받을 거에 대한 두려움이 있고. 심리적으로 무너지는 이
유 몇 개가 있었어요. 그중 하나가 만성질환이라 치료되
는 병이 아니기 때문에 몸이 아파질 수 있다는 불안감이에
요……. 관리를 안 하면 간경화가 오고 간암이 오고, 이게
너무 두려워서 병원 갈 때면 약간 멘붕이거든요. 두려움에
지배된 상태에서, 의사 선생님께 "회사생활을 할 수 있을까
요? 아이를 낳고 기를 수 있을까요?" 물었어요.

―보라 씨 인터뷰 중에서

만성질환chronic disease을 뜻하는 영단어 크로닉chronic의

어원은 시간을 뜻하는 고대 그리스어 크로노스khronos다. 단어의 기원에서 알 수 있듯이, 만성질환이란 오래간 앓고 흔히 잘 낫지 않은 병을 일컫는다. 의학적으로는 유전적 요인과 환경적 요인이 복합적으로 발생해 3개월 혹은 1년 이상 증상의 악화와 호전을 반복하는 특성을 지닌 병을 의미한다.[1] 의료사회학자들은 만성질환을 "관리되어야 하지만 치료될 수 없다고 정의되는 질병"[2]이나, "급성acute질환이 아니거나 치료 가능curable하지 않은 병"[3]을 통칭한다고 주장한다. 아프면 병원에 가서 치료를 받아 완치될 것이라는 기대는 만성질환에 적용될 수 없다. 치료를 받아 증상이 호전되어 지내면서, 병이 더 악화되지 않도록 관리하는 것이 최선의 치료법이다.

보라 씨는 신생아 시기 감염되어 B형 간염 보균자로 살아가는 30대 여성이다. 학창 시절 체육 시간에 신체활동을 하지 못할 정도로 골골했지만, B형 간염 보균자라는 사실은 대학생이 되어서야 알았다. 피곤하면 간 수치에 영향을 주기 때문에 약을 먹으며 몸을 관리하고, 일할 때도 무리하지 않으려 노력한다. 보라 씨는 앞으로 어떻게 살아갈 수 있을지 고민과 두려움 속에 20대를 보냈다고 토로한다. 의사의 권고대로 치료해도 완치되기 어렵고, 오히려 "잘 관리하지 않으면 간경화, 간암"에 걸릴 수 있기 때문이다. 우리는 흔히 아픈 이를 환자라 명명하지만, 한 사람의 정체성은 환자에 국한되지 않는다. 그녀가 환자로서 병을 치료하고 관리하는 데 자신의 모든 시간과 에너지를 투여할 수는 없다. 보라 씨는 회사원으로, 딸로,

아내로, 한 아이의 엄마로도 살아가야 한다. 골골하고 아픈 이들은 질병을 신체적 아픔이라는 생물학적 문제로만 경험하지 않는 것이다. 질병은 한 사람의 매일의 삶, 즉 일하고 생활하고 가족을 돌보는 등의 일상과 사회적 삶, 나아가 생애 계획에 영향을 끼친다.

자아정체성은 한 개인의 심리적 문제만이 아니다. 자아는 자신을 둘러싼 사회적 관계, 주위 사람들의 기대라는 개인이 살아가는 시공간적 맥락에 따라 형성되기에 골골한 청년의 자아정체성은 다차원적으로 분석되어야 한다. 사회심리학자 조지 허버트 미드George Herbert Mead의 주장처럼, 그 사회의 가치와 문화에 따라 행동하는 일반화된 타자generalized other와의 대면 상호작용은 개개인의 자아에 반영된다. 그렇기에 보라 씨는 자신의 병이 나빠질까 하는 두려움뿐 아니라 병으로 인한 차별을 걱정한 것이다. 질병은 정상에서 벗어난 것, 일탈이라는 의미를 띄곤 한다. 그래서 보라 씨는 일터에서 아프면 동료들이 자신을 어떻게 생각할지 고민한다. 이처럼 개인의 자아 개념은 사회적 상호작용의 결과로 형성된다.

많은 이들이 아프기 전에는 몸을 거의 인식하지 않고 살아간다. 다이어트, 옷, 성형 등 몸의 외양에 관심을 가질 뿐이다. 몸은 우리의 물질적 배경 중 일부로 여겨지며, 건강할 때는 예를 들어 어딘가를 부딪치지 않고서는 몸의 감각에 집중할 필요가 없다. 하지만 아프면 몸의 특정 부위를 인식하게 된다. 철학자 드류 레더Drew Leder는 생물학적으로 병리적이거나 사회적 일탈로 다시 나타나는 몸을 부정적 등장dys-appearance이라 명명하는데,[4] 질병이 바로 한 가지 예다. 예를 들면, 성실 씨는 일하는 중에 코막힘이나 재채기 같은 비염 증상이 나타나면 코에 관심을 집중한다. 그리고 이렇듯 몸이 부정적 등장을 하게 되면, 우리는 그것을 '관리'한다. 성실 씨는 비염 증상이 나타나면 우선 약을 먹고, 온습도 등 비염에 영향을 준 환경적 요인을 검토한다. 일에 지장이 가기 때문이다. 만성질환은 그 증상이 나타났다 사라지거나 악화되곤 하는데, 이러한 만성질환의 불확실성은 하루의 일과는 물론 사회적 역할을 수행하는 데도 상당한 불확실성을 초래한다.

질병의 만성성chronicity과 몸의 불확실성uncertainty은 매일의 삶에 영향을 주기 때문에, 만성질환을 지닌 이들의 자아정체성은 아프기 전과 달라진다. 사회학자 캐시 샤마즈Kathy Charmaz는 만성적으로 아픈 이들이 경험하는 사회적 고통의 핵심은 자아의 상실loss of self이라고 주장한다.[5] 이들의 자아 상실 과정은 이렇다. 첫째, 아프기에 집이라는 공간에서 주로 지내고 치료와 회복이라는 관심사로 제한적 삶을 살게 된다. 이들이 제한된 삶을 사는 이유는 질병 때문만은 아니다. 세계가 건강한 비장애인을 기준으로 만들어졌기 때문이다. 둘째, 이러한 제한된 삶으로 인해 사회적으로 고립된다. 아프면 일과 여가 활동 참여가 줄어들고, 사람들과 교류도 줄어든다. 셋째, 이들은 뜻대로 움직이지 않는 몸 때문에 믿을 수 없는 사람이라는 불신을 경험한다. 한 중년 여성은 예기치 않은 통증에 식사 준비를 늦게 했다는 이유로 남편에게 핀잔을 들었고, 한 젊은 남성은 데이트에 온 신경을 쏟지 못한다고 애인에게 원망을 들었다. 가족이나 애인과 같은 친밀한 관계에서 갈등을 경험하면, 내가 정말 그런 사람인지 자신에 대해 고민하게 된다. 그리고 아프지 않은 사람들의 기대에 맞춰 활동 수준을 따라가려 할수록 몸은 아파지고 자신감은 떨어진다. 넷째, 거동이 불편해진 이들은 가족 구성원들에게 신체적, 경제적 부담을 준다는 점에서 자신이 타인에게 쓸모없는 존재uselessness가 되었다고 느끼게 된다.

샤마즈는 제한된 삶을 살기, 사회적 고립 속에 존재하기, 신뢰할 수 없는 자아로 정의되기, 짐스러운 존재로 여겨지는 과정으로 중증 만성질환자들이 자아 상실을 경험한다고 분석하는데, 이는 개인주의, 프라이버시, 자율성이라는 미국식 강조 때문이라 진단한다. 독립, 고된 노동과 개인적 책임성을 강조하는 프로테스탄트 윤리는 만성적으로 아픈 이들을 향한 사회적 낙인을 부추기며, 돌봄의 책임을 개인과 가족에게 부과한다는 것이다. 샤마즈는 미국의 의료 제도와 사회복지 제도가 중증 만성질환을 지닌 이들에게 집에 머무는 방법 외의 다른 대안을 제공하는 데 실패했다고 주장한다.

샤마즈의 선구자적 연구는 50년이 지난 한국 사회에 여전히 시사하는 바가 크다. 우리는 전보다 생애 계획과 자기계발을 강조하는 사회에서 살아가고 있기 때문이다. 분명 영스톤 씨처럼 와병 기간이 길었던 청년들은 회복 후 다른 직업을 구해야 했고, 하루의 노동량도, 취미활동도 몸 상태에 따라 조정해야 했다. 다른 재정적, 관계적 자원을 이용할 수 없기에 가족에게 의존해야 했다. 언제 나을지 모른다는 생각에 더 힘들어졌다. 영스톤 씨는 가족과 우정에 대해 고민했고, 회복된 후에도 일, 삶, 나라는 존재에 대해 계속 생각한다. 질병은 단순히 신체적 문제에 그치지 않는다. 질병의 만성성은 개인의 사회적 지위와 역할 등 자아정체성과 생애 전망과 계획에 영향을 준다. 이는 한 사람의 삶의 조건이자 실존의 문제로 경험된다.

인터뷰에서 만난 골골한 청년들은 병도 다르고, 처지도 다르지만 아픈 뒤 자아상의 변화에 대해 질문하면 공통적으로 "나답게 살려고 한다"라고 말했다. 여기서 "나답다"라는 말은 사회적 기대와 요구에 더 이상 나를 맞추지 않겠다는 각오다. 이들이 나라는 존재, 자아상에 대해 많이 생각했음을 짐작할 수 있는 지점이다. 여정 씨는 일하다 잠시 몸을 돌보기 위해 쉬려고 하자, 동료들이 자신을 하자 있는 사람이라 생각했던 일을 말했다. 조이 씨는 평생 골골한 몸으로 살았기에 일터에서 몸에 무리 가지 않게 일하는 자신을 "예스맨이 아니"라고 표현한다. 샤마즈의 분석처럼, 아프지 않은 사람들의 기대와 속도에 맞춰 일할수록 이들의 몸은 아파졌다. 따라서 이들이 "나답게 살려고 한다"라는 것은 곧 골골한 몸, 그리고 골골한 몸으로 살아가는 사람을 하자가 있거나, 헌신하지 않는 노동자, 열정 없는 청년이라고 여기는 사회적 편견에 저항하는 것이다.

언제든 아파질 수 있는 몸으로 살아가면서 아프고 골골한 청년을 향한 사회적 기대와 편견은 무엇인지, 그것이 정당한 것인지, 누구를 위한 것인지 이들은 끊임없이 질문한다. 그와 동시에 만성질환이라는 질병을 비정상, 결함으로 바라보지 않고 그것이 다른 몸이며 몸의 차이라고 해석한다. 그렇기에 '골골한 나', '아픈 나'를 수용하며 "나답다"라고 표현한다. 이들은 결국 "나답게 살려고 한다"라는 각오를 세상에 전하기 위해 연구에 지원했고, 자신의 생애 경험을 이야기했다.

이 책의 구술자들은 각기 다른 질병을 갖고 있지만 아프고 골골한 몸으로 살아가며 겪었던 경험을 이야기한다. 몸의 고통과 사회적 분투가 항상 언어화될 수 있는 것은 아니다. 그럼에도 이들은 말하기를 그치지 않았다. 때로는 눈시울을 붉혔으며, 때로는 민망해했으며, 때로는 당시 감정이 되살아나 힘겨워했고, 때로는 적확한 표현을 찾기 위해 노력했다. 우리는 이들의 생애 경험을 통해, 이들의 자아정체성과 인생 행로에 영향을 미치는 사회적 관계와 조건들을 살펴보려 한다. 골골한 이들이 '나답게' 살 수 있고 자신의 존재 가능성을 온전히 펼칠 수 있는 사회가 된다면, 이들의 자아정체성과 인생의 방향, 생애 전망에 긍정적 영향을 미칠 수 있으리라.

성실씨 이야기

성실 씨는 공기업에서 정규직으로 일하는 서른한 살 청년이
다. 청소년기에는 입시, 대학생 때는 취업, 지금은 자기계발을
위해 노력한다며 '성실'이라는 가명을 선택했다. 정규직이면
좋은 직장이라 생각하겠지만 아파도 충분히 회복할 만큼 병가
를 쓸 수 없는 문화라며 인터뷰에 지원했다. 자신을 "걸어 다
니는 종합병원"이라 표현하며, 지금은 허리 디스크 치료와 비
염약 처방을 위해 병원에 정기적으로 다닌다. 위궤양은 "한국
여성은 말라야 한다"라는 외모 지상주의, 허리 디스크는 지도
교수의 집안일에 학생들을 동원하는 대학원의 조직문화, 우
울증은 대학원 생활과 성폭력 피해가 원인이라고 이야기한
다. 교통사고를 당했을 때는 병가를 쓸 수 있었지만, 대체인력

이 없어 자신의 업무를 대신하는 동료들 눈치에 몸이 회복되지 않은 채 업무에 복귀했다. 후유증을 치료하러 점심시간이나 주말에 병원에 다녔지만, 여전히 몸이 아프다. 단시간 근무를 신청할까 했지만, 단시간 근무를 했던 선배들조차 업무시간이 줄어도 일은 줄지 않는다며 만류했다. 복대를 차고, 자양강장제와 비타민, 에너지 음료를 마시며 일하곤 한다. "건강을 희생해야 하는 일터"는 좋은 일터가 아니라며, 만성적으로 아픈 노동자들이 자신의 몸을 보살피며 일할 수 있기를 바랐다.

내 평생의 짐, 만성질환들

성실 씨는 자신이 "걸어 다니는 병원"이라며, 유년기 비염부터 이야기를 시작했다. 코뼈가 "기형적으로" 자라 "코로 숨을 쉴 수 없는, 입으로 숨 쉬는 친구"라 자신을 칭했다. 초등학교 1~2학년쯤 동네 이비인후과에서 "코뼈 부러뜨리는" 수술을, 5~6학년쯤 대학병원에서 코안에 있는 살찐 부분을 지져 코 평수를 넓히는 시술을 받았다. 그 후 비염으로 큰 병원은 더는 가지 않았다. 코로 숨을 쉬기 어렵고 냄새를 못 맡는 어려움은 나아졌지만, 일상생활은 괜찮지 않았다. 몸이 안 좋거나 공기가 나빠지면 바로 반응이 왔다. 콧물이 종일 나기도 했고, 때로는 집중도 안 되고 머리가 엄청 아팠다.

언제 제일 안 좋았냐면 재수할 때 비염 때문에 제대로 공부도 못 했어요. 핑계라고 할 수 있는데, 증상들이 한번 나타나기 시작하면 아무것도 하기 싫고 집중이 안 되는 거예요. 뭘 할 수 없는 상황이 자꾸 이어지고 자연스럽게 주의 집중이 안 되고 그러다 보니까. 어느 순간에는 그냥 코가 심하게 아픈 날에는 조퇴해버리는 거예요, 재수 학원에서도. 집에 오면 엄마가 "왜 왔어?" 물으면 "엄마, 나 머리가 너무 아파"라고 말을 했죠. 비염은 그런 면에서 성인이 되고 나서도 문제가 많았었는데 그럴 때는 참았던 거 같아요. 코가 흘러내리는 걸 막기 위해서 휴지를 꽂고 있거나. 그럼 코가 되게 따갑거든요.

비염은 여전히 그녀에게 제1의 건강 문제다. 콧물이 흘러내리면 코에다 휴지를 꽂고, 코가 따가워도 참는 방법 외에는 없다. 비염에 좋다는 음식도 먹고, 코에 뿌리는 스프레이형 치료제와 가정의원에서 지어준 약을 분신처럼 항상 가지고 다닌다. 온도 변화가 심한 날에는 비염약을 매일 먹는다. 동네 단골 병원에 갈 때마다 길게 비염약 처방을 받는데 종종 협상을 한다. 한번 가면 약 처방을 길게 받고 싶지만 의사는 과도한 처방으로 문제가 될 수 있다고 하기 때문에, 단골인 자신의 사정을 호소한다.

비염뿐 아니라 위무력증과 위궤양 역시 오래된 만성질환 중 하나다. 위무력증은 보이는 모습에 대한 스트레스로 인한 거식증이 아닐까 하는 생각이 가끔 든다. 날씬한 옷을 입는 것에 대한 만족감과 "뚱뚱하면 뭔가 내가 약간 없는 것" 같다는 느낌을 가져본 적이 있기 때문이다. 살을 쫙 빼면 기분이 좋아지기도 했다. 학비를 마련하려고 여성복 판매장에서 10년을 일하다 보니 "한국 여성은 말라야 한다"라는 강박감이 심했다고 회고한다.

그런 옷을 입으려면 날씬해야 하니까 다이어트 보조제도 먹어보고 약도 먹고 운동도 하고 이러는데. 날씬해야 된다는 압박이 있는 거예요. 스트레스받으면 유일하게 푸는 방법은 먹는 건데, 먹고 나서 또다시 스트레스를 받는 거예요. 되게 악순환이어서. 언제는 엄청나게 먹고 나서 토를 하는 거예요. 그 모습이 너무 싫고, '어떻게 보면 살찌는 게 낫지 않을까' 이런 생각이 들기도 하고, 이래도 되는 건가 싶기도 하고.

대학생 시절 정말 열심히 살았다. 공부도 열심히 했지만, 어려운 가정형편 때문에 학비와 용돈을 벌기 위해 아르바이트를 진짜 많이 했다. 의류 판매 아르바이트 10년, 화장품 등을 파는 드러그스토어에서 아르바이트 3~4년, 도서관 교내 근로, 학과 조교, 전단지 아르바이트, 시험 채점, 김밥집 서빙 등. 대외활동과 봉사활동, 인턴도 빠지지 않고 해야 했다. 학업과 아르바이트를 병행하며 진로를 준비하기 위해, 매일 시간표를

분 단위로 짜며 살았다. 학교 수업, 시험공부, 대외활동, 취업 스터디뿐 아니라 정보 수집 등은 취직을 위해 반드시 해야 하는 일들이다. 이동 시간과 식사 시간을 줄이기 위해 김밥을 먹으며 이동하곤 했다. 압축적 시간으로 대표되는 취직 전의 일상을 이야기하다가, 성실 씨는 자신이 열심히 살게 된 계기를 설명했다.

제가 재수해서 대학교 들어갈 때 엄마가 눈물을 흘리면서 이야기했거든요. 제 대학 문제로 아빠랑 싸우셨을 때, 아빠가 "쟤 대학교 보내지 마라. 재수했는데 지방대 가니 대학 보내지 마라"라고 크게 소리를 지르고 집을 나가셨어요. 그때 엄마가 다림질하면서 흐느끼며 울고 있길래, 제가 들어갔죠. 그때 제게 했던 말이 "너는 나처럼 살지 마라. 나처럼 식당에서 설거지하면서 살지 말아야지". 그 말이 크게 와닿아서 사실은 모든 거를 버티며 열심히 사는 거 같아요.

대학원 생활:
내 삶의 악의 축

성실 씨는 대학을 졸업하고 대학원 석사과정에 입학한다. 지금 성실 씨의 제일 주된 고민인 허리 디스크가 발병한 때다. 성실 씨는 그 과정을 상세히 말했다. 지도교수 부모님의 장례식장에 함께 공부하는 사람들과 갔다. 대학원생 신분이었기 때문에 장례식장에서 종일 모르는 손님들을 맞이하며 그릇들을 날랐다. 숱한 아르바이트를 섭렵했지만, 그다음 날 일어날 때 허리를 못 편 경험은 처음이었다.

그때는 '왜 허리가 아프지?' 설마 디스크라고 생각 안 했죠. 어렸으니까. 스물다섯, 여섯이니까. 근데 이게 점점 심해지더라고요. 나아질 생각을 안 하고. 그러면서 아픈 게 맨날 아픈 게 아니어서 그 당시에는 요 앞 삼거리에 침을 잘 놓는 병원에 며칠 들어가 있다 나온 거예요. 비싸긴 한데, 실비 [실비보험]가 되니까. 다니면서 치료를 받고 나아졌어요.

열심히 공부하면 졸업할 수 있을 거라고 생각했지만, 대학원 생활은 녹록하지 않았다. "지방대에서는 되게 촉망받는 친구"였지만, 서울의 대학원에서는 그렇지 않았다. 돌아보니 대학 공부는 자격증을 따기 위한 공부였다. 하지만 대학원 공부는 "어떤 시야로 정책을 바라볼지" 끊임없이 질문하며 "너는 어떻게 생각하니"에 대해 답하고 그 근거를 찾아야 했다. 대학 교재는 한국어였지만, 대학원 교재는 영어 원서여서 읽고 이해하는 데 시간이 배로 걸렸다. 시간이 지나 대학원에 적응하면 나아지리라 기대했지만 그렇지 않았다. 수업 때 토론을 할수록 자신이 주입식 교육의 산물 같았다.

학교에 다닐수록 자존감이 바닥을 뚫고 들어가는 것 같고 우울해졌다. 그러던 어느 날, 성실 씨는 예기치 않은 사건을 겪었다.

지하철 타고 가는데 성추행을 당했는데 뒤에서 그거를 경찰이 찍고 있더라구요. 범인을 잡았어요. 엄마도 알지 모르는 우리 동네 사람인데. 그걸 엄마에게 지금까지도 말을 못했어요. 나이가 되게 어린 사람이었어요. 사실 '이 새끼 얼굴이나 보자' 하며, 내리면서 뒤를 돌아봤는데 '나이가 왜 이렇게 어리지? 저 새끼 뭐지?' 했거든요. 그 사건 접수가 되고 고소가 돼서, 아니 접수가 돼서. 성추행이 그때까지만 해도 친고죄인가? 제가 신고 안 하면 안 되는 법이어서. 경찰이 제가 그 일을 당할 때 그 영상을 찍고 있었어요. 성추행 집중단속 기간이어서 그걸 찍고 있었다고 하더라고요. 증거가 없으면 안 된다고요. 제가 지하철을 내릴 때, 범인 얼굴을 보고 내리자마자 제 오른팔을 잡고서 이야기해주더라고요. 처음에는 '이 사람 뭐지? 경찰 맞아? 아니면 도망가야지' 하며, 지하철 출구를 봤어요. 이런 불신의 마음이 있었고, 이 일이 계기가 되어 우울함에 빠졌던 거 같아요.

성실 씨는 지하철 성범죄 특별예방 집중단속 기간에 잠복수사를 하던 경찰의 도움으로 성추행범을 처벌할 수 있었다. 당시 성추행은 피해자의 고소 없이는 가해자를 처벌할 수 없는 친고죄였기에 신고도 피해자인 성실 씨의 몫이었다. 게다가 가해자가 어머니가 알 수도 있는 사람이라 마음이 더 힘들었다. 범죄 현장에서 피해자를 즉시 보호하는 게 아니라 그 현장을 촬영하고 있던 경찰에게도 불신의 마음이 이어졌다.

지하철 성추행과 신고로 불신과 우울이라는 감정이 대학원 생활과 맞물려 이어졌다. 우울증을 겪으며 자신이 신경이 예민한 사람이라는 점을 알게 되었다. 이 시기부터 불편한 자리에서 밥을 먹으면 무조건 소화제를 먹어야 했기에, 성실 씨는 자신의 섭식 문제가 스트레스 때문이라고 생각한다. 섭식 문제로 위궤양까지 앓았다고 했다. "문제가 있다. 당장 하는 거 다 그만둬라"라는 의사의 권유에 휴학했다.

다 포기, 자포자기, 나를 다 포기하는 느낌으로 해서 그만두고 아무것도 안 했어요. 외부와 연락을 끊었고, 심할 때는 자살까지도 생각했어요. 하루 종일 방에 누워만 있었는데, 엄마의 권유로 운동을 시작했고, 그게 계기가 되어 살을 뺐어요. 한 10킬로를. 그렇게 빼고 나니 뭔가 할 수 있겠다 싶었죠. 그때 당시 성당에서 저를 상담해주시는 수녀님이 계셨어요. 수녀님이랑 1년 정도 상담을 했었는데, 그때부터 나를 사랑할 수 있었어요. 그리고 그때 인턴을 했는데, 기안서를 어떻게 쓸지도 모르고 오탈자도 많았거든요. 그런데 거기서 우연히 만난 선생님이 저를 보살펴줬어요. 문서 제대로 못 내면 혼날 줄 알았는데, "왜 이렇게 했니?" 물어보시니 "저 힘듭니다" 말할 수 있었어요. 나중에 그분이 제가 공황장애 같았다고 말씀해주셨어요. 몸으로 일하는 알바만 하다 문서를 쓰려고 컴퓨터 앞에 앉으니, 너무 숨이 막혔거든요. 극복하게 된 가장 큰 계기는, 지지하는 사람이 옆에 있었다는 거예요. 수녀님도 있었고, 엄마도 있었고, 선생님도 계시고. 저를 이해해주시는 분들이 주변에 있으니까 그 시기를 이겨낼 수 있지 않았나 싶어요.

휴학하고 그렇게 주변 사람들의 돌봄으로 몸도 마음을 살필 수 있었다. 정신과 약물 치료, 성당 수녀님과의 대화, 당시 인턴 기관 상사의 따뜻한 돌봄으로 1년 뒤 스스로 마음을 돌보는 법을 터득했다.

부모님께 "학교에 다니는 게 의미가 없다"라고 했지만, 아버지는 자퇴서를 세 번이나 찢으며 졸업을 권했다. 그렇게 복학했고 허리 디스크라는 고질병을 앓으며, 복대를 찬 채 졸업 논문을 썼다. 우울증, 허리 디스크, 위궤양이라는 신체적, 정신적 고통을 겪게 한 대학원은 "내 모든 삶의 악의 축"이라 명명된다.

물론 그 시기가 있었기에 지금의 본인이 있지만, 왜 그렇게까지 힘들어야만 했을까 하는 생각을 지금도 한다고 했다. 이 시기에 겪었던 몸과 마음의 고통은 성실 씨 개인의 잘못된 생활습관과 부주의 탓으로 돌릴 수 없다. 허리 디스크는 고된 노동을 거절하지 못한 결과였다. 교수의 집안 행사를 대학원생들이 수행해야 하는 공적 업무로 여기는 조직문화, 구성원 간의 수직적 관계로 인해 부당한 업무 지시에도 문제 제기를 할 수 없는 조직문화 때문에 성실 씨는 그 일을 거절하지 못했다.

성폭력 피해 경험도 그렇다. 성범죄를 오해나 실수라 용인하며 여성이 스스로 피해를 자초했다고 여기는 강간문화 rape myth와 성적 이중규범은 피해자인 성실 씨에게 더 큰 고통을 주었다. 매일 이용하는 지하철에서도, 많은 사람이 이용하는 공간에서도 성범죄를 겪을 수 있다는 불안. 동네 사람이 이웃사촌이 아닌 성범죄자일 수 있다는 불안. 지하철 성추행뿐 아니라 다양한 성범죄가 빈번하다는 불안. 서울 지하철 내 성범죄 신고 건수는 2020년 874건, 2021년 972건이었고, 실제 검거된 수는 2020년 748건, 2021년 744건이다.[1] 신고하지 않은 사건까지 생각한다면, 하루에 일어나는 지하철 성범죄는 훨씬 많으리라 추정할 수 있다. 성범죄에 관대한 사회, 그리고 위계적 대학원 문화가 결국 성실을 아프게 만든 것이다.

더 나은 미래를 위한
자격증 수집가

대학원 졸업 즈음 처음으로 아르바이트가 아닌 취업 전선에 뛰어들었다. 석사학위가 있지만, 전공 쪽으로는 자리가 너무 안 났다. 내가 원하는 일자리, 좋은 일자리를 고려할만한 상황은 아니었다. 성실 씨는 20대들이 다 그렇듯, 처음부터 많이 떨어지니 정규직이든 계약직이든 집에서 1시간 거리 이내인 사무직 일자리에 닥치는 대로 다 지원했다. 밥벌이는 해야 하기에, "월 200만 주는 곳이라면 내 몸 바쳐 일하겠다"라고 기준을 세웠고 어디든 취직하려 했다. 그렇게 취업한 곳에서 10개월간 계약직으로 일하다가 그다음 해 공공기관 정규직으로 취직했다.

근무시간에 집중 근로시간이 정해져 있고, 휴가를 시간 단위로 쪼개 쓸 수 있어요. 집중 근로시간에만 일하면 주 40시간만 채우면 돼서 일찍 집에 간다든가, 예를 들어서 제가 듣는 강의가 5시면 4시까지 일하고 수업 받으러 가고 그다음 날에는 8시부터 6시까지 일하는 이런 식으로 해서, 회사 제도를 이용했어요. 제가 하고픈 자기계발을 하는 타입이에요. 병원에 가야 하면 병가를 쓴다든. 4시에 퇴근인데 1시에 3시간 병가를 쓰면 점심시간인 12시부터 나올 수 있잖아요. 이런 식으로 조정해서 쓰고 있고. 왜냐면 휴가를 쓰거나 병가를 쓰는 건 개인의 권리거든요.

비염이 심해지면 종일 약을 먹으면 되지만, 허리가 아프면 파스를 붙이고 복대를 차고 일한다. 웬만큼 아픈 날은 회사 보건실에서 잠시 누워있다가 일하지만, 정말 아프면 조퇴하고 집에 간다. 집중 근로시간인 오전 10시부터 오후 4시 사이에 일하고 주 40시간을 채우면 되는 회사라서, 병원에 들렀다 10

시까지 출근하는 등 필요할 때 병원 치료를 받을 수 있었다. 주말이나 퇴근 후 종종 헬스장에서 운동하며 몸을 관리하고, 한 달에 한 번 마사지를 받는다. "여기저기 다 굳어있어서" 풀어주러 가야 한다. 분명 내 월급으로 내 건강을 위해 투자하는 것이지만, 부모님께 미안해 몰래 가서 혼자 마사지를 받는다. 마사지를 받을 정도로 아프다는 사실로 부모에게 걱정을 더하기 싫었고, 또 같이 마사지를 받자 권해도 부모님은 자신의 몸보다 자식의 주머니 사정을 더 먼저 생각하시기 때문이다.

그녀의 자기관리는 몸에 국한되지 않는다. 취업을 위한 공부는 이직과 본인 분야의 전문가가 되기 위한, 인적자원 개발human resources development, HRD을 위한 공부로 대체되었다.

회사 업무를 하려고 하면 그 분야에 대한 기본 지식이 있어야 하더라구요. 근데 저는 배운 적이 없어서 몰랐어요. 여기서 무너지더라고요. 그리고 심지어는 해당 분야를 잘 몰라가지고, 학부 때 살짝 동아리에서 하긴 했는데, 문외한이더라구요. 처음에 입사했을 때 학점은행제로 취득할 수 있는 자격증을 취득했어요. 항상 제 월급의 10퍼센트는 자기계발비였어요. 그렇게 투자하고 각종 자격증 자격요건을 맞췄죠. 학점인증제로 학점은행제에 등록해서 학사를 받았어요. 이직하고 싶어서. 한국사 자격증을 또 따고. 이 모든 과정을 직장 다녀와서 허리가 아픈데 허리를 부여잡고 하는 거예요. 근데 그때마다 그거를 하고픈 마음이 있거든요. 며칠 전에는 산업기사 필기에 붙었거든요.

신입사원 직무 교육을 받아도 업무를 하려고 보니 모르는 게 많아 문외한이라 느껴졌다. 이미 배웠던 분야도 기억나지 않았고 배우지 않았던 분야도 있었다. 업무 수행 능력뿐 아니라 자기계발을 하면 조직이 성장할 수 있으니, 월급의 10퍼센트는 자기계발 비용으로 써야 한다고 생각했다. 직무에 필요한 각종 자격증과 학점은행제 학위도 따며 "자격증 컬렉터"로 지냈다. 안정적 일자리지만 더 많이 노력해야 이직시장에서 경쟁력이 있기 때문이다. 이직 의사와 준비는 성실 씨 세대인 MZ세대(1980~2004년생)에게서 흔히 엿볼 수 있다. 서울시가 발표한 2020년 〈MZ세대의 경제활동 및 사회적 인식 변화 분석〉에 따르면, MZ세대는 "더 좋은 직장으로 이직하겠다"와 "수입을 위해 일하기보다 여가 시간을 갖고 싶다"라는 생각이 2015년에 비해 2020년에 더 높아져, 베이비부머 세대보다 이직과 여가 시간을 선호하는 경향이 두드러지는 것으로 보고된다.[2]

더 많이 해야 해요. 우리 엄마 아빠가 금수저가 아닌 이상, 강남에 건물 몇 채 있는 거 아닌 이상, 내가 노력하지 않으면 안 되는 사회예요. 점점 갈수록 계층의 사다리가 좁혀져 가고 있거든요. 내가 높은 곳에 가기 위해서가 아니라 기회를 만들고 더 좋은 조건의 일자리를 갈 수 있는 여건을 나 스스로 만들지 않으면 갈 수 없다는 생각이 강한 사람이어서. 제가 석사 생활을 할 때 밤새워서 발표 준비하거나 집에서 연구보고서를 쓰고 있으면, 엄마가 말해요. "너는 되게 좋겠다. 더울 때 시원한 에어컨 바람 쐬며 일하고, 추울 때 히터 틀고 따뜻하게 일하잖아. 엄마는 밖에서 일하니까 밖에 다니면서 장화 신고 일하니 넘어질 뻔하고." 실제로 작년에 일하다가 넘어져서 갈비뼈 여섯 개 나가셨거든요. 그런데 산재 신청을 못 해요. 회사에 피해가 갈까 봐. 그리고 회사에 피해가 가서 일을 그만두게 되면, 다른 일을 구해야 하는데 새로운 직업에 적응하기가 어렵대요……. 그런 이야기 들을 때마다, '내가 더 해야지'. 우리 엄마 아빠는 서비스 직업이라 천대까지는 아니어도 무시받는 일이 많잖아요. 화이트칼라에 대한 열등감이 있나 봐요. 부모님에게 자랑스러운 딸이 되고 싶어서, 더 나은 미래의 삶을 위해 끊임없이 자기계발을 계속하게 돼요.

성실 씨는 아파도 자기계발을 멈출 수 없는 이유로 "더 나은 미래의 삶"을 이야기한다. 자기계발은 이제 개인의 선택이라기보다 의무가 되었다. 우리는 자기계발을 당연시하고 자기계발을 권하는 사회에 살고 있다. 한국 직장인의 87.9퍼센트가 자기계발 강박증에 시달린다는 통계는 2007년 처음 보도되었다.[3] 사회학자 리처드 세넷Richard Sennett이 지적하듯, 유연한 자본주의flexible capitalism는 노동조건과 경제적 변화에만 국한되지 않았다. 급속도로 변화하는 시장에서 사람들은 어디에든 적응할 수 있는 능력을 갖춰야 하며, 많이 배워야 경쟁력을 가질 수 있다고 생각한다. 시스템이 원하는 대로 자신을 변형시키는 유연성은 이제 인간의 조건이 된 것이다. 승자만이 독식할 수 있는 시장과 계속되는 치열한 경쟁 속에서, 사람들의 불안은 "지속적 위험을 강조하는 환경"과 "과거 경험이 현재에 아무 가이드 역할을 하지 못하는 것처럼 보일 때 증가"한다.[4] 성실 씨는 평생직장이라는 개념이 사라진 일터에서 오랜 시간 훈련과 교육에 전념하며 한 회사에 자신의 명운을 걸 수 없기에, "더 좋은 조건의 일자리로 갈 수 있는 여건"을 만들기 위해 퇴근 후에도 경력에 필요한 일들을 한다.

성실 씨는 자기계발에 몰두하는 삶에 대해 고민한 적이 있다며, 철학자 한병철의 책 《피로사회》[5]를 이야기했다. '할 수 있다'라는 가치관인 과잉 긍정성은 지쳐 쓰러질 때까지 성과와 능력을 증명하라는 사회적 압력을 만들어냈고 그러한 자기계발 강박이 우리를 피로하게 만들 뿐 아니라 낙오자와 우울증을 낳았다는 것이다. 돌아보니 자신 역시 스스로 조금 더 능력이 있다면 나은 삶을 살 수 있으리라 생각했다. 이런 희망을 품을수록 오늘 내 삶의 어려움을 내 부족함 때문이라 여기게 됐다. 하지만 이 책 덕분에, 성실 씨는 이제 불안과 자책의 이유를 더 이상 자신에게 찾지 않게 되었다.

병가:
누구나 아플 수 있지 않을까

서른 살 여름, 퇴근길에 교통사고를 당해 구급차에 실려가서 MRI와 CT 검사를 했다. 진단명으로는 뇌진탕, 목 디스크, 허리 디스크가 나왔고 "허리 디스크가 기저질환이기는 했지만, 왼쪽으로 더 많이 진행되었다"라는 의사의 말이 유일하게 기억에 남았다. 그렇게 한 달 정도 입원했다. 병가 사용도 치료비와 생활비도 걱정할 필요가 없었다. 정규직이기 때문에 유급 병가가 법적으로 보장되었고, 병원비는 가해 차량의 보험금으로 충당했다. 회사 상조회와 위로금, 회사 공제조합의 지원금도 합쳐 보니 따로 100만 원가량을 더 받을 수 있었다. 아마 일반 회사였으면 유급 병가를 사용하지 못했을 거라 회고한다.

예기치 못한 사고로 인해 회사에 병가를 신청하고, 치료에 전념할 수 있었지만 입원 첫 3일은 그러지 못했다.

진짜 웃겼던 게, 디스크가 있는 환자가 교통사고 터지자마자 3일 정도를 병원에서 보고서를 밤새워서 썼어요. 인수인계서가 아니라 제가 해야 하는 게 있는데 다른 직원이 본인이 못 하니까 성질을 내는 거예요. 사실 제 일은 아니었거든요. 아프지만 어떻게 해요. 병실에서 노트북으로 일하니까, 간호사들이 "왜 일을 하는 거예요, 환자님. 지금 누워계셔야 하는데"라고 하니까 "아이, 그냥 하고 아무 말 안 할게요" 하며 했어요. 어쩔 수 없으니까.

성실 씨는 갑작스러운 사고로 입원하게 됐지만, 업무 인수인계에 관한 문서 및 브리핑 등 당장 제출해야 하는 문서들을 병원에서 작성했다. 입원 초기에는 충분한 안정을 취해야 하므로 의료진은 환자에게 치료에 집중하길 권하지만, 성실 씨는 간호사에게 자신이 일할 수밖에 없는 상황을 설명하는 데 시간과 체력을 할애할 수조차 없었다. 그래서 회복에 전념하지 않는 환자라는 시선을 받았다. 아파도, 급작스러운 사고를 당해도 업무 공백이 생기면 안 되는 일터의 규율이 드러나는 순간이다.

유급 병가가 제공되지만, 몸의 회복 속도에 맞춰 병가를 충분히 사용할 수 없었다. 퇴원 후 바로 복귀했기에, 통증도 남아있었고 손과 발의 저림, 허리와 목의 통증도 지금까지 남아있다고 말한다.

복귀하게 된 계기가, 제가 빠졌을 때 엄청나게 일이 많았어요. 유독 그 달에만 엄청나게 일이 많았는데 제가 빠진 거죠. 처음에는 직장 동료들이 제 업무를 해줬어요. 병가라고 해서 사람이 잠깐 빠지는데 사람을 채워주지는 않잖아요. 근데 약간 마지막에 부서원 누구도 저한테 꾸중해도 상관이 없었는데, 저랑 친한 직원이 살짝 짜증이 난 투로 말하는 거예요. "왜 인수인계 제대로 안 됐어?" 이런 식으로. 그때 제가 "아 그랬어? 미안해"라고 이야기를 한 뒤, 그때 싸한 분위기를 느끼고 바로 복귀한 거거든요. '더 입원하면 이들에게 피해를 주겠다. 더는 이러면 안 되겠다'는 생각에 복귀했는데. 당시 분위기가 되게 안 좋았죠.

병가에 대체인력이 투입되지 않았기에 입원 기간이 길어지자 동료들의 눈치가 보였다. "왜 그렇게 빨리 복귀하냐"라고 한 사람들도 있었지만, 나 대신 일했던 동료들에게 미안한 마음이 들었다. 맡은 건 다 해야 한다는 부담이 이전보다 더 심해졌다. 그렇게 회복해야 하는 몸과 일해야 하는 몸 사이의 갈등은 치료 시간 확보와 업무 속도 높이기라는 건강과 일에 대한 고민으로 이어졌다. 또한 동료들에게 미안하고 고마운 마음이 들면서도 동시에 병가를 쓰고 돌아온 자신을 향한 동료들의 차가운 시선 사이의 갈등이 공존했다.

제 일을 대신했던 직원에게 미안하긴 했는데. 근데 전 그 생각도 하거든요. 저만 아파요? 그 사람도 언젠가 아플 수 있는 거고. 서로서로 도와가면서 할 수 있는 게 아닐까 생각이 들어서. 회사에는 업무에 정이 있고 부가 있어요. 저는 업무를 할 때마다 제가 어떤 업무를 하든지 상대방에게 많이 알려주는 편이거든요. 그게 잘 될 때가 있고 안 될 때가 있기도 한데. 어떻게든 잘 돌아가게 되어 있어요, 회사 일은. 그거에 대해서는 이견이 없어요. 누군가는 아플 수 있다는 생각을 저는 항상 하는 입장이어서. '내가 오늘 아팠어. 그러면 내일 너는 안 아플 거 같아?' 이런 마인드예요. 그걸 하려고 병가 제도를 만든 거잖아요. 사람이 노동하다 보면 어쩔 수 없이 아플 수 있다고 생각해요. 너무 많이 앉아 있으면 디스크가 오는 것처럼 이런 사소한 것부터 해서 말이죠. 약간 이기적인 생각일까요? 일을 처리하고 나서 회복 기간에는 '네가 내 인생 살아줄 거냐' 이런 인식이 있어서 그런 시선을 보내든지 말든지 다 무시했어요.

단시간 근무:
일이 줄 거 같아?

사고 후유증으로 아버지가 오래간 고생하시는 걸 보았고, 의사 역시 "지속해서 치료 많이 받으셔야 한다"라고 해 통원 치료를 꾸준히 받았다. 1~2주에 하루씩 짧게나마 병가를 썼고, 주 1회에서 3회까지 점심시간을 포기하고 회사 근처 병원에서 진료를 받았다. 퇴근 후 저녁 진료를 받는 것보다 점심을 굶고 그 시간에 치료를 받았다. 집에 일찍 가서 쉬고 싶었고, 오롯이 나를 위한 시간을 가지고 싶었기 때문이다. 퇴근하고 체력이 남아있다고 느끼면 인터넷으로 자격증 이수 강좌를 듣거나 운동을 하곤 했다. 일이 바쁠 때는 야근도 했다. 그렇게 치료 시간을 확보하며 일해야 했다.

퇴원 후 회사 다니며 통원 치료할 때 "회사 그만두겠습니다" 이렇게 이야기했는데, 진짜 그만두고 싶더라고요. '집에서 그냥 운동하면서 회복에 집중하고 싶다' 이런 마음도 들고. 병가휴직 제도를 써도 되는데, 이 제도는 무급이었어요. 동생이 원래 다니던 회사가 망해서, 2년 정도 취업을 못 하고 있어요. 이게 내 의지만으로 안 되는 거예요. 내가 회사를 그만두고 싶어 해도 안 되는 거예요. 부모님의 기대가 있어서. '쟤도 그런데 너도 그래?' 이러면 안 되니까. 동생한테 "빨리 취업해. 내가 그만둘 수 있게. 내가 휴직할 수 있게 네가 취업해봐"라고 이야기하는데. 아직 안 되고.

회사를 그만두고 싶었다. 하지만 부모님의 기대 때문에 쉽게 그만둘 수 없었다. 교통사고가 나고 그 후유증을 치료하던 해, "마가 많이 껴서" 그런지 "삼재"여서 그런지 A형 독감까지 걸렸다. A형 독감으로 열이 39도까지 올랐던 때 출장길에 넘어져 인중이 찢어졌다. 이렇게 회사를 다녀야 하나 싶었다. 병가를 낼까, 단시간 근무를 신청할까, 밥벌이를 하는 게 나보다 중요할까 하는 고민까지 이어졌다.

휴직 낼까, 1년 정도. 마음껏 할 수 있는 제도는 아닌데, 병가나 단시간으로 돌릴까 이런 생각도 많이 했어요. '많이 앉아있기 힘드니까 단시간으로 줄일까? 근데 업무량은 안 줄 거 같은데.' 단시간으로 줄일까 고민 상담을 했어요. 제가 좋아하는 회사 동료랑 상사한테 이야기했는데 저에게 그러더라구요. "일이 줄 거 같아?" 이렇게 이야기하는 거예요. "줄겠죠. 당연히 단시간인데" 했더니 단칼에 "아니 똑같을 걸" 하더라고요. 원래 주 40시간을 일하던 것을 32시간, 30시간까지 바꿀 수 있어요. 신청서를 내면. 그게 얼마였더라? 그렇게 해서 뭐 6개월 단위로 변경할 수 있어요. 그런 제도가 있어서 그걸 쓸까 생각 많이 했어요. 근데 동료들과 앞선 선임들이 "어차피 일의 양이 줄지 않기 때문에 그냥 하라. 휴가나 병가를 쓰라, 차라리"라고 하니까 그렇게 되면 "아 그래요?" 이렇게 되는 거예요.

단시간 근무를 했던 선배들은 노동시간은 줄어도 일의 양이 줄지는 않는다며 만류했다. 성실 씨의 직장은 근무시간 선택제와 시차 출퇴근제를 시행하고 있기에, 이 제도를 활용하길 권했다. 하루 8시간 일하되 출퇴근 시간을 자율 조정할 수 있는 시차 출퇴근제, 하루 4시간에서 12시간까지 일하는 시간을 자율적으로 정하는 근무시간 선택제(주 5일 근무)와 집약근무제(주 3.5~4일 근무) 등 성실 씨가 다니는 회사뿐 아니라 많은 기업에서 다양한 유연근무제를 도입하고 있다. 사람들은 그녀에게 다치거나 아프거나 혹은 요양이 필요할 때 병가를 쓸 수 있다는 것만으로 그녀의 직장이 좋은 직장이라 말한다.

하지만 노동자의 병가가 법 제도적으로 보장되어 유급 병가가 제공되어도, 대체인력이나 업무 조정이 없다면 병가나 휴직 제도는 그림의 떡일 뿐이다.

복합 만성질환:
걸어 다니는 종합병원

"넌 왜 병원에 의지하니?"라는 어머니의 핀잔을 들을 정도로 병원을 많이 다니지만, 성실 씨는 의료 이용을 많이 할 수밖에 없다고 토로한다. 요즘 주로 다니는 병원은 세 곳이다. 허리 아플 때 가는 척추 전문 한방병원과 집 근처 통증의학과 병원, 그리고 비염 때문에 가는 동네 병원이다. 한방병원은 침과 추나를 받으러 가며, 집 근처 통증의학과 병원은 매우 아플 때 주사를 맞으러 간다. 평소와 다른 통증의 감각과 강도가 느껴진다면, 정확한 진단을 위해 2차 의료기관과 대학병원도 간다.

코로나19의 유행으로 인해 집과 회사만 오가며 다른 약속도 줄었다. 다니던 헬스장도, 필라테스도 문을 닫으니 신체활동이 급격히 줄었고 몸도 나빠졌다. 집에서 운동하려 했지만 "원래 내가 했던 동작도 못 하게 된 나"를 보며 "왜?"란 생각에 괴로워졌다. 그러는 한편, 새롭게 생긴 종아리 통증의 원인이 무엇인지 찾기 위해 새로운 의사를 찾았다.

종아리 뒤쪽이 너무 당기는 거예요. '하지정맥류가 아닐까'
나 혼자 의사도 아닌데 의심을 하게 되면서, 병원에 갔더니
"디스크부터 먼저 가봐라" 해서 갔는데. 보통 사람은 (양팔
을 쭉 뻗으며) 손을 이렇게 하면 안 저리거든요. 저는 (양팔
을 쭉 뻗어 손바닥을 바닥 쪽으로) 이렇게 해도 저리고 (양팔
을 쭉 뻗어 손바닥을 하늘 쪽으로) 이렇게 해도 저리는데. 이
쪽이 저리거나 정전기가 팍 와요. 이 증상이 안 좋은 거라고
하더라구요. 그거 말고 자다가도 다리에 쥐가 많이 나서, 최
근에 자다가 일어나서 운 적이 너무 많은 거예요. 안 좋아
지면 3차 병원 가려구요. 3차 병원은 선생님들 예약 잡기도
힘들고, 2차 병원만 해도 당일 전화해서 기다리기만 해도
되는데. 아니면 "8시 반 타임 해주세요. 제일 먼저 가서 할
게요" 하고 예약하고. 통증의학과, 신경외과에서 흉부혈관
외과로 갔다가 다시 신경외과로 갔어요.

성실 씨는 자신의 만성질환 중 어떤 것은 약물로, 어떤 것
은 식습관으로 관리해야 하고, 어떤 것은 그때그때 정확한 진
단과 효과적인 치료법을 찾기 위해 "병원 쇼핑"을 할 수밖에
없다고 한다. 병원에 갈 때마다 내가 어떤 질병이 있었는지 환
자 스스로 말하지 않으면 의사가 알 수 없기에, 내 병력과 그
경과를 똑같이 되풀이해서 말해야 하는 어려움을 토로한다.
힘들지만 더 아파지는 것보다 낫기에 어쩔 수 없다고 생각한
다. 그리고 더 아파지면 일하지 못하는 몸이 되지 않을까 염려

하기 때문에, 낫기 위해 노력할 수밖에 없다.

이렇듯 항상 내 몸, 내 건강이 1순위 같지만 일터에서는 업무가 1순위다. 회사에서는 아파도 일해야 하기에, 일터에서 건강은 후순위다. 너무 아픈 날은 복대를 차고 작은 마사지 기계를 붙인 채 일한다. 요즘은 목 디스크 교정기와 의자 위에 놓고 허리를 잡아주는 장치들에 관심이 간다. 허리뿐 아니라 비염약을 처방받으러 병원에 자주 갈 수밖에 없다. 비염약을 안먹으면 일상적 생활을 못 하니까 약이 없으면 불안하다. 물론 약물의 오남용이 안 좋은 건 알지만, "정상적인" 사회생활을 하기 위해 끊을 수 없다.

며칠 전 건강검진에서는 갑상선 결절 진단을 받았다. 뭔가 이상이 있지만 당장 해로운 것이 아니기에 1년 뒤 추가 검사를 하자는 의사의 말에 "뭔가 웃기다"라는 생각을 했다. 신체적 고통은 없지만 몸에 이상이 생겼고, 이상은 있지만 해롭지 않다는 그 말. 무엇이 병리적인 것이며 무엇이 치료할 수 있는 것인지 질문이 이어졌다. 점점 병명이 추가되니 요즘은 자신이 "걸어 다니는 종합병원"이 된 것 같다.

건강보조제:
단시간에 기력을 끌어올려 일하기

성실 씨는 병원에서 처방한 약뿐 아니라 영양제나 건강보조제 역시 챙겨 먹는다. 아팠던 경험으로 인해 몸의 신호에 주의를 기울이고 예방해야 한다는 몸 관리 양식body regime을 수용하게 되었다. 의학지식이 발달하고 몸 관리 산업이 성장하면서 이제 사람들은 병원이 아니어도 영양제나 건강보조제에 쉽게 접근할 수 있다.

> 만성질환들이 생기고 나니까 신경질과 짜증이 진짜 많이 생겼어요. 어렸을 때는 뭐만 하면 머리가 아프니까 그런 것도 있었고. 제가 건강하다 생각하지 않아요. 쉽게 지쳐요, 사람이. 그래서 각종 보조제를 찾는다든가 쉽게 건강해지는 방법을 찾는 거 같아요. 단시간에 기력을 끌어올리는 자양강장제나, 졸릴 때는 집중력을 높이는 에너지 드링크, 몸살이 나면 쌍화탕 이런 거를 찾게 되고.

우울할 때는 비타민C를, 활력이 없을 때는 비타민D나 활력을 주는 보조제를, 손이 붓는 것처럼 혈액순환이 안 될 때는 밀크시슬을, 피로할 때는 간에 좋은 영양제를 챙겨 먹게 되었다. 내 몸이 아프고 내 몸이 안 좋다는 것을 인식하고 수용하게 되며 생긴 변화들이다.

단시간에 기력을 끌어올리는 음료는 피로에도 일할 수 있게 만드는 생의학적 증강medical enhancement의 일례다. 생의학적 증강이란 질병 치료가 아닌 개인의 외모나 능력, 정신을 증진하기 위해 약물이나 수술 등 의학적 방식으로 개입하는 것을 뜻한다. 성형수술, 키성장 클리닉, 항노화 요법, 경기력 신장을 위한 약물 사용 등이 바로 그 예다. 의료사회학자 피터 콘래드Peter Conrad는 현대사회의 생의학적 증강 현상을 저성과의 의료화medicalization of underperformance라고 명명한다. 그는 이러한 현상이 아름다운 몸, 수행에 대한 높은 기대 자체를 의문시하기보다 의학적으로 해결해야 할 문제로 만든다는 점을 비판한다.[6] 예를 들어, 작은 키가 왜 치료해야 하는 저신장증이라는 질병이어야 하는지, 신체의 다양성을 무시하고 정상적 몸을 만들라는 사회적 압력이 올바른지 질문하는 것을 가로막는다는 것이다. 성실 씨뿐 아니라 우리가 손쉽게 접하는 건강보조제와 자양강장제는 어떤 목적으로 복용했느냐에 따라 질병 예방과 생의학적 증강의 모호한 경계선에 있다. 하지만 중요한 것은 몸과 건강 역시 자기계발의 한 영역이 되었다는 점이다.

사회적 관계:
사람이 아플 수 있지

성실 씨는 교통사고 이후 사람들과의 관계, 그리고 여가 생활에 큰 변화가 생겼다. 혼자 있는 시간을 더 많이 즐기게 되었고, 사람들을 만나면 지쳐서 며칠은 힘들었다. 평소처럼 친구들을 만나 놀면 허리가 더 안 좋아지자 친구와의 만남도, 여가 활동도 몸 관리를 중심으로 재조정했다. 친구는 자신에게

"예전에는 어디 가자고 해서 스트레스였는데, 지금은 왜 어디 놀러 가자는 이야기를 안 하냐"라며 의아해한다고 했다.

내가 힘을 들이지 않고 건강해질 수 있는 방법을 찾게 되는 거고. 정말 힘들 때는 누워서 드라마나 영화 화면 크게 해서 보는 걸 좋아하고. 책 읽거나 캘리그래피를 하거나. 동적인 활동에서 정적인 활동들로 바뀐 거 같아요. 동적인 운동은 좋아해서 하는 게 아니라 살려고 하는 거예요. 살려고 하는 거 같고. 교통사고로 허리가 더 아파지기 전에는 사람들이랑 많이 만났어요. 운동도 안 했어요, 솔직히 말하면. 허리도 안 좋아진 후에는 사람들과 만날 때 활발하게 노는 게 잘 안 돼요. 예전에는 운동보다는 놀러 많이 다녔어요. 해외여행도 1년에 한 번씩 가고, 제주도도 매년 계속 가고. 제주도 가면 한라산을 꼭 갔어요. 작년에는 제주도 갔는데 한라산을 못 갔어요. 전날 몸이 너무 안 좋아서. 매번 고민 있을 때 한라산 정상에 가면, 뭔가 고민이 해결되는 것 같은 신의 계시를 받는 느낌이 오거든요. 근데 작년에는 한라산에 가려고 친구랑 제주도 갔는데, 둘이. 와- 몸이 너무 안 좋은 거예요. 피곤하고 땀이 뻘뻘 나면서 몸살이 왔어요. 안 되겠다 싶어서 마지막 날은 친구는 여행하고 저는 숙소에서 혼자서 휴식했어요. 제 여행에 휴식은 없었거든요. 처음이었어요. 극기훈련처럼 여행을 다녔던 친구랑 "안 돼. 오늘 더는 일정은 안 돼. 힘들어" 이러면서 다녔어요.

친구를 만나더라도 정적인 활동을 선호하게 되었다. 예전이라면 북적북적한 강남 같은 곳에서 만났지만, 지금은 조용하고 사람이 없는 곳에서 만난다. 다양한 레저 등 전에는 노는 활동을 주로 했지만, 이제는 한가롭고 여유로운 수다 떨기나 책 읽기라는 활동을 즐기게 되었다. 집에서 혼자 하는 취미활동은 영화나 드라마를 보는 것이다. 아니면 배울 수 있고, 뭔가 경력에 도움이 되는 활동을 찾아서 한다.

타인의 아픔에 공감하고 배려하는 능력이 늘어난 것도 아프고 난 후의 변화다. 다리 수술한 아버지를 위해 다리에 로션을 발라드린다든지, 추위를 잘 타는 엄마를 위해 계절이 바뀔 때 경량 패딩을 챙겨준다든지, 간절기마다 아픈 친구를 위해 도라지즙을 보낸다. 누군가 아프다면 "왜 아파? 왜 아직도 아파?"가 아니라 "사람이 아플 수 있지"라고 생각하며, 그럴 때 무엇이 필요할지를 그 사람 처지에서 생각하고 챙겨주려 한다. 몸의 불완전함과 허약함, 누구나 피할 수 없는 고통의 시간을 보낼 수 있다는 사실을 수용하며, 아픈 이를 비난하지 않고 어떤 형태의 돌봄이 필요한지, 내가 할 수 있는 일은 무엇인지 생각하게 되었다. 사소한 물건이나 손짓, 돌봄이라 하더라도, 아픈 이가 홀로 그 시간을 보내고 있다고 외롭게 느끼지 않길 바라기 때문이다.

팬데믹과 결혼식:
비혼 여성의 비애

아픈 뒤 친구, 지인을 만나는 방식이나 횟수가 변화했다고 이야기한 성실 씨에게 최근 결혼식 참석은 큰 고민거리다. 예전에 그녀는 경조사 '프로 참석러'였지만 인터뷰를 했던 2020년 10월, 그녀는 결혼식에 축의금만 보내고 싶은데도 매주 결혼식에 참석해야 한다고 토로했다. 학과, 자원봉사, 인턴 등 스펙을 쌓기 위해 활동한 다양한 모임에서 비혼 여성인 그녀를 모임을 대표해 결혼식에 참석할 사람으로 뽑았기 때문이다. 사회생활을 하는 데 인맥이 강조되는 현실에서, 이들의 부탁을 거절할 수 없었다. 몸이 이전처럼 건강하지 않다고 알리고 싶지도 않았고, 그 이유를 빼고는 결혼식에 대표로 참석하지 못할 이유도 없기 때문이다. 성실 씨는 이를 "비혼 여성의 비애"라고 토로한다.

제가 미혼의 30대 싱글이잖아요. 그러다 보니까 되게 안 좋은 게…… 각종 모임에 제가 막내란 말이에요? 다들 유부남이고 유부녀니까 임신 혹은 자녀 때문에 못 나오는 거예요. 예를 들면, 열여섯 명이 팀을 꾸려 했었던 스무 살에 했던 봉사단이에요. 두 명 해외에서 거주하고 그다음에 나머지 열네 명 남았잖아요. 저 빼면 열세 명이잖아요. 다 엄마 아빠인 거예요. 애가 어려서, 애 낳은 지 얼마 안 돼서, 임신해서 코로난데 결혼식을 못 간다는 거예요. 한 명은 사업 때문에 못 오고. 그러니까 결국 "응- 나한테 돈 보내. 내가 갈게". 근데 사실 결혼하는 그분은 저랑 안 친하거든요. 그래도 어쩔 수 없이 제가 가는 거예요. 제가 돈을 모아서 결혼식장에 가야 하는 처지인 거예요. 4주 내내 그랬어요, 4주 내내. 갈 때마다 50만 원에서 100만 원을 모아서 코로나인데 결혼식장을 가는 거예요. 아우, 비혼 여성의 비애인 거예요. 너무 웃긴 거 아니에요? 밀린 결혼식을 거리두기가 풀려 이제야 미친 듯이 하니까. 아우, 죽겠어요.

코로나19 유행 후, 체온을 재고 방문 기록을 남겨야 결혼식장에 들어갈 수 있다. 결혼식에 참석할 정도로 친한 사이는 아니지만 "나 참석했다"라는 기록을 남기기 위해 단체사진을 찍는다. 이때마다 매번 갈등한다. 단체사진 촬영 시 최소 1미터 이상 거리두기를 하고 마스크를 착용해야 한다는 방역수칙이 있지만, 이는 엄격히 지켜지지 않는다. 촬영기사는 "마스크를 벗든 안 벗든 자유입니다"라고 말하지만, 누군가에게는 평생 한 번뿐인 결혼사진이기에 잠시 고민 후 마스크를 벗고 숨을 참고 사진을 찍는다. 그나마 참석할 수 있는 결혼식은 다행이다. 사회적 거리두기 2단계일 때는 참석 인원이 50명까지만 가능해서, 결혼식장 입구에서 입장을 하지 못한 적도 있다. 사진도 못 찍고 축의금과 선물만 주고 돌아왔다. 못 들어간다고 미리 알려줬다면 좋았을 텐데 입구에서 헛걸음만 하고 돌아온 때도 있어 결혼식은 그녀에게 예기치 않은 스트레스다. 쉬면서 몸을 회복할 수 있는 주말 하루가 사라지기 때문이다.

아파도 참으면서 일하는 거예요

성실 씨는 여러 면에서 그래도 안정적인 직장이므로, 이곳보다 훨씬 더 좋은 조건이 아니라면 지금의 직장을 충실하게 다니려 한다. 그렇다고 지금의 직장을 평생직장이라고 생각하는 건 아니다. 지금 직장에서든, 이직을 하게 되든 더 나은 조건에서 일하기 위해 자기계발을 멈추지 않는 이유다. 허리가 끊어질 것 같지만, 업무 마감 기한일 때는 하루에 열 시간 넘게 앉아서 일하곤 한다. 신체적 고통을 참고 일한다.

그냥 통증을 달고 사는 거예요. 심해지면 마사지받으러 가고, 다음 주쯤 받으러 갈 것 같아요. 사람들은 '돈질'한다고 하는데 절대 아니에요. 풀어줘야지 움직일 수 있고. 지금도 정전기가 나는데. 허벅지가 당겨요. 통증을 없애려면 할 수밖에 없어요. 제가 활동하고 내가 좋아하는 일을 하려면은 이 통증을 당연히 참아가며 살아갈 수밖에 없는 구조예요. 내가 하는 일도 제가 좋아하는 일이거든요. 내가 회사에서 하는 일도 의미가 있고 보람이 있는 일이니 하는 거거든요. 이 회사에서 하고 싶은 일도 있고. 그러다 보니 참으면서 하는 거예요. 왜냐면 내가 통증만 참으면 다 할 수 있으니까.

성실 씨는 치료를 받기 위해 병가를 신청할 수 있는 자신과 달리, 일하다 다쳐도 병가를 못 쓰는 엄마를 보며 안전망과 지지 체계의 중요성을 다시 느꼈다. 분명 업무 중에 일어난 사고였지만, 계약직이기에 산재나 공상이라는 인정도, 병가도, 치료비 지원도 없었다. 오히려 자기 대신 일하는 사람들에게 본인의 월급을 나눠서 줘야 했다. 그 과정을 지켜보며 성실 씨는 울 수밖에 없었다. 산재 신청을 하자고 엄마에게 권했지만, 회사에 폐를 끼친다는 이유 하나만으로 거절했다.

엄마 아빠는 '코로나 걸리면 안 된다'라고 생각하거든요? 나는 아프면 병원에 치료받고 다시 회사에 복귀하면 되는데, 엄마 아빠는 "회사 복귀할 수 있을 거 같냐. 사기업은 절대 그런 거 없다"라고요. 요즘 그렇대요. 코로나 걸린 사람들이 다시 직장에 돌아가면 눈치가 보여서 퇴사를 하게 된대요. 그런 게 안 좋은 거잖아요. 그거를 보면서 되게 많은 생각을 했던 거 같아요. '나는 그래도 사회에서는 안전망이 높은 직장이라 상관이 없는데, 되게 취약한 사람이 있는 직장은 되게 힘들겠구나.' 이번 일 겪으면서 그런 생각을 많이 했어요. 그래서 나는 이 직장을, 내가 만약에 다른 데로 정말 좋은 조건으로 가지 않는 이상 무조건 다녀야겠다는 생각을 하게 된 것 같아요.

성실 씨는 치료비라는 경제적 문제뿐 아니라 일터에서 존중받지 못하고 일하는 어머니의 처지에 더 마음이 아팠다. 비정규직이라는 이유로 산재를 신청할 수 없는 현실도 현실이지만, 우리가 이 현실을 너무 당연히 여기는 것 같다는 생각이 들었다. 개인의 능력이나 실력, 즉 메리트merit에 따라 지위와 보수가 결정되는 메리토크라시meritocracy는 정말 공정한 체제인지. 노력에 대한 보상은 정당하지만, 그 보상의 여부가 아프면 병가를 요구할 수 있고, 일하다 다치면 산업재해를 신청할 수 있는 일자리로 구분되는 건 아닌지. 능력주의라는 신화가 건강하게 일할 권리, 노동권, 사회권이 줄어드는 불평등한 현실을 가리지는 않는지. 열심히 노력해서 능력을 갖춘 이들이 더 특별한 대우를 받는 게 당연하고, 나아가 열심히 노력한 이들만이 안정적인 지위를 누리는 게 당연하다고 생각하는 건 아닌지. 메리토크라시가 경쟁의 패자를 사회적으로 배제하고 불평등을 정당화하는 논리로 이용되는 건 아닌지. 수많은 질문이 떠올랐다.

강박에서 벗어나기:
이 정도면 잘한 거야

성실 씨는 자신과 일은 애증의 관계에 있다고 말한다. 일이 없으면 우울함에 빠질 것 같고, 일은 삶의 원동력이자 살아가는 힘을 주는 것이라고 한다. 하지만 자신의 에너지는 오로지 일에만 쏟을 수밖에 없어서 "일 외의 삶은 멍청하게 살게된다"고도 한다. 사람이 집중할 수 있는 에너지에는 한계가 있기 때문이다. 이는 신체적 능력뿐 아니라 무언가를 기억하는능력, 집중하는 능력에도 영향을 미친다.

멍청한 일을 가끔 하기도 했어요. 지난 토요일 밤에는 제가엄마 아빠를 위해 닭볶음탕을 만들었거든요? 근데 그때 아빠한테 욕을 먹었어요. 아빠가 가스레인지 삼발이를 잘못끼워 넣었다고 하시면서, "삼발이 못 끼는 년"이라고 욕을하더라고요. 그래서 제가 아빠한테 "삼발이를 못 끼는 게 어떻게 멍청한 거냐. 삼발이를 못 끼면 어떻냐. 아빠가 그냥해주면 되지" 이렇게 이야기한 거예요. 나도 되게 놀랐어요, 나에게. 왜냐면 '내가 나를 지키기 위해서 이렇게 이야기하는구나' 싶어서요. 옛날에 그랬으면 울면서 "아빠 미워!" 하고 들어갔을 텐데. "삼발이 내가 못 끼우면 아빠가 옆에서끼워주면 되지. 그걸 왜 욕을 해? 먹지 마" 하고 말았어요.근데 그랬더니 아빠가 저를 빤히 보시더니, 열심히 식사하셨어요.

가끔 사소한 실수를 하면 부모님은 안타까운 마음에 한소리씩 하시고는 한다. 나를 염려하고 내가 더 잘되기를 바라고 하는 말이기에 불편한 표현을 들어도 성실 씨는 참곤 했다.

골골한 청년들

이전에는 "정말 내가 멍청이일까", "왜 그런 실수를 했지" 하며 끊임없이 자신에게서 원인을 찾았다. 자책했고 자학했다. 그래서 부족한 나를 다그치는 아버지 말에 상처받고 자책하던 과거와 달리, 내가 나를 지키려 했던 행동은 중요한 일화다. 사람이 살다 보면 실수도 할 수 있고 모든 일을 다 잘할 수는 없다. 큰 잘못이 아니면 나를 믿어달라고, 도와달라고 너스레 떨며 말할 수 있게 되었다. 시작은 나를 지키기 위해서였다.

나의 자존감을 낮추는 사람들의 언행에 대처하며, 한편으로 스스로의 마음도 다스리려 한다. 이렇게 참고 일해야 하는지 혹은 살아야 하는지 생각이 들 때나, 언제까지 참고 일할 수 있을지 혹은 살 수 있을지 불안함이 스며들 때면, 그때마다 나를 안정시켜주는 엄마 밥을 먹으며 마음을 다독거린다. 때로 고민과 상념 때문에 잠이 오지 않을 것 같은 날에는 오랫동안 공원을 걷는 등 몸을 지치게 만든다. 그래야 밤에 고민하지 않고 빨리 깊은 잠을 잘 수 있기 때문이다. 이렇게 우울과 멀어지기 위한 나름의 방법을 고민한다.

직장, 대외활동도 많아서. 성인 영어 학습지도 항상 밀려요. 오늘 오시는데. "선생님, 못 했어요. 너무 바빠요"라고 자주 하죠. 근데 정말 밀릴 때가 있거든요. 그럴 때 '괜찮아'라고 생각해요. 예전에는 '너 왜 이것밖에 못 해?' 이렇게 하면서 저 자신을 깎아내렸다면 지금은 '그래, 이 정도면 정말 잘한 거야. 밀릴 수 있어. 다음에 하자'라고 하고 자요. 왜냐면 어차피 그런 생각을 많이 해봤자 나오는 답은 똑같아요. 그냥 스트레스받은 만큼 먹고 자요. 그러고 나서 기분 좋게 일을 하고. '아파? 아프면 쉬자' 이러면서 저의 휴가 같은 거…….
카톡으로 보내거든요. "저 몸 아픈데요, 쉴게요. 정말 몸 안 좋아서 쉬겠습니다." 근데 그런 날도 잘 골라야죠. 회의가 없고 마감일인 날은 안 되죠. 그런 게 잘되니까. 생각이 많이 바뀐 거 같아요. 우울을 좀 겪고 난 다음에 바뀌었고 작년에 아프고 난 다음에도 바뀌었고.

성실 씨의 자기계발 목표는 취업에서 더 나은 조건으로 이직을 하거나 지금 일하는 분야에서 제대로 일하는 전문가가 되는 것으로 바뀌었다고 한다. 부모님과 어른들은 성실 씨가 안정적 일터에서 일하면서도 왜 이직하고자 하는지, 왜 자기계발을 멈추지 않는지 이해할 수 없다. 이전 세대보다 참을성이 부족하고 일에 대한 열정이 적다며 '요즘 애들' 탓을 한다. 하지만 성실 씨는 평생직장, 정년퇴직은 더 이상 가능하지 않다고 생각한다. 통계청에 따르면, 2022년 5월 기준 청년층의 첫 직장 평균 근무 기간은 1년 6.8개월이다.[7] 직장인 10명 중 4명은 취업하자마자 이직을 준비하는 퇴준생이다.[8] 취업을 준비하는 것처럼 구직에 성공해도 퇴사를 준비하는 것이다. 모두 더 좋은 회사로 이직하는 걸 목표로 한다. 이때 좋은 회사의 조건은 고용 안정, 직무 내용, 근로시간, 공정한 인사고과, 발전 가능성 등이다. 존중받으며 일할 수 있는가, 즉 노동권이 보장되는지, 그리고 보람을 느끼며 일할 수 있는가, 즉 자아를 실현하며 일할 수 있는지도 중요하다. 결국 이러한 현상은 세대의 문제가 아니라 장시간 노동에 몸이 아프고, 일터에서 존중과 보람을 느끼지 못한 채 노동하는 우리 사회의 문제다.

성실 씨는 울면서 "너는 나처럼 살지 마라"라던 엄마의 당부와 보살핌에 일분일초를 아껴가며 자기계발을 했다. 최선을 다해 노력하고, 경쟁에서 이겨야 좋은 일자리에 진입할 수 있기 때문이다. 하지만 매일의 계획을 지키지 못하면 나를 탓하던 과거와 달리, 지금은 "이 시간을 잘 버티자", "이 정도면 잘한 거야"라며 나를 다독이며 지낸다. 그녀에게 자기계발은 최고가 되기 위한 것이 아니라 생존을 위한 것이지만, 쫓기듯 사는 삶을 요구받는다. 질병은 신체적, 정신적 고통뿐 아니라 나아가 성과사회에서 살아가는 자신의 삶을 돌아보게 했다. 피로와 몸의 아픔은 성과의 방해물이자 자양강장제를 먹어서 없애야 하는 대상에서, 몸을 돌볼 시간이 필요하다는 신호로 인식된다. 아픈 몸을 회복하는 시간을 보내고 나서야 비로소 휴식의 가치를 알게 되었다.

자기계발 강박은 의학적 처방뿐 아니라 사회적 처방이 필요한 질병이다. 성실 씨가 말한 "뒤떨어지는 순간 인생 끝"이라는 불안과 위기의식은 하루를 5분, 10분 단위로 계획하게 만들고, 자양강장제와 에너지 드링크를 먹으며 일과 자기계발에 매진하도록 만든다. 승자가 되어야, 능력이 있어야, 성과를 보여야 사회적 보상을 받을 수 있으며, 경쟁에서 지면 사회적 배제를 겪을 수 있다는 현실. 우리는 사회적 보상과 배제가 인간다운 삶을 누릴 수 있는 조건을 위협하더라도, 이는 노력하지 않은 개인의 잘못이지 우리 사회의 문제가 아니라고 말하는 사회에서 살고 있다. 자기계발 강박은 결국 개인적 분투가 아닌 우리 사회의 변화가 필요한 질병이다.

아픈 사람은 회복되어야만 일할 수 있나?:
환자친화적 일터

"아프면 쉬세요"라잖아요. 그럼 만성질환자는, 예를 들어서 365일 중 100일 아픈 사람은 언제 쉬어야 하나. 쉬면 "그 정도 아니잖아" 휴가 반려하고, "왜 갑자기 말해. 오늘 말했으니 승인 못 해줘. 그냥 월급 까여", "네가 진짜 그런지 모르겠어. 그 병원이 정확한지 모르니까 우리가 원하는 병원에서 세컨드 진단서 받아와. 요즘에 무리했나 보지" 이런 식으로만 대처하고.

—홍이 씨 인터뷰 중에서

"일하다 아플 때 하루 아니면 몇 분이라도 휴식을 취할 수 있습니까?" 일터에서 아프면 쉴 수 있는 권리에 관해 물으면,

"어렸을 적부터 아파도 학교는 가야 해서"나 "쓰러져도 학교에서 쓰러져야 하는 집이라"라는 이야기를 종종 듣는다. 이 문화적 관용어구는 부모의 양육태도라는 개인적 가치관이라고 볼 수는 없다. 개근상이 근면과 성실의 상징으로 여겨지는 사회에서는 몸이 아파도 출근해서 일하는 프리젠티즘presenteeism을 당연히 받아들이게 된다.

아파도 출근해야 하는 이유는 그밖에도 다양하다. 고용 자체가 불안정하거나, 명태 씨처럼 하루 쉬면 임금이 삭감되거나, 성실 씨처럼 병가를 써도 동료의 눈총을 받거나, 인사고과에 영향이 있을까 봐 불안하거나. 인터뷰에서 만난 골골한 청년들은 대부분 비정규직 혹은 아르바이트직으로 일하고 있었기에 병가 자체가 없거나, 법적으로 보장된 병가를 신청해도 "젊은데 그거 일했다고 아프냐"라는 말을 들었다고 토로한다. 열정과 패기가 강조되는 사회 초년생인 청년의 병가는 젊은이의 나약함이나 노동자 개인의 불성실로 여겨진다. 그렇기에 청년들은 아파도 참고 일할 수밖에 없다고 이야기한다. 비단 이 문제는 청년만의 어려움은 아니다.

아픈 노동자의 고용과 소득 보장을 도모하기 위한 법정 병가와 상병수당을 OECD 회원국 중 유일하게 모두 도입하지 않은 국가에서는,[1] 청년뿐 아니라 어떤 노동자여도 아플 때 쉬기가 쉽지 않다. 여기서 잠시, 노동자가 아파도 쉬기 어려운 현실 속에서 노동자의 쉴 권리를 보장하기 위해 고안된 대표적 제도를 살펴보자. 병가sick day와 상병수당sickness benefit이다. 병가는 노동자와 사용자 간 근로계약, 취업규칙에 근거한 약정 병가 제도와 법령에 의한 법정 병가 제도로 나눌 수 있다. 한국은 근로기준법 제93조에 따라 상시 10인 이상의 근로자를 고용한 사업장은 휴일과 휴가에 관한 내용을 포함한 취업 규칙을 작성해 신고하도록 명시해두었다.[2] 즉, 기간과 급여 지급에 대해 명시된 법정 육아휴직과 달리, 병가는 회사마다 다를 수 있다.

상병수당은 "장단기 요양 시에 소득 상실분을 보장해주는 제도를 통칭하는 용어"[3]로, 아파서 일하지 못해 소득이 줄어들 때 소득이나 임금 손실분을 보존해주는 제도다. 유급 병가를 받지 못하는 많은 이들이 치료와 회복에 충분히 시간을 쏟을 수 있도록, 사회안전망에서 배제되지 않도록 만든 제도다. 상병수당은 우리에게 아주 낯선 제도는 아니다. 2019년 6월 도입된 서울시 유급병가지원 제도는 일용직, 특수고용직 노동자, 영세자영업자, 아르바이트 등 근로취약계층에게 유급 병가를 지원하는 제도로 상병수당의 성격을 지닌다. 코로나19 생활지원비 중 자가격리 지원금도 마찬가지다. 코로나19로 입원하거나 격리한 사람 중 유급 휴가를 제공받지 못한 이들에게 지급하는 지원금이기 때문이다. 코로나 팬데믹으로 '아프면 쉬는' 문화와 상병수당의 필요에 대한 사회적 공감이 확산되자, 보건복지부는 2022년부터 7월부터 상병수당 시범사업을 실시하겠다고 발표했다.

변화의 조짐이 없지는 않으나 그간 한국에서 아픈 노동

자가 쉴 수 있는 권리는 제대로 보장되지 않았던 것이 현실이다. 2020년 한국보건사회연구원의 연구에 따르면, 전국 493개 대·중소 민간기업의 약 42퍼센트만이 취업규칙에 병가에 관한 내용을 명시했고, 병가에도 급여를 제공하는 곳은 7.3퍼센트뿐이었다. 직장에서 병가를 제공한다고 응답한 노동자는 46.6퍼센트였고, 이를 구체적으로 고용형태에 따라 살펴보면 상용직은 59.6퍼센트, 임시직은 19.3퍼센트, 일용직은 3.5퍼센트라고 답했다. 아파도 출근한 적이 있다는 노동자는 23.5퍼센트로, 아파서 쉰 경험이 있다는 노동자(9.9퍼센트)의 2.37배다. 계약직, 일용직, 간접고용 노동자, 저임금 취약계층 노동자와 영세자영업자 집단에서 아파서 병가를 낸 비율 대비 아파도 출근한 비율이 높았다. 이는 유럽 국가들 평균의 3배에 달하는 수준으로, 이 연구는 한국 노동자의 건강권과 휴식권이 보장되지 않는 현실을 드러낸다.[4]

다만 병가와 상병수당은 노동자가 아플 때 쉴 수 있도록 하는 필요조건이지만 충분조건은 아니다. 병가를 써서 회복하면 회사에 복귀할 수 있지만, 만약 회복하지 못하고 더 아파진다면 전일제로 일할 수 없으니 직장을 떠나야 하기 때문이다. 해외의 여러 연구는 만성질환을 지닌 이들이 휴식 시간과 휴게 공간을 보장받지 못한 채 성과와 생산성에 대한 사회적 기대에 맞춰 일하는 사회적 고통에 주목한다. 류머티즘 관절염 환자,[5] 요통 환자,[6] 암 경험자sufferer[7]의 노동 경험 연구는 적절한 휴식이 제공되지 않고 아픔을 숨긴 채 참고 일할수록, 이들의 병세가 악화되고 이들이 사회적으로 고립된다는 점을 보여 준다.

우리가 만난 골골한 청년들 역시 만성질환에 대한 오해와 부정적 편견으로 인해 일터에서 힘겨워한다. 나래 씨는 건선이 동료들에게 인식될 때, "왜 아픈지, 왜 아직도 아픈지" 계속 설명해도 호기심이나 가십거리로 대놓고 이야기되거나 곱지 않은 시선을 보내는 태도를 경험한다. 질병에 대한 무지와 사회적 편견뿐 아니라 만성질환은 계속 일할 수 있는 능력, 예를 들어 생산성, 업무 능력, 결근 등과 관련된 우려와 결합된다. 몇몇 구술자는 증상이 나타나면 동료와 상사의 배려로 휴식하고 회복해 일할 수 있었다. 조이 씨와 더불어 여정 씨는 자신의 병을 이해하고 아플 때 쉴 수 있도록 배려해주는 상사에게 고마워하지만, 한편 옮긴 부서에서 만난 다른 상사로부터는 "아픈 애인 줄 알았으면 안 데리고 왔다. 너 왜 부서에다가 피해를 주고 그러냐"라는 잔인한 말도 들었다. 이들은 일하다 5분, 10분이라도 휴식을 취하며 아픈 몸을 회복하려 하지만, 법정 휴게 시간도 휴게 공간도 제공되지 않은 일터에서 이를 요구하기는 어려웠다.

효율성, 생산성, 이윤의 추구를 사람의 건강보다 우선시하는 작업장 이데올로기가 아니라면 질병이라는 신체적 조건 때문에 사회에 참여하고 노동자로 일하는 데 반드시 어려움을 겪어야 할 이유는 없다. 효율과 생산성이 강조될수록, 일하는 속도는 개인의 생산 능력에 대한 기대치를 구성하는 주요한 기준이 된다. 젊고 건장한 성인 남성이 기준이 된 일터에서, 많은 이들은 이러한 수행 기대를 맞추기 위해 일하다 아파진다. 삶의 속도, 일하는 속도가 빨라질 때 사람들은 더 빨리하려 노력하다 아프게 된다. 일하는 속도를 조절하도록 편의를 제공하는 것과 적절한 휴식은 비효율적인 것으로 여겨지곤 한다.

골골한 청년들은 일터에서 아프다고 밝히면, 우선 중증질환을 겪는 아픈 환자의 모습이 아니라는 이유와 만성질환은 젊은이에게 없을 것이라는 인식으로 인해, 그들의 질환이 꾀병일 것이라는 편견을 경험한다. 그렇기에 질병을 숨기게 된다. 청년이라면 건강해야 한다는 사회적 기대가 청년의 건강문제를 가리게 만든다. 하지만 이들에게는 병세에 따라 일터에서의 적절한 지원과 조정이 필요하다. 수전 웬델Susan Wendell의 주장처럼, 만성질환이나 장애를 지닌 사람들은 "총체적으로 무능력하지" 않다.[8] 일터에서 휴게 시간과 휴게 공간을 적절히 제공해준다면, 몸의 상태에 따라 업무를 조정하고 일할 수 있다면, 이들은 아파도 참고 일하지 않아도 된다.

최근 유럽연합European Union, EU을 중심으로 노동환경 개입이 만성질환 관리의 중요한 해결책으로 도입되고 있다. 2016년 제4차 〈유럽 삶의 질 조사European Quality of Life Survey, EQLS〉에 따르면 유럽인의 약 28퍼센트에게 만성적이고 장기적인 신체적, 정신적 건강 문제가 있으며, 특히 경제활동 가능 인구(18~64세)의 5명 중 1명은 일상 활동에 제한이 있고, 이는 대부분 만성질환으로 인해 발생한다.[9] 이에 유럽연합은

2000년대 초반부터 만성질환을 지닌 인구수 증가와 노동인구 고령화에 주목하며, 만성질환을 지닌 이들이 차별받지 않고 일할 수 있도록 환자친화적 교육과 일터Patient-friendly Education and Workplace라는 이름의 제도, 조치, 프로그램을 도입했다. 만성질환자의 권리 규정, 건강 상태와 경력 등 조건을 고려한 병가 모델 제공, 경제적 지원, 만성질환 인식 제고를 위한 캠페인, 건강 및 학습권 보장을 위한 지원, 의료 및 심리적 지원, 작업조건 및 환경 조정, 숙박, 복직 등을 위한 지원, 다양한 이해관계자 협력 등이 그 구체적 내용이다.[10]

자가면역성 뇌염으로 입원 치료를 받고 회복한 후 일했던 조이 씨는 스스로 자신의 몸 상태를 판단해 업무량과 시간을 점차 늘려갔다. 하지만 만약 환자친화적 일터 정책이 도입된다면 환자 개인이 업무 복귀를 홀로 판단하고 동료, 회사와 협상하기보다, 복직에 대한 의료적 조언, 단계적 복귀 프로그램, 직장 복귀를 돕는 안내서를 제공받을 수 있다. 예를 들면, 오스트리아 정부의 피트투워크fit2work[11]는 고용주와 노동자 모두를 위한 작업장 조정과 지원 정보를 담은 온라인 플랫폼으로, 업무시간과 업무량 조정 방식뿐 아니라 질병에 대한 오해와 사회적 편견을 줄이기 위해 올바른 정보를 제공한다.

우리 사회는 만성질환을 지닌 이들에게 휴게 시간과 휴게 공간은 보장하지 않은 채 성과와 생산성에 대한 사회적 기대에 맞춰 일하라고 요구한다. 이러한 현실은 아픈 사람을 일터에서 어떤 방식으로 편입시키고 배제하는지, 이들에게 어떤 자격을 부여하는지를 보여준다. 몸이 어떠해야 한다는 믿음, 어떠한 몸만이 일터에 적합하다는 믿음이 우리의 몸을 더욱 아프게 만드는 것이 아닐까? 만성질환을 지닌 청년들뿐 아니라 아픈 노동자의 노동권과 건강권을 함께 보장하며 이들에게 지지적인 일터를 만들기 위한 노력이 필요하다.

나래씨 이야기

나래 씨는 스물다섯 살의 청년으로, 최근 자신의 만성질환과 다른 생활의 균형을 어떻게 맞춰 살 수 있을지 실험하기 시작했다며 그 실험의 하나로 인터뷰에 참여했다. 그녀는 아픈 몸과 함께 멀리 날아가보고 싶은 바람을 담아 자신의 이름을 '나래'로 하고 싶다고 했다. 지금껏 가보지 않은 곳으로 가서 고생스럽지 않은 일을 하고 싶고, 편견 없이 사람들과 어울리고 싶다며 나래라는 이름의 의미를 설명했다. 나래 씨는 스무 살이 되면서 서울로 이주했고 가족과는 떨어져 현재 혼자 생활하고 있다. 나래 씨는 어렸을 때 아토피가 있었기에 중학생 때 배에서부터 올라온 빨간 반점이 아토피의 연장일 것이라고 생각했다. 그러나 증상이 계속 악화해 서울의 한 대학병원을 찾았고 스무 살이 되고 나서야 비로소 건선이라는 진단을 받았다. 증상이 눈에 보이는 건선의 특성으로 인해 가족이나 사회에서 만나는 사람들이 던지는 무례한 말들을 듣고 견뎌야 했다. 한편 나래 씨는 독립 후 생계비와 치료비를 스스로 벌어야 했기 때문에 일의 강도가 세고 최저시급보다 임금이 조금 더 높은 일을 선택했지만 그러한 근무조건이 건강에 안 좋은 영향을 미친다는 것을 알게 되었다. 그 후 자신이 어떤 일을 할 수 있는지를 포함해 자신에게 필요한 생활의 조건이 무엇인지 생각을 정리할 수 있었고, 청년수당을 받고 나서 시간적 여유가 생기자 자신이 무엇을 좋아하고 잘할 수 있는지 처음으로 진지하게 고민하기 시작했다.

치료 과정:
나에게 맞는 치료법 찾기

나래 씨는 중학교 2학년에 올라가던 때를 자신에게 맞는 치료법을 찾으러 병원에 다니기 시작한 시점으로 기억한다. 처음에는 어렸을 때 아토피가 있었기 때문에 "아토피가 다시 올라오는 거"라고 생각했다. 그래서 배 쪽에서부터 시작된 붉고 작은 반점을 대수롭지 않게 생각했지만, 점차 그 개수가 많아지고 면적도 넓어지자 나래 씨는 동네 피부과를 찾았다.

처음 병이 발병했다고 알았을 때가 중2 올라가는 시점이었어요. 만 13세, 한국 나이로 열다섯 살에 어느 날 피부에 작은 반점이 빨갛게 생겼어요. '이게 뭘까' 했지만 별일 아닌 것 같고, 어릴 때도 아토피가 있었기 때문에 '아토피가 다시 올라오나 보다' 생각을 했거든요. 근데 작은 반점이 계속 늘어났어요. 처음엔 하나로 시작해서 갈수록 열 개, 스무 개가 되고, 작았던 것이 커지기도 하고. 처음엔 점처럼 작았는데 손가락 한 마디 정도로 커지고, 두 마디, 세 마디 이렇게 점점 면적이 넓어졌어요. 처음에 시작된 부위는 배 쪽이었고.

몸이 아프다는 것의 기준은 무엇일까. 생의학에서 제시되는 몸의 병리적인 상태를 판단하는 기준은 체온, 맥박, 호흡수, 혈압 등 활력징후vital sign의 변화나 설사, 복통 등의 몸의 증상이다. 그런데 통증과 같은 어떤 몸의 변화는 그것이 병리적인지 아닌지 개인이 판단하기에는 어려울 수 있다. 나래 씨 몸에 생긴 작은 반점 역시 그렇다. 원래 앓던 아토피 증상의 변화인지, 다른 병으로 인한 증상인지, 기존 치료의 실패인지 나래 씨 개인이 판단하기 어려울 수 있는 것이다. 철학자 조르주 캉길렘Georges Canguilhem에 따르면, 정상적인 것과 병리적인 것의 본래 경계는 개인을 계속해서 고찰할 때 분명해지며 개인이 아픔을 지각하게 되는 지점이 발병의 순간이다.[1]

나래 씨 역시 어렸을 때 아토피라는 피부병을 겪었기에 당시 경험은 그녀가 피부에 나타난 반점을 판단하는 기준이 되었고 "별일 아닌 것 같다"는 생각으로 이어졌다. 하지만 피부에 나타난 반점의 모양과 개수가 평소와 다르고 심각하다는 판단이 들면서 병원을 찾게 되었고 아토피와는 달라 보이는 증상들로 인해 치료법에 대한 고민이 깊어졌다.

그러나 "시골 동네 병원"은 정확한 병명을 이야기해주지 않은 채 그냥 스테로이드 연고만 처방해줄 뿐이었다. 스테로이드제 덕에 증상이 일시적으로 좋아지기는 했지만 나래 씨는 스테로이드 부작용이 위험하다는 이야기를 오래전부터 들어왔기 때문에 "시골 병원을 믿을 수 없었고 이 병원에서는 좋은 치료를 받을 수 없다"라고 생각했다. 한국에서 1990년대까지 국소 스테로이드제는 아토피 피부염의 유일한 치료제였을 정도였고,[2] 그러다 보니 스테로이드 남용이 심각한 문제로 대두되어 2001년 보건복지부는 스테로이드 남용에 따른 급여비 청구를 엄격히 심사할 것이라는 발표까지 했다. 환자가 부작용이 있을 수 있다고 생각하는 약물의 처방이 환자가 의사를 불신하게 만드는 요인이라는 것을 고려하면,[3] 나래 씨가 의료진의 권고를 따르지 않고 스스로 치유 실천을 선택한 이유를 이해할 수 있다.

또한 이는 의료적 불만에 의한 개인적인 선택과 실천으로만 볼 수 없다. 아토피 질환은 대표적인 경합하는 질병contested illness이다. 의료사회학자들은 다음과 같은 특징을 띄는 병을 경합하는 질병으로 분류한다. 첫째, 신체적·정신적 아픔이 질병으로 정당하게 인정받을 수 있는가, 즉 생의학 지식으로서 질병 지위가 논쟁적인 경우. 둘째, 병의 원인이 모호한 경우. 셋째, 치료법 역시 불확실한 경우. 넷째, 이러한 이유로 법적, 의료적, 문화적 분류가 논쟁적인 경우다. 즉, 경합하는 질병이란 병의 진단, 병인, 치료 등을 둘러싸고 다양한 행위자가 경쟁하고 경합한다는 것을 뜻한다.

아토피atopy는 이상하다out of place라는 의미를 지닌 희랍어 아토포스atopos에서 유래한 말로, 이상한 징후를 지닌 알레르기를 통칭한다.[4] 생의학에서 설명하기 힘든 피부병을 아토피로 정의한 것에서 알 수 있듯이, 생의학, 한의학, 민간요법 등에서는 아토피의 원인과 치료법을 각기 다르게 제시한다.[5] 나래 씨가 자신에게 맞는 치료법을 찾으려고 스스로 노력한 데는 여러 이유가 있다. 병원에서 치료를 받아도 몸이 더 나빠졌고, 경합하는 질병을 겪고 있지만 나래 씨는 나아야 한다고 생각했고 낫고 싶은 마음이 컸다. 낫고 싶다는 간절한 마음에 온천에도 가고 피부에 좋다는 음식과 식물성 유산균 등을 스스로 구해 먹었다. 또한 좋은 보습제 크림을 찾아 사용했으며 햇볕을 쬐면 좋다고 해 햇볕을 찾아 산책도 많이 했다.

온천에 가거나 아니면 몸에 좋다는 식물을 먹거나. 제가 구해서 먹었거든요. 아니면 식물성 유산균 그런 거 구해서 먹고. (중략) 보습제도 좋다는 거를 많이 구해서 발랐고요. 온천수 크림 이런 거. 지금도 좋아서 쓰고 있고. 조금씩 나아지기도 하는 것처럼 보였는데 결국에는 대학병원에 갔을 때가 가장 빠른 치료가 됐어요.

나래 씨가 대학병원을 찾게 된 이유는 스무 살이 되던 해 붉은 반점이 전신으로 퍼지고 가려움증도 심해졌기 때문이다. 대학병원의 진단을 통해 비로소 나래 씨는 중학교 때부터 자신을 힘들게 한 병이 건선임을 알게 된다. 정확한 진단까지 약 5년이 걸린 셈이다. 건선은 악화와 호전이 반복되는 비전염성 만성 피부 질환으로, 통상적으로 몸의 면역학적 이상에 의해 발생한다고 보고된다.[6] 2020년 기준 한국의 건선 환자는 150만 명 정도로 추산되며 유병률 역시 증가하고 있다.[7]

제가 스무 살 전까지는 자가 치유를 하고 그랬지만 대학병원에 가고 나서, (중략) 대학병원에 갔는데, 제가 쓰던 단지에 든 스테로이드 연고가 아니라, 스테로이드가 안 들어있거나 덜 들어있는 연고를 새로 처방해주기 시작했어요. 그러고 예전에 다녔던 시골 병원에서는 하나로 두피에서부터 발까지 다 썼는데, 대학병원에 가니까 머리, 두피, 몸, 이렇게 구분을 해서 처방을 해줬거든요. 그래서 그렇게 용도에 맞게 연고를 바르니까 훨씬 치료가 잘된다고 느꼈고. 대학병원을 다니면서 제가 다른 치료법도 검색해보고, 이런 거를 나도 할 수 있는지 물어봤거든요. 왜냐면 이 병이 중학교 때부터 저와 함께했으니까. 너무 불편하니까.

나래 씨는 "시골 병원"과는 다른, 대학병원에서 처방받은 연고를 자세히 이야기했다. 스테로이드가 없거나 덜 들어간 다양한 연고들이었다. 약의 성분도, 신체 부위별로 처방 약도 달랐다. 의료진이 기존에 자신이 처방받은 약의 효과와 부작용을 살피며 다시 처방하는 모습에, 치료법뿐 아니라 의료진에 대한 신뢰를 회복할 수 있었다.

스무 살이 되어 서울에 올라온 나래 씨는 대학병원 치료를 받아 몸이 나아졌지만, 치료 도중 증상 악화를 경험했다. 정확한 이유를 알 수는 없었지만 스무 살이 되면서 병원비와 생계를 위한 일을 시작했고, 서울의 공기는 시골보다 좋지 않았으며, 안 마시던 술을 마시기도 하는 등 생활과 환경의 변화를 그 원인으로 추측했다. 실제로 질병관리청의 자료는 건선을 악화시키는 요인으로 건조하고 추운 날씨, 스트레스, 술 등을 제시한다.[8] 서울에서 살며 몸은 더 아파졌지만 그래도 이전보다 희망적인 것은 아플 때 증상이나 치료, 관리법에 대해 물어볼 수 있는 의사가 있어 치료를 이어갈 수 있다는 점이었다. 그러면서 나래 씨는 "생물학적 제제"라는 치료법을 알게 되었다.

근데 그게 비용이 되게 비싸요. 200만 원. 그때 당시 200만 원이라는 설명을 듣고 너무 깜짝 놀라서 어떻게 200만 원을 마련할 수 있을지 모르겠더라고요. 그래서 그냥 생물학적 제제는 생각을 아예 안 하고 있었어요. 그래서 광선 치료라는 것도 받아보고, 또 그때도 보습제는 계속 바르고. 매일 매일 이만큼씩 발라요.

의사가 권한 치료법이었지만 회당 200만 원이라는 치료비를 어떻게 마련할지 몰라 막막했기에 선뜻 결정하지 못했다. 그래서 일단 기존의 광선 치료와 보습제, 먹는 약 등으로 치료를 이어갔다. 2020년 한국건선협회 발표에 따르면, 생물학적 제제로 치료한 건선 환자 90퍼센트가 치료에 만족하지만 43퍼센트는 경제적 부담으로 치료를 중단했다.[9] 나래 씨처럼 환자가 직접 지불하는 비용 부담으로 인해 진료를 미루거나 받지 않는 이들을 포함한다면, 그 수는 더 많을 것이다.

나래 씨가 자신의 증상에 맞는 치료법을 찾는 과정은 쉽지 않았다. 어릴 때 경험했던 아토피와는 다른 양상으로 배에 생긴 붉은 반점이 점점 악화해 찾아간 동네 병원은 그녀가 신뢰하지 않는 스테로이드제만을 처방했고, 그것은 나래 씨가 자신에게 맞는 치료법을 스스로 찾게 되는 결정적인 계기가 되었다. 그리고 낫고 싶은 간절한 마음에 대학병원을 방문한 후 체계적이고 효과적인 새로운 치료법을 경험하면서 자신의 증상이 괜찮아질 것이라는 희망을 품게 되었지만, 그녀가 처한 생활환경이나 경제적 상황 등은 여러 곡절을 낳았다.

이렇듯 그녀의 질병 경험은 아토피와 건선이라는 병의 특징으로만 이해할 수 없다. 나고 자란 농촌과 지금 살고 있는 서울에서 나타나는 의료서비스에 대한 지리적 접근성accessibility 격차도 고려해야 하고, 만성질환이라 지속적인 치료가 필요하므로 의료비 지불 능력affordability에 따른 경제적 부담도 고려해야 한다. 그뿐만 아니라 주거 환경 등 다양한 요소를 함께 고려해야 한다. 나래 씨는 몸이 아파질 때마다 무엇이 몸에 영향을 주었는지 관찰하고, 고민하고, 결정하고, 때로는 어느 것을 우선 해결해야 하는지 협상해야 했다. 그렇기 때문에 그녀의 삶의 조건과 동떨어진 채 그녀의 질병 경험을 말할 수는 없다.

유년기의 사회적 낙인:
나는 안 아픈데 너는 왜 아프니?

증상이 더 심해졌을 때는 몸 상부에서 발끝까지 나무껍질처럼 피부가 벗겨지기도 했다. 눈에 보이는 병이다 보니 증세가 악화하면 나래 씨의 모든 일상이 멈췄고 심리적으로도 몹시 힘들었다. 나래 씨는 병원을 찾아 의사에게 "너무 슬퍼서 저는 진짜 죽어야겠다"라며 힘든 심리 상태를 이야기하자 입원을 권유받았다.

예전엔 아까 보여드린 것처럼 여기부터 발까지 피부병으로 다 몸이 뒤덮여서 나무껍질처럼 피부가 벗겨졌거든요. 그런 때 밖에 거의 못 나갔어요. 그런 날 병원에 가서 "너무 슬퍼서 저는 진짜 죽어야겠다"고 했는데……. 지금은 그런 생각이 전혀 안 나거든요. 잘 살 거예요. 근데 그렇게 말하니까 의사 선생님이 "그러면 10일 정도 입원을 해보자"고 해서 입원을 했거든요. 입원하고부터 계속 좋아지고 있어요. 입원해서 치료하고…….

건선은 분명 신체 증상이지만 마음도 힘들게 했다. 일상을 예측 불가능하게 만들고 증상의 악화와 호전이 반복되는 질병이기 때문이다. 몸이 아파지자 마음이 힘들어진 것은 나래 씨 개인이 나약해서가 아니다. 그녀는 어렸을 때부터 자신이 사람들의 시선에 얼마나 시달렸는지 구체적인 일화를 생생히 이야기해주었다. 진단을 받기 전 피부에 약간의 조짐이 있었던 초등학교 시절, 같은 반 아이들은 나래 씨에게 "피부에서 가루가 떨어진다"라며 놀렸고, 나래 씨는 이런 아이들의 반응이 "학교폭력"이라고 생각했다. 유년기의 사회적 낙인 경험을 생생히 말하다 나래 씨는 "그때 감정이 다시 올라와 슬프다"라며, 구체적 일화를 더 말하고 싶어하지 않았다. 상처이기 때문이다.

어렸을 때 "가루도 많이 떨어지고 네가 맨날 청소기 돌려라" 이런 식으로 말을 하거나. "나는 안 아픈데 너는 왜 그러니" 이런 식으로 말을 하거나. 그리고 이게 유전인 것 같아요. 가족 중에 한 명이 똑같은 병이 있거든요. (중략) 그런데 자기 병에 대한 치료를 적극적으로 안 하고, 좀 그냥 시골 병원에서 주는 스테로이드 그거 바르고 그렇게 사는 것 같거든요. 그래서 저한테도 그런 연고 바르면 낫는다고 하면서 치료를 제대로 못 받게 했었죠.

본격적으로 증상이 시작된 중학생 때 이후부터 주변 사람들은 그녀의 피부를 볼 때마다 깜짝 놀라며 "어, 이게 뭐야?"라고 물어봤다. 이러한 시선은 가족 안에서도 마찬가지였다. 나래 씨는 가족의 어떠한 지지도 받지 못했다고 이야기한다. 가족 중 한 명이 비슷한 증상을 가지고 있지만, 치료에 대한 생각의 차이가 컸고 나래 씨가 신뢰하지 않는 스테로이드 연고나 바르라고 권할 뿐이었다. 형제조차 나래 씨에게 "가루도 많이 떨어지니 네가 청소기 돌려라", "나는 안 아픈데 너는 왜 그러니"와 같은 말들을 쏟아내며 병의 책임이 그녀에게 있다는 듯 대했다.

　　개인이 다른 사람으로부터의 평가를 가장 강하게 인식하고 그러한 타인의 반응으로 사회적 자아를 발달시키는 결정적인 시기인 학령기 때 나래 씨는 이러한 경험을 했다. 사회적 자아는 개인이 다른 사람과의 상호작용뿐 아니라 사회에서의 다양한 경험과 자극으로 만들어지는 자기 자신에 대한 평가와 인식이다.[10] 나래 씨에게는 어린 시절부터 자신의 증상을 놀리거나 비난하는 또래와 가족, 사회가 생활환경이었고 상호작용의 대상이었다. 그러한 상황 속에서 그녀는 슬픔, 외로움 등의 감정을 많이 경험했고, 그런 감정이 들 때마다 나래 씨는 부정적으로 자신을 바라보곤 했다.

오래전부터 국내외를 막론하고 건선 환자가 겪는 사회적 편견과 낙인은 중요한 연구주제였고 사람들이 보내는 시선은 건선 환자들을 더욱 사회적으로 고립시키고 고통을 배가시켜 삶의 질을 떨어뜨리는 이유가 된다고 보고된다.[11]

사람들의 시선: 몸보다 마음이 더 아파요

피부병이기 때문에 사람들의 시선, 그로 인한 사회적 고통은 나래 씨의 질병서사에서 중요한 한 축을 차지한다. 사람들의 따가운 시선은 어렸을 때부터 또래뿐 아니라 가족구성원들에게서마저 경험해야 했고, 이는 성인이 된 후 일터에서 계속되었다. 또한 이러한 경험은 건선 증상이 악화할 때 신체적 고통뿐 아니라 심리적 고통을 심화시키는 기제로 작용했다.

최근 나래 씨는 단기 아르바이트 위주로 일을 찾는다. 단기 아르바이트 작업장에서는 다른 사람을 궁금해하지 않고 다들 일만 하기 때문이다.

단기 알바를 많이 하고 있어요. 왜냐면 단기 알바 오는 사람들은 일만 하지 다른 사람에 대해서 그렇게 궁금해하지 않거든요. 앞으로 안 볼 거고 그러니까. 그런 경향이 있더라고요, 제가 봤을 땐. (중략) 최대한 사람들 대면하지 않는, 뭐

택배 포장 알바? 그런 거 많이 했어요, 최근에. 상하차. 되게 힘들었어요. 다신 안 하지만 그래도 괜찮았어요. 사람 대하는 것보다 나았어요.

일을 구할 때 타인의 시선은 그녀에게 중요한 기준이 된다. 그녀는 아무리 몸이 힘든 일이라도 사람을 대하는 것보다는 그게 낫다고 생각한다. 육체노동이 아픈 자신을 설명해야 하는 곤경, 아픈 자신을 바라보는 시선보다 덜 힘겹기 때문이다. "일터에서 인간적인 관계를 맺으려고 하면 안 되는 것 같아서"라는 나래 씨의 말을 통해 그동안 그녀가 일터에서 사람들과의 관계로 인해 어려움을 겪었으리라 짐작해볼 수 있다.

이렇듯 어린 시절 가족, 학교에서부터 시작된 사회적 편견과 낙인의 언어가 성인이 되어 일하게 된 일터에까지 이어지면서 이는 나래 씨의 인간에 대한 사유에 영향을 미쳤다.

사람들이 남한테 쓸데없이 관심이 많다는 생각? 그냥 보여지는 것에서. 그 사람이 어떤 생각을 하고 뭐를 하는지에 대해서는 모르면서, 그냥 보여지는 게 되게 중요한 것처럼 말하고 행동하고 그런 게 너무 이상해서. 저는 다른 사람들에게 관심을 아예 안 가지려고 하거든요. 특히 외모적인 부분에 대해서. 물어보지도 않고, 사실 궁금하지도 않아요. 근데 다른 사람들은 진짜 무례하고, 잘 모르는 것을 핑계로 나한테 상처를 너무 많이 준다는 생각이 들어요. 또 그런 사람들이랑은 인간적인 친밀을 쌓고 싶지 않고. 일하다가 만나더라도 되게 싫어서 피하고 싶어요. 왜 저렇게 남을 놀리는 것에서 기쁨을 느끼는지. 근데 설명을 하는 게 지친다는 생각도 들고요.

자신의 질병에 대한 주변 사람들의 "쓸데없는 관심"과 외모에 대한 무신경하고 무례한 태도를 경험한 후, 나래 씨는 그러한 태도가 당사자에게 큰 상처가 되는 힘든 일이라는 것을 알게 되었다. 그래서 그녀는 타인에 대해 관심을 갖지 않으려 노력하고 특히 외모에 대한 질문은 하지 않는 자신만의 소신을 갖게 되었다.

현재 나래 씨는 몇 개월의 준비 과정을 거쳐 산정특례를 받을 수 있게 되었다. 산정특례는 암 환자, 희귀질환자, 중증난치질환자가 부담해야 하는 고가의 치료비를 경감해주는 제도다. 산정특례 대상자가 되었다는 사실은 그녀의 삶에 중요한 변화를 가져왔다. 소득 수준이 의료서비스 이용과 건강의 유지와 직접적으로 연결되는 현실에서 의료비 부담이 완화되었기 때문이다. 나래 씨가 처한 경제적 취약성이라는 조건상에서 이는 그녀의 의료서비스 접근성을 높이고 증상의 호전으로도 연결된다.

지금도 생물학적 제제 주사를 맞고 있는 상태거든요. 그래서 지금은 거의 다 낫고 있는 것처럼 보이고, 다른 사람들이 봤을 때 제가 만성질환, 중증질환 환자라는 걸 전혀 모를 만큼 좋아졌거든요. (중략) 생물학적 제제를 저렴하게 받는 방법이 산정특례를 등록하는 방법인데요. 산정특례를 어떻게 등록하냐 하면, 1주일에 두 번, 두 번인가 세 번인가? 1주일에 두 번 이상 광선 치료를 받아서, 3개월 동안. 근데 한 주라도 빠지면 안 되고 진짜 꾸준히 계속 받아야 돼요. 그래서 제가 세 달 동안 건선 치료를 받아서 이 병이 안 낫는 거를 증명하는 서류를 가지고 제가 다니는 대학병원에 가서 제출을 하니까 산정특례 등록이 됐어요. 그리고 그거랑, 제가 그 먹는 약도 엄청 먹고, 손가락 두 마디 정도 되는 약도 먹고. 되게 여러 가지 약을 먹었는데, 그렇게 해도 별로 안 낫는다고 증명하는 서류를 갖고 와서 내니까 산정특례가 됐거든요.

현재는 중증 건선 치료에 대한 산정특례 기준이 개선되기는 했지만,[12] 그 당시 나래 씨는 약물 치료와 광선 치료를 3개월 동안 꾸준히 받아도 여전히 중증 건선 환자라는 것을 증명해야 했다. 학교를 다니고 아르바이트를 하며 3개월 동안 매주 두 번씩 빠지지 않고 치료를 받을 수 있도록 시간과 비용을 확보해야 했다. 중증 건선 환자로 산정특례 대상자가 되자, 효과적일 것이라고 생각한 치료를 시작할 수 있었다. 치료비의 10퍼센트만 부담하면 되기에, 경제적 부담 때문에 치료를 중단할 필요도 없었다. 이제 "다른 사람이 봤을 때 만성질환, 중증

질환 환자라는 걸 모를 만큼" 호전되었다.

건선은 면역력이 안 좋거나 스트레스를 아주 크게 받으면 발병할 수 있는 원인 불명의 만성 피부 질환이다. 정보를 구할 때나 힘들 때 의지할 사람이 아무도 없었기에, 나래 씨는 의사에게 묻고 또 물을 수밖에 없었다. 그녀는 그 과정을 "발악"이라 표현하기도 했는데, 경제적 어려움에도 치료를 지속하고픈 그녀의 갈망과 곤궁이 드러난다. 완치는 힘들지만 그래도 "건강해 보이는 것"에 그녀는 만족한다. "건강해 보이는 것"이라는 말에는 외부로 드러나는 증상에 대한 사회적 시선으로 고통스러웠던 그녀의 생애서사가 담겨 있다. 그녀는 증상이 호전되는 것을 넘어서, 다른 사람과 다르지 않고 싶어 한다. 그바람에는 생물학적 제제와 같은 의학적 치료를 받고 싶다는 것 외의 사회적 조건이 함께 포함되어 있다. 외부로 쉽게 드러나는 질병을 앓는 이들이 사회구성원으로 함께할 수 있는 사회적 조건이란, 다름을 편견이나 차별로 대하지 않고 그것을 존중하는 태도일 것이다.

일터:
건강한 척 버티며 일하기

비교적 "체계적이고 다양한" 대학병원의 치료는 만족스러웠지만, 서울에서 혼자 살아가야 하는 나래 씨에게 병원 치료비는 큰 부담이었다. 그래서 그녀는 카페 아르바이트를 시작으로 음식점, PC방, 프랜차이즈 빵집 등에서 일을 했다. 그녀가 처음 일을 시작했을 때는 일 경험이 없어 시키는 대로 일을 할 수밖에 없었고, 면접에서는 무조건 뽑혀야 병을 치료하고 살아갈 수 있다고 생각했기 때문에 건강한 척했다.

병원에 가면은 약값만 7만 원을 낼 때도 있고 그랬어요. 이 손가락 두 마디만 한 회색 약이 너무 비싸서. 그래서 병원을 못 갈 때도 있었고, 시간도 없고. 제가 병을 치료하려면 돈을 벌어야 하잖아요. (중략) 그때 스무 살이고 알바 처음 하니까. 카페 알바였는데, 너무 강도가 높아서 알바하고 오면 집에 와서 쉬어야 되는데, 음…….그러다 보면 또 학교를 계속 지각하게 되고, 알바는 또 힘들고 막 계속 이런…….이게 반복이 됐었어요. 그래서 너무 슬펐어요. (중략) 이러니까 진짜, (사진을 보여주며) 몸이 이렇게 됐어요.

나래 씨가 시작했던 일들은 병원에 갈 시간이 허락되지 않을 정도로 업무강도가 높았다. 집에서 아침 8시에 나와 밤 12시에 들어가는 일을 하기도 했고, PC방 야간 아르바이트는 밤 11시에 출근해서 아침 10시에 퇴근하는 조건으로 주 50시간을 일해야 했다. 이러한 일상이 반복되자 그녀의 피부 상태는 더 나빠졌고, 심리적으로도 힘들어졌다. 2020년 통계청 자료에 따르면, 한국의 20대 청년 고용률은 55.7퍼센트로 나타난다.[13] 이들의 임금, 근로 수준을 살펴보면 연령이나 학력에 따른 차이가 발견되는데, 연령이 낮고 학업을 병행해야 하는 시기에 있는 청년일수록 상용직 비율은 낮고, 일용/자활/공공 근로에서 일하는 비율이 높게 나타났다.[14] 나래 씨 역시 20대 초반에 학업과 일을 병행해야 했기에 일의 선택 범위가 넓지 않았을 것이라고 짐작할 수 있다. 그리고 나래 씨가 선택해 지원한 일자리에서도 면접에서 예기치 않은 질문들을 받았다.

> 면접 보러 갔을 때도 "피부 이거 뭐냐" 이런 식으로 물어보는 경우가 많아서. 제가 '이런 무례한 사람' 이렇게 생각하면서. 근데 저는 또 그냥 피부병 없는 척하는 게 더 저한테 편하니까 여름에도 긴팔, 긴바지 입고 가고 그랬어요. 최대한 감추는 방향으로.

면접장에서 들었던 "피부 이거 뭐예요?", 일을 하러 간 곳에서 들었던 "으악, 팔이 뭐 이래"와 같은 사람들의 무례한 표현들로 그녀는 늘 위축되고 힘들었다. 당시의 나래 씨는 자신의 상황을 이렇게 설명한다. "모자를 여기까지 쓰고 다녔거든요. 보여지는 게 너무 싫어서. 붉은 반점 보이는 게 한 200개 정도 됐을 거예요." 사회에서 경험한 수많은 시선과 질문이 그녀를 괴롭혔고, 이는 일하는 과정에서 최대한 병을 숨기거나 참고 버티는 등 나래 씨가 개인화된 대응을 하게 만들었다.

그래도 취직 잠깐 했을 때 연차는 다 쓰고 나왔거든요. 근데 워낙 지금 제가 있던 사회가 눈치로 돌아가는 사회 같아서, 제가 이렇게 아프다고 하는 게 좀……. 근데 아픈 게 사실이 잖아요. 그리고 불편한 것도 사실인데. (중략) 왜냐면 그때 같이 일하던 사람들 때문에 스트레스를 받아갖고 너무 심해졌거든요. 근데 저는 그냥 나갔어요, 일을. 이러쿵저러쿵 하는 게 싫어서. 그냥 내가 하루 가서 좀 버티다가 오면 된다고 생각해서 가다가, 그러다 결국 퇴사를 했어요.

법정 근로시간인 주 40시간과 연차 사용이 보장되는 곳에 취업한 적도 있지만, 주 40시간의 근무가 컨디션에 따라 버겁게 느껴질 때가 있었다. 특히 조직의 고압적인 분위기, 사람들이 주는 눈치나 그들의 말 때문에 질환 치료를 위해 병원에 가거나 관리해야 하는 일을 그녀 스스로 포기하게 되었고, 그것이 결국 퇴사의 원인이 되었다.

한편, 일터에서 마주하는 자신의 질환에 대한 시선은 나래 씨에게 큰 스트레스로 작용했지만 그녀는 생활비, 치료비를 벌기 위해서 버틸 수밖에 없었다. 그래서 최대한 주변 사람들의 시선을 받지 않기 위해 질병을 숨기고 일을 했다. 하지만 병을 숨기게 되면 필수적인 건강관리 활동까지도 하지 못하게 되기 마련이고, 이것은 증상의 악화로 이어져 결국 이 역시 퇴사로 이어졌다.

나래 씨의 퇴사는 '자발적 퇴사'로 공식화되었지만, 아픈 비정규직 노동자들의 자발적 퇴사는 회사로부터의 해고와 모호한 경계에 있다. '제 발로 나가거나' 아니면 '떠밀려 나가거나'라는 선택지에서 이루어지는 '자발적 퇴사'는 소득을 지속할 수 있는 제도에서의 배제로 이어지기에 많은 경우 빈곤으로 귀결된다. 일군의 사회학자들은 아파서 일을 그만두게 되는 노동자 대부분이 소득 감소를 경험하며, 부족한 사회제도 탓에 실직으로 인한 소득 감소분을 벌기 위해 안정적이지 않은 노동을 또다시 선택하게 되는 빈곤화 과정으로 이 상황을 설명한다.[15]

인식의 전환:
아플 때 일하지 않을 권리가 있어요

서울로 이주하면서부터 나래 씨는 생계와 병원비를 위해 일을 시작했다. 그래서 그녀는 쉼 없이 일을 했고 그 탓에 쉬는 날이 있어도 소일거리를 찾는 게 습관이 되어버렸다. 그러나 일터에서 사람들과의 갈등이나 병을 숨기고 일을 하다가 악화된 건강 문제 등을 경험하면서 나래 씨는 자신을 지키는 방법을 고민하기 시작했다. 그러면서 자신이 "아프다는 걸 인정했다"라고 이야기한다.

제가 모든 걸 혼자서 해결하려고 해서 그동안 더 아팠던 것 같아요. 근데 이제는 제가 아프다는 걸 인정했어요. 제가 아픈 게 사실이니까. 그리고 아픈 사람 도와주는 게 당연하잖아요. 그래야 좋은 세상이잖아요. 그래서 제가 아프다고 얘기를 많이 해요.

가족이나 친구, 그 누구에게도 '아픈 나'라는 존재에 대한 인정과 지원을 받지 못한 채 홀로 분투했기에 더 아파졌다고 생각한다. 사람들의 시선과 말에 상처받고, 아파도 건강한 척일하며 생활하면서도 낫기 위해 보낸 시간, 그리고 건강해지고 싶었고 건강해지려 노력했지만 "건강해 보이는 것"에 만족하며 치료와 자신의 삶에 최선을 다했던 시간을 돌아보았다. 나래 씨는 이제 자신이 아프다는 것을 인정한다고 말하고, 아픈 사람을 도와주는 게 당연한 것이며 그런 세상이 좋은 세상이라고 말한다. 이런 그녀의 말은 아픈 자신이 문제가 아니라 아픈 사람을 배제하고 배려하지 않는 사회가 문제라는 인식의 전환을 뜻한다.

그녀가 인식의 변화, 즉 "자신을 지켜야겠다"라고 생각하게 된 데는 결정적 사건이 있었다.

작년 크리스마스 때 제가 알바를 하던 카페가 있었는데. 그카페에서 크리스마스 날 원래 계약했던 시간보다 한 시간 일찍 나와서 두 시간 늦게 마쳐줄 수 있냐고 하더라고요. 이런 식으로 저한테 그런 요구를 되게 많이 했어요. [1주일에

15시간 이상 일하면 주휴수당을 줘야 하니까] 그 수당 주기 싫어서 14시간씩 끊어서 쓰는 알바 있잖아요? 그런 걸 해놓고 막 하루에 적게는 5분에서, 많게는 1시간, 2시간까지 연장근무를 하게 부탁을 하는 그런 고용주가 있었는데. 그 사람이 크리스마스 때 그렇게 나와줄 수 있냐 해서, 저는 뭐 그래도 될 것 같았어요. 지금 생각하면 "주휴수당 주셔야 됩니다" 그렇게 하는데. 그때는 '뭐 이거 해서 돈 좀 더 벌면 난 좋지' 이런 식으로 좀 안일하게 생각을 하고 크리스마스 때 나온다 그랬는데. 제가 그 크리스마스 전날부터 너무 컨디션이 안 좋았어요. (중략) 그래서 그날 새벽 6시에 당일 날 "제가 이러이러한 상황이어서 일을 못 가겠습니다. 죄송합니다" 이렇게 했는데, (중략) 실망이라는 거예요, 이렇게 말을 하는 게. 저는 제가 이해한 대로 말을 했을 뿐인데. 그래서 '아, 진짜 아픈 거를 아프다고 했더니 이렇게 받아들여지지 않는 일터에서 나는 일을 할 수가 없다'는 생각이 그때부터 들었고. 그때 좀 생각이 많이 바뀌었고. 내가 아플 때 일을 안 할 권리가 나한테 있는데, 그걸 다 이렇게 묵살하는 일터는 좋은 일터가 아니라 생각하고. 그때부터 면접 갈 때 제가 많이 봐요. 좋은 일터인가.

어느 해 겨울 카페 아르바이트를 하던 중 컨디션이 좋지 않아 카페 사장에게 다음 날 출근을 못 하겠다고 이야기했지만 나래 씨에게 되돌아온 건 상처의 말과 묵살뿐이었다. 계약과는 다른 긴 근무시간을 요구하면서 주휴수당은 주지도 않는 일터였지만 나래 씨는 그동안 그 부당함에 대해 한 번도 문제를 제기한 적이 없었다. 처음으로 아파서 일을 못 갈 것 같다고 했지만, 그동안 열심히 일했던 자신의 노고를 인정하기보다 실망스러운 직원으로 여겨졌다. 이 경험은 나래 씨가 좋은 일터가 무엇인지 생각하게 만들었다. 아플 때 일하지 않을 권리가 있음에도, 이를 묵살하는 일터는 좋은 일터일 리가 없는 것이다. 그 후부터 "아프다는 이야기를 할 수 있는 곳"이라는 기준은 그녀가 일자리를 선택하는 데 중요한 조건이 되었다.

그렇게 해야 제가 살겠더라고요. 그렇게 안 하면 진짜 또 병원에 가서 치료를 많이 해야 되니까. 근데 저를 비롯한 제 친구들, 또래들은 잘 이런 걸 못 하잖아요. 가르쳐준 적도 없잖아요. 그리고 저는 제가 아팠기 때문에 좀 많이 배운 것 같아요. 앞으로 안 그럴 자신이 있고요.

그리고 일보다 자신의 질환에 대해 더 질문하고 관심을 보이는 곳에서는 일하지 않았고 자신의 컨디션에 맞는 근무시간을 주 26시간으로 정해놓고 면접장에서 당당히 이야기하는 연습을 하기 시작했다. 그녀는 "그렇게 해야 제가 살겠더라고요"라는 말로 자신의 결심과 실천의 이유를 설명한다. 사실 청년 노동자들은 장시간 노동, 최저임금, 안전하지 않은 일터 등 다양한 문제를 경험한다. 하지만 청년 대부분이 연령, 학력, 경력 등 노동시장에서 주변부 지위에 있기 마련이고, 그로 인해 노동권에 대한 제한된 협상력을 갖는다. 나래 씨 역시 일터에서 요구하는 대로 긴 시간 동안 일을 하다 몸 상태가 더 나빠지고 더 많은 치료를 받아야 했다. 하지만 누구에게도 그 책임을 물을 수 없었고, 그 모든 것은 오롯이 나래 씨 개인이 홀로 감당해야 했다. 즉, 자신을 지키는 방법은 공식적이지 않은 개인화된 대응이지만 나래 씨는 자신이 아파봤기 때문에 이러한 것을 배울 수 있었고 앞으로 자신을 잘 지킬 수 있을 것 같다고 생각한다.

최근 코로나로 인해 단기 아르바이트도 구하기 힘들어졌을 때는 병원비는커녕 월세조차 낼 수 없을 정도로 경제적 어려움이 커졌는데, 나래 씨는 환우회에 찾아가 도움을 받을 수 있을지 알아보았다. 이전처럼 혼자 모든 걸 해결하기보다는 이제 자신이 아프다는 사실을 주변에 더 알리게 되었다. 그러나 이런 도움을 받기까지의 과정은 치유 과정이 그랬던 것처럼 혼자 해내야 하는 것들이었다.

그때 코로나 때문에 알바가 다 없어서 돈이 너무 없는 거예요. 병원비도 없고, 생활비도 없고 그랬어요. 월세도 없고. 그래서 제가 "아, 돈이 진짜 하나도 없는데, 제가 좀 도움을 받을 수 있는 기관을 소개시켜주세요" 이렇게 말을 했어요. (중략) 그래서 도움을 줄 수 있는 기관을 알려줘서, 여기저기 찾아봤어요.

나래 씨는 병의 치유와 생계유지라는 두 과제를 스스로 책임지고 살아왔듯이 자기 자신을 지키는 방법도 스스로 찾아가고 있다. 자신이 아픈 사람이라고 드러내는 것은 사실 나래 씨에게 가장 두렵고 힘들었던 부분이다. 그래서 최대한 몸을 가리고 건강한 척하며 살아왔다. 그러나 아픈 몸을 치료하고, 일하고, 공부하며, 사회적 관계를 유지해야 하는 자신에게 건강한 척하며 사는 것은 아픈 자신을 지킬 수 있는 방법이 아니라는 점을 깨달았다. 아픈 사람임을 알리면 직접적으로 자신을 따돌리는 것부터 무조건 자신을 배려해주는 것까지 사람들의 반응은 다양하고, 그 안에 깔린 편견과 낙인은 여전하다. 하지만 나래 씨는 매일 "아픈 사람"임을 당당히 드러내려 한다. 이것은 나래 씨가 자기 자신을 수용하는 과정이며, 그렇게 함으로써 사회적 도움을 받을 수 있었기 때문에 선택한 개인적 방법이기도 하다.

청년수당: 어떻게 살아야 할지 매일 고민하고 실험해보고 있어요

나래 씨는 현재 그녀 스스로 정한 개인적 방법으로 일과 건강을 관리하는 과정을 채우고 있다. 하지만 그녀의 개인적 노력을 존중하고 공식적 제도로 보장할 수 있는 사회적 여건의 조성 역시 고민해야 한다. 25년이라는 생애 속에서 나래 씨는 자신과 같이 평생 관리해야 하는 만성질환을 지닌 사람들을 위해 사회가 지원해줘야 하는 서비스에 대해서 다양한 생각을 해봤다. 무엇보다 치료하기 위해서는 돈이 있어야 하고, 그 돈을 벌기 위해 병을 숨기며 일을 해야 했던 자신의 상황을 떠올리며 정말 아플 때 경제적 지원이 필요하다고 강조한다.

청년수당 한번에 바로 됐거든요, 처음 신청했을 때. 너무 기뻤어요. 제가 한 달에 50만 원씩 용돈을 6개월 동안 받으면서 그동안 하던 시급 노동을 덜 해도 된다는 생각이 드니까 너무 좋았어요. 그래서 음…… 청년수당을 받으면서 좀 쉴 수가 있었고, 6개월이지만. 그거 쉬면서 청년들을 위한 활동 같은 것도 좀 많이 하고 그럴 수가 있었어요.

서울시 청년수당 제도는 서울시에 거주하고 있는 만 19~34세 미취업 청년들의 구직 활동을 촉진하기 위해 매월 50만 원, 최대 6개월간 지급된다.[16] 나래 씨는 이 청년수당을 6개월 동안 받게 되면서, 서울로 온 이후 처음으로 배우고 싶었던 요리도 배워보고 가보고 싶었던 곳을 방문해보거나 심리건강서비스를 받아보았다. 그 전까지 나래 씨의 삶이 병 치료와 돈 벌기로만 채워졌다면 사회서비스 덕분에 자기 자신이 누구인지, 자신이 무엇을 좋아하고 잘하는지, 즉 자기 탐색의 기회와 시간을 가질 수 있게 된 셈이다.

저도 일을 안 하고서는 살 수가 없는 거잖아요. 일을 해야 해서 제가 어떤 직업을 가져야 될지, 어떻게 살아야 될지, 이것에 대해서 매일같이 고민을 하고 있어요. (중략) 제가 좋아하는 거를 하면서 내가 어떤 타고난 기질이 있을 텐데 이걸 어떻게 활용을 할지 여러 가지를 맨날 실험해봐요. 안 하던 것도 맨날 해보고 안 가본 데 가보고 그러거든요.

많은 청년이 그러하듯이 그녀도 앞으로 자신이 어떤 일을 하며 살아갈 것인가가 가장 큰 고민이다. 현재 안정성이나 지속성이 보장되지 않는 단기 아르바이트 위주로 일을 하고 있기에 불안하기는 하지만, 쉼 없이 일하며 자신의 생활비와 병원비를 벌어야 했던 나래 씨에게 사회로부터의 경제적 지원은 그녀의 생활과 생각에 변화를 가져다주는 계기가 되었다. 《청년층 생활실태 및 복지욕구조사》에 따르면 청년층의 정책 욕구 1순위는 고용 지원, 그다음은 자기 탐색 지원, 소득 지원, 주거 지원 순으로 나타나는데,[17] 소득 지원을 받고 난 후에야 자기 탐색의 시간을 가질 수 있었다고 한 나래 씨의 이야기를 통해 청년층을 위한 다양한 정책이 분리되어 운영되기보다는 청년들에게 통합적으로 접근해야 할 필요가 있다는 것을 알 수 있다.

낙인 줄이기 : 병이 있더라도
당연히 할 수 있는 일이 있잖아요

청년 만성질환과 관련한 정책 영역은 청년 정책뿐 아니라 의료 제도와 사회적 인식, 문화 등 다양한 측면까지 적극적으로 고민해서 이루어져야 한다. 나래 씨의 상황을 보자면, 의료 제도의 측면에서는 중증 건선의 산정특례 제도 조건이 완화되고 있다고 해도 5년 후 재등록 과정을 거쳐야 한다. 그리고 나래 씨가 최대한 자신의 병을 숨기며 버텨야 했던 노동환경 또한 그녀가 사회생활을 하는 데 최소한의 조건이라고 생각하는 "건강해 보이는 것"을 유지하는 과정에 분명 방해요인이 될 것이기 때문이다.

그냥 병이 있더라도 우리가 당연히 할 수 있는 것들이 있잖아요. 무거운 상자도 들 수 있고 자동차도 운전할 수 있잖아요. 근데 사람들이 중증질환 환자한테 생각하는 아픈 모습이라는 게 있고, 그것에 부응해주지 않으면 그렇게 비난을 하는 것 같아요. 아프다고 말을 했을 때도.

특히 그녀는 질병에 대한 편견이 일할 수 있는 능력을 넘어 자신의 모든 모습을 규정해버리는 일터를 경험해왔다. 많은 사람이 자신에 대해 자세히 알지도 못하면서 그냥 보이는 모습으로 평가하고 그 자의적인 평가에 나래 씨가 일할 수 있는 능력까지 포함해버렸다. 그리고 그녀는 편견으로 인한 무례한 표현까지도 아픈 이가 감내해야 하는 조직문화가 변화할 필요가 있다고 이야기한다. 그것이 아픈 이에게 얼마나 상처가 되는지 인식하지 못하는 무지함이 답답하다고 우리 사회의 만성질환에 대한 편견을 꼬집는다.

저는 사람들이 공동의 약속 같은 걸 하면 참 좋겠다는 생각이 있거든요. (중략) 회사나 어떤 조직에 들어갔을 때 모두가 이 약속을 공유하면 좀 갈등 상황이 덜 생길 것 같고. 이런 약속을 공유하는 회사라면 갈등도 잘 해결할 수 있을 것 같아요. (중략) 안전할 수 있는 장치인 것 같아요. 그리고 이런 걸 되게 유난스럽다고 생각하지 않는 분위기가 있어야 한다고 생각하고. 누가 무례하게 말을 했을 때, 웃으면서 넘겨야 사회생활 잘하는 사람이라고 여겨지는 태도도 사람들이 안 가지면 좋겠고.

또한 나래 씨는 "사회가 공동의 약속 같은 걸 하면 어떨까" 하는 나름의 사회적 대안을 제시한다. 만성질환자가 조직에 들어갔을 때 그 구성원들이 가져야 하는 태도나 삼가야 하는 표현에 대한 공동의 약속을 한다면 갈등 상황이 덜 생기고, 모두가 안전할 수 있는 장치가 될 것이라고 생각한다.

나래 씨가 경험했던 현금 지원과 경제 상담, 심리상담, 취업 역량 강화 교육 등의 제도적 지원은 치료비, 생활비와 같은 생존과 안전을 위한 욕구를 해결해줄 뿐만 아니라 남의 시선을 의식하지 않고 자신의 일 생활을 해나가거나 그녀의 꿈을 찾을 수 있는 기회로도 연결되었다. 청년들은 생애주기상 직업 획득이 표준적 발달과업이라는 기준 속에서 일 생활 진입을 당연하게 요구받아왔다. 하지만 사회구조적 요인으로 인해 많은 청년이 이 표준적 경로에서 벗어났고, 이런 청년들의 특성을 세심하게 이해하지 않았다는 사회적 반성이 이제야 시작되었다. 이에 사회는 취업 관련 교육을 제공하고 일자리를 연계했던 일 생활 중심의 정책에서 주거, 사회적 관계, 여가, 문화 등 더 다양한 영역으로 정책의 확장을 도모하고 있다.[18]

코로나19:
공평하게 아플 수 있는 세상

코로나19라는 감염병 상황은 만성질환을 지닌 그녀의 일상에 큰 변화를 주었다. 코로나19에 취약하다는 생각이 들어 밖에 잘 나가지 않게 되고 스스로 약하다고 생각하는 일상이 이어지다 보니 우울해지곤 했다. 팬데믹으로 인한 사회경제적 변화뿐 아니라, 만성질환자이기에 증상을 관찰하고 필요한 치료를 받아야 한다는 신체적 취약성은 그녀가 불안해하는 이유 중 하나다.

지금도 계속 저한테 있는 증상들을 고치면서 살아가야 되는데. '앞으로 아주 운이 안 좋아서 만약에 코로나에 걸리면 내가 지금보다 면역력이 낮아지고 더 건강이 악화가 될 텐데, 그럼 나는 어떻게 하지?' 이런 생각이 들어서. (중략) 요새는 일거리가 참 없고, 그래서 단기 알바만 하는 것도 있고요. 그리고 최대한 사람을 대면하지 않는 알바를 하려고 노력해요. 괜히 만났다가 마스크 안 쓰고 있다가 코로나 걸리면 위험하니까. 그리고 사람들이 친밀감의 표시로 마스크를 벗고 막 그러더라고요. 그래서 최대한 사람들 대면하지 않는…….

코로나19로 인해 단기 아르바이트 일자리도 더 줄어들어 쉬는 날이 많아졌고 가급적 사람을 대면하지 않는 아르바이트 위주로 일을 찾게 되다 보니 나래 씨가 일할 수 있는 곳은 더 제한적이다. 단기 아르바이트도 구하기 힘들어진 상황이지만, 나래 씨는 생활비와 치료비를 벌기 위해 어떻게든 일해야 한다. 동시에 중증 건선 환자라는 신체적 취약성 때문에 감염을 더 우려할 수밖에 없다. 건강한 사람도 후유증이 남을 수 있는데, 자신에게 어떤 후유증이 생길지 걱정되기 때문이다.

저는 코로나 시대가 온 게 조금 다행이라고 생각하는 부분도 있어요. 물론 사람들이 죽고, 아프고, 이런 건 참 마음이 아프지만. 모두가 아플 수 있잖아요. 공평하게 아플 수 있는 세상이 와서, 사람들이 손도 잘 씻고, 감기도 안 걸리고 그러니까 조금 좋은 부분이 있는 것 같아요. 그래서 요새는 아프면 당연히 쉬어야 되는 세상이 됐잖아요. 그래서 무척 좋아요. 당연히 와야 되는 사회가 왔다고 생각해요.

나래 씨는 "코로나 시대"에 긍정적 변화도 있다는 이야기를 했다. 코로나19 상황 속에서 누구나 아플 수 있고, 아프면 당연히 쉬어야 하는 것이 받아들여져서 다행이라는 것이다. "공평하게 아플 수 있는", "아프면 당연히 쉬어야 되는"이라는 나래 씨의 말은 25년 인생 안에서 그녀가 겪어왔던 갈등과 고민을 집약한 표현처럼 들린다.

사회정책:
다양한 삶의 선택지가 주어지는 세상

나래 씨는 질병으로 인해 겪었던 신체적 고통에서부터 그러한 아픔을 존중하지 않는 사회적 편견과 낙인, 그리고 그 병을 치료하고 생활비를 벌기 위해 고군분투했던 일에서의 다양한 경험을 털어놓은 후 자신이 참 기특한 것 같다는 소회로 자신의 25년 인생을 정리한다. 어렵고 힘든 시간이었지만 그 과정에서 자신의 병을 이해해주고 도와주었던 친구도 있었고 실질적인 도움을 주었던 사회기관, 사회서비스 등도 있었기 때문에 그녀는 앞으로 잘 살아갈 거라는 다짐을 한다. 무엇보다 스물다섯 살의 나래 씨에게 앞으로 어떠한 일을 하며 살아갈 것인가는 중요한 숙제다.

심리사회 발달단계에 따르면 성인 초기의 과제는 사회에서 자신의 위치를 형성해가고 독립적이고 책임감 있는 성숙한 성인의 삶을 시작하는 것이다. 그래서 성인 초기의 개인은 사회인의 삶을 살아나가며 자신의 정체성과 사회적 역할에 대한 질문과 경험을 구체화해야 하고, 그 과업을 이루기 위해 다양한 역할을 탐색하고 끊임없이 성찰해야 한다고 강조한다. 그러나 현대사회의 여러 사회적·구조적 문제가 걸림돌이 된다.[19] 나래 씨의 시간 대부분은 아픈 몸을 관리하고 생활비를 벌기 위한 노동시간으로 이루어져 있었고 노동조건도 많은 측면에서 불안정했으며 더욱이 기본적 노동권도 지켜지지 않아 일터에 그녀의 몸 상태를 알릴 수도 없었다. 이에 그녀는 다양한 일상을 경험할 수 있는 권리를 누릴 기회를 갖지 못했다.

개인이 자신의 시간 안에서 본인에게 집중하고 성찰할 수 있는 기회를 보장받고, 그것을 통해 더 안정적이고 지속 가능한 미래를 꿈꿀 수 있다면 그것은 개인에게뿐 아니라 사회적 측면에서도 중요한 의미다. 그렇기에 사회는 아픈 청년들이 경험하는 질병으로 인한 신체적·심리적 고통, 병을 치료하고 생활비를 벌기 위해 해야만 하는 노동과 관련된 지원뿐 아니라 자기 탐색의 기회를 제공할 수 있는 지원 정책을 동시에 고민해야 한다.

보건의료 정책만으로 충분한가?: 사회정책[1]

좀 다양한 종류의 직업 교육 같은 게 있으면 좋겠어요. 뭔가 각자 몸 상태에 맞춰서 각자 할 수 있는 일, 할 수 없는 일 그런 거를 자기가 판단해서 '그럼 나 이런 일을 하면서 생계를 유지해야겠다' 그런 선택권을 정책적으로 좀 준다면 훨씬 좋지 않을까, 뭔가. (중략) 그래서 좀 아픈 사람들에게 다양한 선택지가 주어져서 좀 자기 몸에 맞게 일을 하면서 살아 갔으면 좋겠다고 생각을 했어요.

—하늘 씨 인터뷰 중에서

인간다운 생활을 할 권리는 누구나 가져야 하는 기본적인 권리라고 한다. 그러한 맥락에서 사회학자 아서 프랭크는 아픈 몸을 살고 있는 사람들의 권리도 누구나 누려야 하는 권리 안에서 이해될 필요가 있으며, 그것을 제대로 이해하기 위해서는 인간이 자신을 생산하는 데 무엇이 필요한지 질문해봐야 한다고 강조한다. 구체적으로 기본적인 생필품부터 돌봄, 시간, 공간, 그리고 아름다움을 누릴 수 있는 여유 등과 같은 삶의 여러 조건은 개인에게 생존을 넘어 다양한 삶을 경험해볼 수 있는 가능성을 제공한다.[2] 이렇게 삶을 위한 다양한 조건을 토대로 자신의 삶을 만들어가는 것이 누구나 가져야 할 권리라고 한다면, 우리가 인터뷰를 통해 만난 골골한 청년들에게 그 권리는 어떻게 경험되고 있을까?

청년과 골골함을 연결하는 것은 사회가 기대하는 '건강하고 생산력 있는 청년'의 이미지와는 상반되는 낯선 표현일지 모른다. 그러나 우리가 만난 구술자들은 청년이라는 생애주기 위에서 생존부터 자아실현까지 다양한 욕구를 바탕으로 자신의 삶을 살아가며 끊임없이 고민하고 치열하게 분투하고 있었다. 사회정책(의식주, 안전, 교육, 직업, 건강, 행복 등에 대한 인간의 요구에 대응하는 국가서비스)이 건강한 청년에게 초점을 맞추고 있기 때문이라고 이야기한다. 이는 그들 삶의 많은 측면이 인간다운 생활을 누릴 권리와 이어지지 않고 있다는 방증일 것이다.

무엇보다 골골한 청년들에게 일은 생애경로에서 발달과업으로 규범화되어 있기도 하거니와, 다양한 기회, 즉 개인적 성취에서부터 건강관리, 소득, 워라밸 등을 가능하게 만드는 조건이라는 의미가 있기 때문에 중요하게 인식된다. 그럼에도 불구하고 인터뷰에서 만난 청년 중 안정적인 고용 상태에 있는 경우는 미미했고 이들에게 구직과 취업 준비는 자신의 삶을 만들어가는 과정에서 중요한 일상으로 자리 잡고 있다.

골골한 청년들은 구직과 취업 준비 단계에서부터 많은 갈등을 경험한다. 구직이나 취업 준비를 지원하는 정책이 청년의 다양성을 고려하지 않기 때문이다. 골골한 청년 대부분은 경제적·시간적 자원의 부족으로 인해 제대로 자신의 진로를 탐색하고 준비하지 못한 채, 치료와 생활을 위해 돈을 벌 수 있다는 이유로 불안정한 일자리에서 일을 시작한다. 그 후 불안정한 일자리를 반복해서 겪게 되고, 그러는 중에 사회정책을 통해 경제적 지원과 시간적 여유를 얻기도 하는데, 이런 경험들 속에서 골골한 청년들은 안정적이고 좋은 일자리의 조건을 생각하게 된다. 그리고 더 나은 일자리를 찾기 위해 직업 교육과 자격증 취득을 위한 교육을 받곤 한다. 그러나 아픈 청년을 고려하거나 이들에게 특화된 교육 지원 서비스는 매우 부족한 실정이다. 그로 인해 아픈 청년들은 교육 이수와 신체적 고통 사이에서 갈등하고, 치료비와 생활비를 위해 또다시 불안정한 일자리를 선택하게 된다. 즉, 만성질환을 지닌 채 불안정한 일자리로의 취업과 훈련 및 교육을 반복하는 또 다른 형태의 요요 이행을 경험하는 것이다.[3]

청년 대상의 직업 교육이 더 다양해져 골골한 청년들이 자신들의 몸 상태를 고려하면서 일을 선택할 수 있는 여건이 조성되었으면 하는 바람을 이야기하는 하늘 씨, 골골한 청년들이 취업 준비 과정에서 소외감을 갖지 않을 수 있도록 취업 지원 정보 제공이나 심리상담 제도 등이 이들에게 확대될 필요가 있다고 강조하는 영스톤 씨의 이야기를 통해 청년을 위한 직업 훈련과 교육 정책에서 골골한 청년들의 상태를 적극적으로 고려하지 않고 있음을 추측할 수 있다.

현재 한국 사회의 청년을 위한 직업 훈련이나 교육 제도를 살펴보면, 고용노동부의 국민 고용 안전망 구축이라는 정책 방향 아래 국민취업지원제도를 도입했고,[4] 그 안에 취업을 원하는 청년을 지원 대상으로 포함해 구직촉진수당과 취업 지원 서비스 등을 제공한다[5]. 그러나 이러한 프로그램 어디에서도 만성질환을 지닌 청년에 대한 고려는 찾아볼 수 없다. 그나마 만성질환을 고려할 가능성이 있는 장애인고용촉진 및 직업재활법(장애인고용법)과 장애인차별금지 및 권리구제 등에 관한 법률(장애인차별금지법)이 직업재활서비스, 고용주 및 사회의 인식 개선, 정당한 편의를 제공하는 서비스 등의 내용을 포함하고 있지만,[6] 이러한 법률은 내용과 대상 측면에서 만성질환을 지닌 청년 인구의 특성 모두를 포괄하지 못하는 한계가 있다.

지역 노동센터에서 제공하는 취업성공 패키지 프로그램에 참여했다가 프로그램 대상자 조건에 명시되어 있는 "너무 아픈 사람은 참여하기 어렵다고 판단될 수 있다"라는 문구를 보며 '건강한 청년'을 전제로 하는 우리 사회의 직업 훈련과 교육 제도의 문제점을 체감한 하양 씨와 통증으로 수업을 따라갈 수 없어 스스로 직업기술 교육을 중단해버린 영스톤 씨의 이야기를 통해, 아픈 청년이 고용 정책의 대상으로 여겨지지 않기에 감당해야 하는 기회의 배제와 심리적 어려움 등을 알 수 있다.

한국과는 달리, 유럽연합은 만성질환을 지닌 이들이 조직에서 차별받지 않고 일하기 위한 다양한 제도, 조치, 프로그램을 환자친화적 교육과 일터Patient-friendly Education and Workplace라는 이름으로 도입하기 시작했다.[7] 예를 들면, 네덜란드는 앳워크At Work라는 직업재활 프로그램을 운영한다. 만성질환을 지닌 청년들의 심리사회적 발달과 직업 참여를 향상시킬 수 있는 멘토링, 코칭과 교육 등을 통해 이들이 자기효능감, 협상력, 생활기술을 갖출 수 있도록 돕고 취업도 지원하는 프로그램으로, 다양한 내용을 1년 동안 통합적으로 제공한다. 이러한 프로그램은 취업률에도 긍정적인 효과를 준다.[8] 유럽의 사례는 만성질환을 지닌 청년 노동자가 받을 수 있는 서비스와 관련해 구체적인 내용을 담고 있다는 점에서 우리에게 시사하는 바가 크다.

골골한 청년들이 '건강한 청년'을 전제로 한 직업 훈련과 교육 프로그램에서 배제되는 경험을 통해 우리는 그들에게 필요한 삶의 조건을 생각해보게 된다. 골골한 청년에게 일이란 생존에서부터 자아실현까지 다양한 의미를 담고 있기에 그들은 일에 중요한 의미를 부여한다. 자신이 바라는 진로로 진입하기를 꿈꾸며 어렵게 얻어낸 시간 위에서 그들은 직업 교육과 훈련이라는 기회를 잡아보지만, 그 제도 안의 '건강한 청년'이라는 기준은 골골한 청년들에게 포기, 좌절, 건강 악화와 같은 다양한 결과를 만들어내고 있었다.

　아픈 이들의 사회 복귀와 이직에는 더 세심한 지원이 필요하지만, 이들을 위한 사회정책은 보건의료 분야에 국한되어 있다. 청년 역시 아플 수 있지만 아픈 청년은 고용 정책에서 적극적으로 고려되지 않는다. 골골한 청년들이 일에 진입하기 위한 과정에서 겪었던 다양한 경험을 아서 프랭크가 말한 인간이 자신을 생산하는 데 필요한 여러 조건과 연결해보자. 골골한 청년들이 살아갈만한 환경을 만들기 위해서는 사회정책 안에서 청년의 다양성을 더욱 고려하고 보건, 고용, 교육 등 정책의 영역을 통합적으로 운영하는 방안을 고민해야 한다.

여정씨 이야기

여정 씨는 간호학과 졸업 후 대형병원에서 간호사로 근무했고, 현재는 다른 일을 알아보고 있는 서른두 살 청년이다. 골골한 청년을 인터뷰한다는 소식을 지인에게 전해듣고서 자신이 경험했던 만성질환으로 인한 생애의 과정을 이야기해보고 싶었다. 고등학교 1학년 때 참을 수 없는 통증을 경험하고, 1년 후인 열여덟 살에 크론병 진단을 받았다. 크론병으로 인한 증상들로 학교생활을 지속하기 힘들어 고등학교를 자퇴했다. 그 후 대장과 소장 일부를 절제하는 수술을 받고 고통스러운 통증을 안정적으로 관리할 수 있게 되었다. 그러면서 함께 살았던 어머니와 남동생으로부터 독립해 서울로 이사를 했고, 생활비를 스스로 벌어야 해서 편의점, 식당 등에서 아르바이트를 시작했다. 그 과정에서 경험한 사회적 편견과 원하는 것을 이루고 싶은 여정 씨의 욕구가 동력이 되어 스물다섯 살에 검정고시를 보고 간호대학에 진학했다. 졸업 후 한 대형병원의 간호사로 일을 시작했지만, 불규칙한 근무시간과 조직의 분위기 등은 그녀를 더욱 아프게 했다. 크론병과 함께한 약 15년을 돌아본 그녀는 크론병이 자신의 삶과 함께하는 기나긴 여행이라는 생각이 들었고, 책 속의 자신을 '여정'으로 표현하고 싶었다.

병의 시작:
참을 수 없는 통증과 변화한 일상

여정 씨는 고등학교 1학년 때 이유 없이 화장실에 자주 가고 배가 아프기 시작했다. 1년 뒤 열여덟 살이 되면서 통증은 더욱 심해졌고 참을 수 없는 통증이 매일 계속되자 동네 병원을 찾았다. 하지만 통증은 해결되지 않았고 동네 병원은 여정 씨에게 대학병원에 가볼 것을 권했다. 그렇게 가게 된 대학병원에서 그녀는 여러 가지 검사를 받았고 열여덟 살에 비로소 크론병을 진단받게 된다. 진단을 받은 직후 여정 씨는 1년 넘게 자신을 괴롭혔던 통증의 이유를 찾았다는 사실에 마음이 후련했고 "이제 치료만 하면 낫겠구나" 생각했다.

처음에 크론병 진단을 받았을 때 되게 후련하고 좋았어요. 그 전에는 이유 없이 아팠는데 진단명이 딱 나오니까 너무 좋더라고요. 오히려 너무 좋아서 '내가 이 질병이니까 이제 치료를 하면 되는구나' 그땐 단순히 그렇게 생각했어요. 이게 이렇게 평생 가는 질환인지를 몰랐으니까.

그러나 크론병은 만성 염증성 장 질환으로, 수술이나 약물 치료와 같은 방법으로 완전히 치료되지 않는다. 크론병은 15세에서 30세 사이에 가장 많이 발생한다고 알려져 있으며 몸 상태에 따라 구강, 식도, 위, 소장, 대장, 즉 입부터 항문까지 소화관 전체에 걸쳐 어느 부위든 염증이 나타날 수 있고 설사, 복통, 체중 감소 등을 일으킨다.[1] 의사는 현재 여정 씨 몸이 "염증으로 가득 차" 있어 통증으로 힘든 것이라며, "방법이 없다. 수술을 하고 싶으면 하고, 하지만 본질적인 치료는 안 된다"라며 수술을 권하지 않았다. 정확한 치료 방법도 없었고 대학병원 의사의 "수술도 본질적인 치료가 되지 않는다"라는 말에 여정 씨는 약물만으로 자신의 병을 치료할 수밖에 없었다.

당시에 통증이 되게 심했고 몸이 염증으로 가득 찬 상태라, 병원에서 방법이 없다고 하더라고요. 수술을 하고 싶으면 하고…… 본질적인 치료는 안 되고 그런 상태라서 그냥 지속적으로 치료를 받았는데 무엇보다 통증이 너무 심하니까……

하지만 통증이 계속되면서 여정 씨는 몸무게가 32킬로그램까지 줄었고 침대에서만 누워 지낼 정도로 일상생활이 거의 불가능했다. 여정 씨 생각에 인문계 고등학교에서는 휴학이 흔치 않은 일이지만, 휴학을 결정하고 쉬면서 "약물을 강하게 쓰는" 등 치료에 집중했다. 당시 여정 씨가 겪는 크론병은 잘 알려진 병이 아니었기 때문에 스스로 크론병에 대한 정보를 찾아보면서 식단 관리, 운동, 스트레스 관리 등의 노력을 해나 갔다. 크론병의 경과는 증상이 악화하는 활동기와 증상이 호전되는 관해기가 반복되는 것이고, 크론병의 치료 목적은 이 관해기를 길게 유지하면서 다른 합병증을 예방하는 데 있다. 그러나 관해기와 활동기가 불규칙적으로 반복되고 이 과정이 지속되기에 크론병을 겪는 개인은 일생 동안 이와 같은 반대되는 상황을 삶 속에서 조율하고 그것에 적응하는 것을 목표로 병을 관리해가는 것이 필요하다.[2]

자퇴: 의사 선생님 판단에 따라 고등학교 시절이 없어진 것 같은 느낌이 들어요

여정 씨는 통증이 없는 관해기가 오고 몸 상태가 조금 나아지는 듯해 열아홉 살에 고등학교 2학년으로 복학을 했다. 하지만 몸이 이전과 같지 않았기 때문에 학교생활이 쉽지 않았고 공부에 대한 스트레스가 커지면서 몸 상태는 다시 나빠졌다. 여정 씨는 학업 스트레스가 자신의 병을 더욱 악화시킬 수 있겠다는 생각이 들었고 스무 살, 고등학교 3학년 때 자퇴를 한다.

> 고3이어야 할 나이인데 고2로 복학을 했고요. 근데 그때 처음 진단받았을 때도 그렇고 휴학 도중에도 몸무게가 기아 상태가 돼버려서 지금 키가 제가 160인데 그때 몸무게가 32킬로 나갔었어요. 그래서 일상생활은 거의 불가능한 상태였고 침대에서만 누워서 생활했어요. 그러다가 어떻게 복학을 했는데 몸이 또 나빠진 거예요. 그래서 결국 학교생활을 한다는 것 자체가 너무 스트레스받고 힘든 일이라 성적도 계속 떨어졌고요. 그래서 어쩔 수 없이 자퇴를 했었어요. 그때가 스무 살, 고3때였어요.

지금보다 크론병 환자 수도 적었던 시절이었고, 크론병은 덜 알려진 희귀병이었다. 약물도 정확히 없었다. 매일매일 이어지는 극심한 통증으로 인한 학업의 포기가 어쩔 수 없는 일이었다는 것은 알고 있다. 하지만 늘 병원을 조금 더 일찍 옮겼더라면 하는 아쉬움이 남아있다. 여정 씨는 크론병을 처음 진단받은 병원의 의사와 치료 과정에서 갈등을 겪으면서 스무 살이 되던 해 병원을 옮겼다. 옮긴 병원의 의사는 지체 없이 수술해야 한다고 권유했고, 스물한 살에 염증이 있던 곳을 절제하는 큰 수술을 받았다. 수술 후, 3년간 매일 반복되던 통증이 사라졌고 몸 상태도 좋아졌다. 그런 과정을 겪고 보니 크론병 진단을 받았던 열여덟 살에 수술을 바로 했다면 학업도 포기하지 않고 몸 상태도 더 빨리 좋아졌을 거라는 생각이 들 때가 있다.

여기서 의사 선생님들 간에 차이가 있는 건데. 지금 생각해 보면 엄마도 저도 '수술을 열여덟 살 때 바로 받았다면 학교도 자퇴를 안 했을 수도 있었고 상태가 더 빨리 좋아졌을 수도 있었을 텐데'. 이게 의사 선생님의 판단에 따라 나의 고등학교 시절이 없어진 것 같은 느낌도 들고. 그게 좀 아쉬운 건 있었어요.

아프지만 어떻게든 학업을 이어가려 했던 마음, 고등학교 시절이 없어진 것 같아 아쉬운 마음의 기저에는 고등학교가 우리 사회에서 갖는 생애적, 사회적 의미도 영향을 미쳤으리라 짐작할 수 있다. 고등학교 졸업은 성인기로 이행을 앞둔 시기이기에 과업을 성취하지 못했다는 좌절은 여정 씨가 성인으로 일하고 생활을 꾸려나가는 과정에서 많은 사유를 안겨주었다. 발달심리학자인 에릭 에릭슨Erik Erikson의 사회심리 발달 이론에 따르면 초기 성인기는 '나는 누구인가?'와 '어떻게 나는 성인의 세계에 적응할 것인가?'라는 질문과 경험을 구체화하는 시기다. 그리고 그 과업은 개인의 바람이기보다는 사회 구조적·문화적 맥락 안에서 이루어진다. 이에 비추어 보면 여정 씨에게 질병과 고등학교 자퇴는 개인이 예측하지 않았던 사건이면서 사회가 만들어놓은 정상적인 생애경로에서 벗어나는 일이었고, 좌절감과 혼돈 등 다양한 감정과 고민을 안겨주었다.

가족 관계:
아파도 엄마한테 말을 안 해요

학교생활을 포함해 그녀가 아프기 이전에 당연하게 누리던 일상생활이 무너져버렸다. 그녀를 힘들게 했던 또 다른 상황은 어머니와의 관계였다. 여정 씨가 힘들어하는 모습을 매일 지켜보던 어머니는 어느 날 "치료 방법이라도 있는 초기 암이었으면 차라리 좋겠다"라고 이야기할 정도였다. 크론병은 치료법이 없는 희귀성 난치질환이기에 진단 후 3년은 여정 씨뿐 아니라 여정 씨 어머니에게도 너무 힘든 시간으로 기억된다.

여정 씨의 부모님은 그녀가 초등학생일 때 이혼했다. 어머니 혼자 여정 씨와 남동생을 키우는 상황에서 여정 씨의 질환이 발병하자 어머니는 직장을 다니며 딸을 돌봐야 했다. 여정 씨의 통증이 심해지면 더 강한 마약성 진통제를 맞혀야 하기에 일을 하다 말고 뛰어나와 딸을 데리고 응급실을 찾았고, 시간이 갈수록 그런 일이 잦아졌다. 직장 눈치를 봐가며 딸을

간병해야 하는 생활, 누워만 있는 딸을 지켜봐야 하는 상황에
지쳐가던 어머니는 여정 씨에게 "같이 죽자"라는 말을 할 정도
로 많이 힘들어했다.

　엄마도 되게 힘들어하셨죠. 일도 해야 하고 간병도 해야 하
　니까. 그래서 지금도 생각나는 게 "그냥 같이 차라리 죽자.
　죽는 게 낫겠다", 한창 힘들었을 때는 "그냥 너나 나나 같이
　죽자" 그런 얘기를 되게 많이 하셨어요. 저희 어머니가 마음
　이 되게 약하시거든요. 저는 좀 강하게 컸는데, 어머니가 되
　게 여리셔서, 스트레스 상황에 대해서 강하지 않으셔가지
　고 저한테 "같이 죽자" 이런 말도 많이 하시고…….

　여정 씨의 병으로 가족 모두가 힘든 시간을 겪었던 탓에
여정 씨는 증상이 다시 나타나도 가족들에게는 말하지 않는
다. 다시 어머니가 마음고생을 할까 봐 그렇다. 그래서 독립 이
후에는 자신의 몸 상태나 아픈 몸으로 일하며 힘들었던 일을
잘 털어놓지 않게 되었다.

　제가 엄마한테 스무 살 이후로는 제 건강 상태에 대해서 얘
　기를 안 해요. 말해봤자잖아요. 괜히 말하면, 저희 엄마가
　약한 사람인 걸 알기 때문에, 엄마가 더 마음고생을 하시거
　든요. 그래서 제가 몸 상태가 안 좋아져도 엄마한테는 절대
　말을 안 하죠. 엄마는 그래서 제가 스물한 살 이후로 계속

좋은 줄 아세요. 근데 사실 그렇지가 않거든요. 계속 좋아졌다 나빠졌다 이게 반복을 하고 있는 상황인데.

여정 씨 어머니의 걱정은 개인적 성향으로 치부될 수는 없다. 자녀가 염증성 장 질환 진단을 받으면 가족들은 일상의 생활방식을 조정할 수밖에 없다. 증상은 시시각각 바뀌고 예측할 수 없지만, 사회는 이를 배려하지 않기 때문이다. 특히 크론병을 포함한 염증성 장 질환은 10대에 발생할 확률이 높은 탓에 이런 질환을 겪는 자녀의 부모는 자녀의 미래에 대한 불안이 커지는 경험을 하게 된다고 한다.[3] 여정 씨가 크론병으로 극심한 통증을 경험했을 당시는 지금과 비교했을 때, 일터의 조직문화가 기혼여성의 일·가정 양립이나 가족 돌봄에 대해 더 우호적이지 않았고 근무시간도 유연하지 않았다. 거기에 더해 자녀 양육, 가족 돌봄 등이 지금보다 더 가족의 사적 책임으로 여겨졌기에 여정 씨의 간병은 사회적 도움 없이 가족 안에서 해결되어야 했고, 특히 어머니에게만 의존할 수밖에 없는 상황이었다. 더욱이 치유나 완치까지 병에 대한 정보가 많이 없었던 탓에 크론병을 치료하는 과정에서 여정 씨 가족의 혼란과 스트레스가 커졌다.

'중졸 신분'으로 만난 사회:
인생의 암흑기

발병하고 통증이 심했던 3년 동안 여정 씨는 삶에 큰 의욕이 없었다. 크론병 환자들끼리 표현하는 바에 따르면 크론병으로 인한 통증은 "아이를 낳는 것보다 심한 통증을 매일 느끼는 정도"이기에 그 어떤 것도 할 수 없었던 시절이었다. 통증은 열감, 기침, 종양처럼 객관적으로 측정 가능한 지표 없이 아픈 이가 얼마나 아픈지 스스로 느끼는 감각을 표현해야 한다. 작가이자 영문학자인 일레인 스캐리Elaine Scarry의 지적처럼 육체적 고통의 핵심에는 언어의 부서짐이 존재하지만, 아픈 이들은 자신의 신체적 고통을 형언할 표현을 찾으려 노력한다. 의료진, 가족과 친구 등 타인에게 자신의 처지와 질병 경험을 이해시키기 위해서다.[4]

수술 후 통증에서 벗어나게 되자 여정 씨는 자신의 삶을 다시 생각하게 되었다. 여정 씨는 나이에 맞는 사회적 과업을 제대로 해내지 못했다는 고민이 커졌고, 어떤 목표도 없이 방황하며 집에만 있던 자신을 지켜보던 어머니와의 갈등이 계속되었기에 자신의 삶을 스스로 살아봐야겠다는 다짐을 하게 되었다.

통증에서 일단 벗어났으니까. 통증을 거의 3년을 달고 살았었거든요. 정말 저희 환자들끼리 표현하는 걸로는 "애 낳는 것보다 심한 통증"을 거의 매일 느끼거든요. 통증에서 벗어나니까 오히려 저는 수술을 받았다는 것이 너무 행복하고, 통증에서 벗어났으니까 그때부터 저는 제 삶을 살고 싶어지더라고요. 그 전에는 삶에 대한 의욕이 없었는데, 스물한 살 때 수술을 받고 몸이 나아졌죠. 근데 개복을 했으니까 집에서 몇 개월은 요양을 하다가 스물두 살 되기 전에 혼자 독립을 했어요.

자녀가 염증성 장 질환을 진단받은 후 그 부모의 경험을 살펴본 연구에서도 부모는 자신의 자녀를 자녀의 친구와 비교하면서 자녀의 정상성과 잠재력이 상실되었다고 생각하기도 하고 학업, 진학, 직업 선택 등 보통 사람들처럼 살아가지 못할 것이라는 걱정으로 스트레스를 크게 받는데, 이것은 자녀와의 관계에 부정적인 영향을 미치게 된다고 한다.[5] 어머니와 갈등을 겪었던 여정 씨는 수술 후 요양 시기를 끝내자마자 서울로 이주해 고시원에서 혼자 살기 시작했다.

그러나 돈을 벌어야 하는 상황에서 그녀의 "고등학교 자퇴 신분", "중졸 신분"은 일자리의 범위를 아르바이트로 한정 짓는 조건이 되었다.

혼자 할 수 있는 게 아르바이트밖에 없었어요. 편의점이나 식당이나 그런 곳. 생각해보면 그때 대학을 바로 가야겠다는 생각을 했으면 좋았을 텐데. 근데 그때 당시가 제 암흑기 같은 시기였어요. 대학을 가야 하는 건지 아니면 대학 졸업 장 없이 그냥 내 삶을 살 수 있는 건지 헷갈려서 되게 헤맸 어요, 인생의 진로에 대해서. 맨날 아르바이트만 하고 취업 은 못 하고.

생계를 위한 아르바이트로 사회를 경험하기 시작하면서 그녀는 대학을 가야 하는 건지, 대학 졸업장 없이 자신의 삶을 살 수 있는 것인지 헷갈렸고 마음의 방황은 점점 깊어졌다. 이 시기를 그녀는 "인생의 암흑기"로 회상한다.

여정 씨가 처음으로 했던 일은 편의점 야간 아르바이트였 다. 고시원 월세 50만 원을 벌기 위해 보수가 센 야간 일을 선 택했다. 이 시기 마음의 방황까지 겹치면서 여정 씨는 건강관 리를 하기가 어려웠다. 그러다가 사무보조와 식당 일도 했지 만 자신의 몸 상태를 고려했을 때 편의점 일의 노동강도가 가 장 적당하다고 생각해 주로 편의점에서 아르바이트를 했다. 그러면서 여정 씨는 자신의 신체적 변화와 근무조건이 상충하 는 경험을 하게 된다.

저희가 관해기라고 해도 어느 순간 복통이 오는 경우가 있 어요. 근데 편의점 알바는 주로 혼자 근무를 하거든요. 근데 일을 하다가 배가 아파서 좀 집에 가고 싶은데 편의점 알바 특성상 야간에 일을 하다가 사장님한테 "저 배 아프니까 집 가야 하니까 나와주세요" 이렇게 할 수가 없어요. 그러다 보면 그냥 진통제 먹어가면서 참으면서 하는 거예요. (중략) 화장실 가는 횟수가 많아지고, 사장님들한테 다 얘기는 안 했지만 어쩌다가 어쩔 수 없이 병원 진료를 자주 가니까, 저희가. 진료 때문에 어느 어느 날 빠져야 한다고 부탁을 드리다보면 눈치가 많이 보이더라구요. 그래서 일을 금방 그만두고 조금 쉬다가 다시 구하고 그렇게 했어요. 그렇게 하다 보니까 돈이 모아지지는 않고, 계속 지출이 있는 상황에서 생각은 정리가 안 된 상황이었으니까 방황만 하게 되고.

수시로 오는 복통 때문에 화장실을 자주 갈 수밖에 없고 정기적으로 병원 진료를 받아야 하는 여정 씨의 상황은 혼자서 일해야 하고, 휴게 시간이나 휴게 공간도 열악하고, 손님이 오면 언제든 응대해야 하는 편의점과 같은 일터에서 이해받기 쉽지 않았다. 그래서 그녀는 통증이 심해져도 진통제를 먹으면서 버텼고 병원에 가야 하는 날이 오기 전에 일을 그만두는 방법을 택했다. 이렇게 일을 금방 그만두고 조금 쉬다가 다시 구하고 하다 보니 지출은 있는 상황에서 돈이 모이지는 않고 방황이 이어지는 악순환이 계속되었다.

여정 씨의 일 경험은 아픈 몸과 저학력이라는 조건이 일 기회와 경험에 어떠한 영향을 미치는지 여실히 보여준다. 학력은 숙련된 기술이 부족한 청년들이 노동시장으로 진입할 때 취할 수 있는 기회의 내용을 변화시키는 요인으로 오랫동안 여겨져왔다. 최근에는 학력이 높지 않아도 전문교육을 통해 고숙련 기술을 가진 청년들이 많아져 학력 효과가 약화되었지만, 그래도 여전히 우리 사회의 저학력·저숙련 청년은 노동시장에서 저임금, 장시간 노동을 경험하고, 숙련에 투자하거나 경력을 축적하지 못하는 불안정한 상황을 겪는다.[6]

그리고 우리 사회는 건강한 육체를 당연시하며, 특히 노동 현장에서는 아픈 몸에 대한 책임을 개인에게 지운다.[7] 한국은 아픈 노동자의 고용과 소득 보장을 위한 법정 병가와 상병수당 제도를 OECD 회원국 중 유일하게 도입하지 않은 국가다.[8] 2022년에서야 아픈 근로자의 쉼과 소득 보장을 위한 상병수당 시범사업이 추진된다는 발표가 있었다.[9] 우리 사회에서 아픈 노동자가 회복할 시간을 가질 권리는 오랫동안 보장되지 않았다. 아픈 노동자는 아프다는 이유로 일자리를 잃고 그것으로 인한 소득 상실을 보전하기 위해 불안정한 노동을 선택하게 되는 악순환을 경험해왔을 뿐이다.[10]

학력 차별: 자존심이 상해서 대학에 진학해야겠다고 생각했어요

고등학교 1학년 때부터 자신을 힘들게 했던 통증을 어느 정도 관리할 수 있게 되자 혼자 살기 시작한 여정 씨는 이제부터 하고 싶은 것을 해야 하고 다시 언제 아플지 모르기 때문에 현재를 즐겨야 한다는 마음뿐이었다. 하지만 서울에 올라왔던 스물한 살 때부터 3년이라는 시간은 "방황"이라는 단어로 표현될 만큼 힘들었다.

스물네 살이 됐는데 갑자기 일상생활을 하는데 사람들이 제 배경이나 제 사정은 모르고 제 학력이나 그런 걸로 저를 무시하는 게 보이는 거예요, 조금씩. 식당에서 일을 해도 손님이나 사장님이 "대학생은 아니야?" 이렇게 물어보고, "학교는 안 가고 여기서 뭐하냐" 이렇게 묻기도 하고, 무시도 은근 당하는 거예요. 제 사회 신분이 최하층인 것처럼. 제가 자존심이 상해서 스물네 살부터 다시 대학에 진학해야겠다고 생각했고 그래서 스물다섯 살 때 제가 독서실 총무 알바를 하고 공부를 하면서 검정고시를 보고…….

약 3년 동안 아르바이트를 하고 나자 여정 씨는 일터에서 만나는 사람들의 시선이 신경 쓰이기 시작했다. 그녀의 배경이나 사정을 제대로 알지도 못하면서 식당의 손님이나 사장은 "대학생은 아니야?", "학교는 안 가고 여기서 뭐하냐?"라는 말들을 던졌다. 여정 씨는 그때 느꼈던 기분을 "제 사회 신분이 최하층인 것처럼"이라고 표현한다. 나이에 맞게 학교에 다니는 것이 인생의 정상적 경로라고 여기고, 이곳은 학력이라는 기준으로 사람을 평가하는 사회라는 것을 끊임없이 상기시킨 사람들로 인해 여정 씨는 자존심이 상했고 대학에 진학해야겠다는 결심을 한다. 그래서 여정 씨는 스물다섯 살에 독서실 총무 아르바이트를 하면서 검정고시를 봤고 대학 입시를 준비하기 시작했다.

> 그때 당시 고등학교 때 병원을 들락날락거리면서 봐왔던 많은 직종 중에 하나가 간호사였어요. 병원에 있는 사람들. 근데 어렸을 때 봤던 사람 중에 제일 인상 깊었던 사람이 누구냐면 학교에 있는 보건교사. 저를 많이 도와주셨거든요, 제가 아팠으니까. 보건교사가 되고 싶었어요. 그래서 대학을 준비하면서 생각을 했는데 알고 보니 그게 간호사더라고요. 임용고시를 합격한 간호사. 그래서 간호학과를 가야겠다 생각해서 스물다섯 살에 공부를 시작해서 스물여섯 살에 대학교 1학년에 입학했죠, 간호학과에. 근데 이게 수술을 받고서 몸 상태가 운이 좋았어요.

여정 씨는 자신의 진로를 고민하면서 자신의 인생에서 가장 인상 깊었던 사람을 떠올렸다. 통증이 시작되었던 고등학교 시절 병원에 다니면서 많이 봤던 사람 중 하나가 간호사였고, 특히 학교에서 여정 씨를 많이 도와주었던 보건교사가 임용고시에 합격한 간호사라는 사실을 알았을 때 여정 씨는 자신의 진로를 간호학과로 더 확실하게 결정할 수 있었다. 당시 몸 상태도 괜찮았기에 여정 씨는 스물다섯에 공부를 시작해서 1년만인 스물여섯 살에 자신이 원하던 간호학과에 입학하게 된다.

개인의 진로 발달은 개인의 생애 전반에서 일어나는 다양한 경험과 의사결정에 의해 이루어진다. 여정 씨는 청소년기부터 아픈 사람이라는 정체성과 고등학교 중퇴라는 두 가지 현실을 받아들여야 했다. 그리고 개인 차원의 신체적·심리적 증상과 함께 그녀의 조건에 대해 경직된 반응을 보이는 사회의 태도는 여정 씨의 진로 발달 과정에 영향을 미쳤다. 그러나 다른 한편, 치료 과정에서 만나게 된 간호사라는 직업은 여정 씨의 사회적 욕구를 자극하며 더 명확한 진로 계획을 세울 수 있게 했다.

노동강도와 몸:
음식을 일부러 안 먹고 일했어요

스물여섯에 간호대학에 들어간 여정 씨는 서른한 살에 학교를 졸업했다. 가족들은 여정 씨가 졸업하기 전부터 3교대 근무가 가능하겠느냐며 걱정했지만 여정 씨는 경력을 위해서도 필요했고 당시 몸 상태가 괜찮았기에 3교대 근무를 하는 병원에 취업했다.

졸업하기 전부터도 가족들이 되게 많이 고민하고 걱정을 했어요. "네가 경력을 쌓기 위해서라지만 그 몸 상태로 3교대를 할 수 있겠느냐." 간호사들은 3교대로 하면서 경력 쌓는 걸 중요시하니까요. 그래도 지금 당장은 몸이 괜찮으니까 저는 해보고 싶다고 했어요. 올 3월에 취업을 해서 다녔는데…….

여정 씨는 제일 처음 정신건강의학과에 발령을 받았다. 여정 씨와 가족들 모두 그녀의 몸 상태를 생각했을 때 정신건강의학과에 배치된 것은 감사한 일이라고 생각했다. 여정 씨는 일이 적성에도 맞고 재미있었다. 그러나 언제 다시 아파질지 모르는 몸으로 간호사 일을 해가는 과정은 호락호락하지 않았다.

어쩔 수 없이 말씀을 드렸는데 다행히 그 수간호사 선생님께서는 "자기 친척 중에도 크론병 환자가 있다" 그러면서 공감해주시면서 제 편의를 봐주셨어요. 그래서 진료 날짜도 잘 맞춰서 다니고 그랬는데, 이게 아무래도 정신건강의학과라고 하더라도 3교대라 컨디션이 나빠지더라고요. 이게 일상이 규칙적이지가 않고 불규칙적이다 보니까. 예를 들면, 데이, 이브닝, 나이트라고 하는데 오전, 오후, 야간 근무조가 있어요. 되게 불규칙적이에요. 낮 근무, 낮 근무, 낮 근무, 쉬는 날, 쉬는 날, 밤 근무, 밤 근무. 이런 식으로 엄청 복잡해요. 그래서 경찰이나 소방관처럼 규칙적인 3교대가 아니라 간호사 3교대는 되게 복잡하고 몸 컨디션이 많이 망가져요. 그래서 컨디션이 조금 나빠졌는데 '그래도 다닐 만은 하다'라고 생각을 하는 와중에 근무를 하는데······.

　3개월에 한 번씩은 반드시 병원에 가야 하고 검사가 있을 때는 한 달에 두 번도 가야 하는 여정 씨의 상황은 신규 간호사의 업무 일정에서는 허용될 수 없는 시간이었다. 다행히 여정 씨의 상황에 공감하고 편의를 봐주는 상사를 만나 진료를 받을 수 있었다. 그러나 정신건강의학과라고 하더라도 간호사의 3교대는 경찰이나 소방관처럼 규칙적이지 않고 오전, 오후, 야간 근무가 일정한 주기로 정해지는 것이 아니라 복잡하게 배정된다. 그런 탓에 일상이 불규칙해지고 신체적 리듬을 맞추기 힘들어 여정 씨의 컨디션에도 영향을 미칠 수밖에 없었다. 그래도 "다닐 만은 하다"라고 생각하며 그 시간을 버텼다.

　화장실을 가는 타이밍에 환자들이 난리가 나면 제가 선임을 도와서 처치를 해야 하는데 그걸 못 하니까. 못 하고 화장실에 있게 되면 전 진짜 못된 사람이 되는 거거든요. 그래서 그 걱정 때문에 제가 일부러 음식을 안 먹었었고 그러다 보니까 살이 빠지더라고요. (중략) 가스가 너무 심하게 차고. 그러면 통증 오는 날도 많았고요. 그리고 주사를 맞으면 약간의 피곤함이 있거든요. 환자마다 다른데, 저는 주사를 맞으면 당일하고 그다음 날은 약간 피곤하더라고요. 근데 주사를 맞는다고 해서 다음날 출근을 안 하는 건 아니니까. 그리고 병원에서 식사를 할 때 하게 되더라도 야채를 안 먹어요. 야채가 섬유질이 많아서 화장실을 많이 가게 만들거든요. 그래서 음식도 많이 신경을 썼었구요.

하지만 근무 중에 나타나는 증상들은 누구에게도 이해받을 수 없는 여정 씨 혼자만의 몫이었다. "언론에도 많이 알려져 있지만 물 마실 틈도 없이" 일해야 하는 간호사의 노동강도 때문이었다. 수술로 짧아진 장 때문에 음식을 조금만 먹어도 화장실을 갈 수밖에 없는 소화기 증상, 배에 가스가 자주 차면서 심하게 나타나는 통증, 치료제를 맞은 후의 피로감 등 신체적 고통이 있었지만 드러낼 수 없었다. 1시간에 5분 내지는 10분이라는 법정 휴게 시간이 보장된다면 몸의 고통과 업무 속도를 조정하며 일할 수 있지만 일터의 여건은 그렇지 않다. 아파서 잠깐이라도 몸을 추스르려 하면 동료에게 피해를 줄 수 있기에 아픔을 감춘 채 일할 수밖에 없다. 그리고 음식의 양과 종류, 섭취 시간 등이 자신의 몸에 어떤 영향을 주는지 꼼꼼히 관찰하게 되었고, 그렇게 계속 직장에서 일하기 위해 일하는 시간 동안은 일부러 음식을 안 먹게 되었다.

몸의 고통을 혼자 감내하느라 몸이 힘들었지만, 여정 씨는 수술실에서 일하고 싶었기 때문에 업무강도가 더 센 곳이었음에도 불구하고 부서 이동을 했다. 여정 씨는 자신이 입원을 많이 해봤기 때문인지 환자들에게 감정이 남달랐고, 어느 날은 수술실에서 특별한 경험을 하기도 했다. 10대 시절부터 자신을 괴롭혔던 크론병으로 수술을 받게 된 어린 학생의 배를 수술실에서 마주한 것이다.

한 가지 남들과 다를 수 있는 것 정도는 제가 병원에 저도 입원을 많이 해봤던 환자다 보니까 병원에서 있던 환자들에 대한 동정심이 좀더 강하기는 해요. 그리고 제가 수술실에 있었었잖아요, 잠깐. 수술실에 같은 질환으로 수술을 받으러 온 어린 학생이 있었어요. 그 학생의 배를 보니까 되게 심각하더라고요. 거의 저 어렸을 때 상태랑 비슷했어요. 나이도 비슷하고. 그래서 막상 저랑 같은 질병의 같은 상태의 어린 학생을 보니까 감정이 되게 묘하더라고요.

그러나 자신이 배우고 싶었던 분야로 이동했다는 기쁨도 잠시, 그곳에서 만난 상사는 여정 씨의 병이 조직과 업무에 큰 피해를 준다는 말을 서슴없이 내뱉었고 정기검진을 위해 병원에 가야 하는 그녀의 상황을 이해해주지 않았다.

되게 잔인하게 말씀을 하시더라고요. "네가 이렇게 아픈 애인 줄 알았으면 우리 부서로 안 데리고 왔다", "너 왜 부서에다가 피해를 주고 그러냐", "네가 근무를 못 하면 선배들이 다 해야 되는데 신규가 뭐 하는 짓이냐"고 저한테 그렇게 하더라고요. 근데 저는 그러한 말을 들을 수도 있다고 전부터 예상을 했기 때문에 크게 막 상처가 되고 그런 건 아니었는데, 그래도 실제로 그런 말을 들으니까 조금 충격적이더라고요. '그게 사회구나' 그런 생각도 들고.

그런 분위기 속에서 여정 씨는 부서에 최대한 폐를 끼치지 않아야겠다는 생각에 병원에 가야 하는 일정을 조정했고 먹는 것을 더 신경 쓰게 되었다. 딱딱하고 예민한 조직문화와 의지할 수 있는 사람이 하나도 없었던 탓에 여정 씨는 눈치를 더 보게 되고 마음의 갈등이 커졌다. 음식을 먹지 않고 버텨봤지만 살이 빠지면서 컨디션이 전체적으로 안 좋아졌다.

여정 씨가 어떤 목표도 없이 방황하던 시기를 끝내고 자신의 진로를 고민하고 몰두해 획득하게 된 간호사라는 직업에는 경제적 가치를 뛰어넘는 다양한 의미가 담긴 듯하다. 자신이 원하던 것을 성취한 후 일을 하면서 다른 환자의 몸을 통해 자신의 질병을 직면하고, 질환을 먼저 경험했기에 환자의 고통에 공감하는 과정은 여정 씨가 생존을 위해 아르바이트를 하던 시기와는 다르게 그녀에게 자아, 관계, 자아실현 등 긍정적 차원의 다양한 사유를 할 수 있는 기회를 제공했을 것이다. 그러나 그렇게 하고 싶었던 일을 해나가기 위해 여정 씨가 감수해야 하는 환경의 조건은 너무 열악했다. 즉, 여정 씨는 자신의 상황을 이해하지 못하는 조직문화, 그리고 조직에 폐를 끼치면 안 된다는 생각 때문에 음식을 먹지 않거나 본인의 병원 일정을 최대한 조정하는 등 본인의 질병을 숨기기 위해 노력할 수밖에 없었다.

퇴사:
내가 건강한 게 더 중요하니까

여정 씨가 하고 싶었던 일이었지만 만성질환을 지닌 몸을 이해해주지 않는 부서의 분위기로 인해 몸을 돌보지 않고 일을 하다 보니 체력이 계속 떨어졌다. 게다가 자신의 부탁과 다르게 여정 씨의 병을 조직원들에게 공개해버린 상사에 대한 실망감이 커지면서 퇴사를 선택했다. 약 6개월이라는 짧은 근무 기간 내내 여정 씨는 병원이라는 일터의 특성상 항상 긴장해야 하고 업무강도가 높기 때문에 모든 동료가 자신의 아픈 상황을 이해하기는 쉽지 않을 것이라고 생각하긴 했다. 하지만 한편으로는 간호사들마저 아픈 사람의 마음을 헤아리지 못하고, 아픈 동료를 이해해주기보다 공격한다는 점에서 아쉬움이 컸다.

질병에 대해서 부서원들한테 어떻게 다 말할 수가 있을까, 그거에 대해서 너무 실망을 하고 그래서. 그리고 몸이 조금씩 안 좋아져서. 크론병이라는 것도 있지만 크론병이 많이 나빠진 건 아닌데 몸 컨디션이 전체적으로 안 좋아졌어요. 그래서 내가 병원에서 하고 싶은 게 있었지만 내가 건강한 게 더 중요하니까 퇴사를 하고 '간호사 면허로 할 수 있는 일을 알아봐야겠다' 그러고 있어요.

병이 있지만 일에 지장이 있을 만큼 아픈 상태는 아닌데, 동료들은 여정 씨가 크론병 환자라는 사실만으로 색안경을 끼고 대했고 그녀를 "하자 있는 사람"으로 취급했다. 대형병원의 조직문화는 근무 중 화장실에 가거나 잠깐 쉴 수 있는 법정 휴게 시간, 정기검진을 위해 사용하는 반차 등 노동자로서 가질 수 있는 최소한의 권리도 보장하지 않았다.

여정 씨는 "내가 건강한 게 더 중요하니까"라는 생각을 하며 결국 직장을 그만두었고 지금은 스스로 발전할 수 있으면서도 건강을 해치지 않는 일이 무엇인지 고민하며 다시 취업을 준비하고 있다.

처음 간호대학을 들어갔을 때는 가치관 실현이 목적이었어요. '내가 고등학교 때 생각했던 내가 존경하는 사람이 되기 위해서 이쪽을 가야지' 하고 왔었는데. 처음에는 그랬는데, 지금은 제가 일을 볼 때 중요하게 생각하는 게 발전 가능한 직업을 찾고 있거든요. 이것도 약간 병 때문에 생긴 건지는 모르겠는데……

이렇듯 만성질환을 지닌 노동자의 일 생활은 녹록지 않다. 예를 들어, 이제는 치료 후 완치와 생존율이 높아져 만성질환으로 여겨지는 암 경험자sufferer의 직장 복귀나 고용 유지가 중요한 사회문제로 대두되면서, 다수의 연구에서 이들의 일 관련 경험에 주목해왔다. 완치 후 꾸준히 관리하면 일상생활이 가능하지만, 그들은 일을 구하거나 사회에 복귀하는 과정에서 자신의 질환이 조직에 영향을 미치지는 않을까 하는 두려움을 느끼고, 암 경험자를 배려하지 않는 조직과 사회정책,편견으로 인해 근무를 지속할 수 없게 되는 아쉬움을 토로한다.[11]

꾸준히 질환을 관리하며 살아가야 하는 암 경험자들이 겪는 일터에서의 어려움은 여정 씨가 일터에서 겪었던 갈등과 많은 부분 연결된다. 여정 씨 역시 일에 대한 개인의 가치와 아픈 직원에 대한 비협조적인 조직문화 사이에서 건강이 중요하기에 스스로 퇴사했지만 이는 자발적 선택이라고 보기 어렵다. 병원에서 일하기 위해서는 동료들의 배려가 필요하지만 그것은 부재했고, 병을 관리하며 일해야 하는 아픈 노동자를 지원하는 정책도 없었기 때문이다.

'하자 있는 사람'이라는
사회적 편견

여정 씨는 크론병 투병을 하면서 가치관이 크게 바뀌었다고 한다. 통증 탓에 몇 년을 집에만 있어야 했던 시기, 그녀는 "하고 싶은 건 되도록 꼭 하려고 한다. 현재가 행복해야 한다"라는 가치관과 삶의 목표가 생기면서 그에 부합하는 일상을 실천해갔다. 가끔 현재를 즐겨야 한다는 데 중압감을 느낄 때도 있지만 여정 씨는 자전거 타기나 요가와 같은 운동을 하며 일이 아닌 활동으로 자신의 일상을 채워간다. 그리고 병과 관련해서도 철저하게 관리를 하고 있다.

운동을 열심히 하고 있고요. 그리고 환자들 중에는 몸 상태가 많이 좋으면 병원에 가는 걸 안 가는 분들도 계세요, 가끔. 저는 병원 진료를 꼭 가고 있고. 그리고 간간이 지금도 정보를 찾아보고 있어요. 크론병 관련해서 신약들이 연구가 어느 정도 되고 있는지. 이 질병에 대해서 아직도 밝혀진 원인이 없기는 한데 몇 가지 가설들이 있거든요. 그게 진짜 신빙성이 있는 건지 그것도 조금 보고 있고. 그리고 스트레스 안 받으려고 많이 노력하죠. 스트레스가 컨디션에 영향을 많이 미치니까.

현재는 먹는 약을 끊고 생물학적 제제라는 주사제를 2주에 한 번씩 자가 투약하며 병을 관리하고 있다. 그리고 병원 진료를 정기적으로 받으며 크론병 관련 신약들이 어느 정도 연구되고 있는지에 대한 정보도 틈틈이 찾아 읽어보고 있다.

또한 질병으로 인한 사회적 고통, 학교생활로 인한 스트레스, 어머니의 돌봄에 의존할 수밖에 없는 상황에서 겪었던 어머니와의 갈등 등 여정 씨는 이러한 경험을 거치며 스스로 자신의 병을 공부했고 자신이 할 수 있는 방법들을 정리해갔다. 그러는 중에 크론병 환우회 정보를 알게 되어 모임에 나가게 되었다. 크론병은 주로 10대에 발생하는 특성이 있어, 환우회에서 많은 또래를 만날 수 있었다.

고등학교 때는 위로받으려고 했었죠. 같은 사람들이니까 나를 이해해줄 수 있는 사람도 있을 거고, 실제로 그랬었어요. 저희 질환 특징이 어린애들이 많이 걸려요. 10대부터 20대까지가 제일 많아요. 나갔더니 다 또래나 언니, 오빠들인 거예요. 나이가 많아봤자 30대. 그래서 언니, 오빠들이 힘들었던 거 다 얘기도 해주고, 저한테 조언도 해주고 그러니까 위로도 많이 받았고. 그래서 활동을 한창 많이 했었어요, 오프라인 활동. 지금은 온라인에서 하고 있어요.

같은 병으로 아파하는 사람들과 정보뿐 아니라 크론병에 대한 잘못된 인식들로 인해 답답했던 마음까지 나눌 수 있었기에, 여정 씨에게 환우회 활동은 위로를 받는 시간이었다. 그리고 자신의 병에 대해 더 깊이 알아갈수록 여정 씨는 크론병에 대한 사회의 편견을 마주하게 된다. 크론병은 류머티즘과 같은 자가면역 질환이다. 면역 기능이 저하되면 류머티즘은 관절에, 크론병은 소화기에 증상이 나타난다. 발병의 요인은 다양하다. 하지만 단편적이고 짧은 기사 혹은 기사의 제목 때문에 크론병에 대한 오해가 많다.

기자들도 정확하게 모르니까 내용에 어떻게 쓰냐면 "서양, 서구 음식에 의한 질환이다" 이런 식으로 쓰세요. 그러면 그

기사의 댓글에 어떤 말들이 달리냐면 "그러게 왜 햄버거, 피자 먹고 사느냐. 너네 탓이다. 너네가 음식 관리 안 하고 막 먹은 탓이지".

크론병이 소화기 질환이다 보니 크론병 환자들은 "음식을 아무거나 먹고 자기관리를 하지 않은 탓에 병에 걸린 것"이라며 아픈 당사자를 질책하는 말을 듣곤 한다. 여정 씨는 그러한 사회의 인식이 답답하고 이 질환에 대한 편견이 안타깝다. 어느 날 동생에게서 들었던 "누나 임신도 할 수 있어?"라는 질문은 여정 씨에게 씁쓸한 기억으로 남아 있다. 여정 씨가 어렸을 때부터 통증으로 아파하던 모습을 봐왔기에 동생은 여정 씨를 "아픈 사람", "정상적인 삶을 살아갈 수 없는 사람"이라고 생각한다. 누나에 대한 걱정과 염려라고 넘길 수도 있다. 하지만 동생의 그 말들은 여정 씨가 크론병 환자임을 스스로 다시 환기하게 할 뿐 아니라, 질환으로 인해 그녀의 숱한 능력이 의심받게 된다는 점을 보여준다.

이러한 편견은 사회관계 안에서도 이어진다. 여정 씨는 나이가 들수록 자신의 질환을 공개하는 게 약점을 드러내는 것처럼 느낀다.

서른 가까워지면서부터 저에 대한 병명을 알리는 게 제 약점을 드러내는 것 같다고 그래야 하나? 너무 사회에 물들어 그런 건지 모르겠는데, 제 약점을 대놓고 말하는 것 같고 사회생활에서도 좋은 점이 아닌 것으로 생각이 드니까. 예전 어렸을 때 친구들은 다 아는데 커서 만나는 친구들은 몰라요. 하자 있는 사람으로 생각을 해서요. 좀 사소한 건데 누군가하고 소개팅을 해달라고 할 수가 없어요. 왜냐하면 저는 학교를 늦게 들어갔고 학교도 늦게 졸업한 상태에서, 아픈 사람이고 앞으로도 치료를 받아야 하니까 일단 문제가 있는 사람이잖아요. 그러다 보니까 누군가 다른 사람을 소개팅시켜달라 할 수가 없죠. 친구들한테 그렇게 말을 못 해요. 문제 있는 사람을 소개팅시켜주면 누가 좋아하겠어요. 그래서 저는 친구들한테 소개팅시켜달라는 말을 한 번도 해본 적이 없어요. 제가 문제 있다는 것을 알기 때문에.

사회는 여정 씨를 "하자 있는 사람"으로 규정했다. 환자일 뿐 아니라, 늦은 대학 입학과 졸업 역시 정상적 경로에서 벗어난 모습이라는 것이다. 이러한 사회적 편견 때문에 여정 씨는 자주 위축되곤 한다.

사회적 변화: 만성질환자를 차별하면 안 된다는 법적 조항이 있으면 어떨까

변화가 필요한 건 사회적 편견뿐만이 아니다. 여정 씨에 따르면 경제적 지원도 필요하다. 크론병은 어린 나이에 발병

하는 질병이라, 실손보험과 같은 민간보험도 가입한 적이 없는 상태에서 치료를 받게 되기 마련이고, 성인이 된 후에는 만성 질환자라는 이유로 할 수 있는 일 역시 한정적이기 때문이다.

저희 크론 환자들끼리는 그렇게 말하거든요. "겉으로 티 나지 않는 장애인이다, 우리는" 이렇게 말을 하거든요. 겉모습이 멀쩡하기 때문에 아무런 그런 건 없지만 사회적으로는 사회생활을 꾸준히 할 수 없는 장애인과 같다고 생각을 하는데. 취업할 때나 그럴 때 이런 게 장애인처럼 우대시된다거나, 그렇게까지는 아니더라도 학업을 할 때 조금 더 학비 면에서 지원이 된다거나. (중략) 저희 질환자들은 병마다 다르겠지만 지출이 워낙에 다달이 있고 그러다 보니까 남들보다 이직을 위해 공부를 할 때 더 경제적으로 힘들 수 있기 때문에 구직 활동 지원금이나 공부를 할 때 조금은 지원금이 나오면 좋을 것 같아요. 치료비가 많이 드니까.

아르바이트를 하던 시절부터 아픈 몸을 이해해주지 않는 일터의 문화와 그것에 적응하기 위해 신체적 고통을 견뎌야 했던 여정 씨는 천직일 거라 기대하며 시작한 일도 금방 그만둘 수밖에 없었다. 그 탓에 경제적 상황이 넉넉지 않았다. 그래서 독립한 이후에도 학비부터 생활비와 치료비까지 많은 부분에서 부모님의 도움을 받을 수밖에 없었다. 부모님에게 감사한 마음을 가지면서도 한편으로 개인과 가족이 질병으로 인한 부담을 오롯이 짊어지게 된다는 점에서 사회서비스에 대한 생각도 많이 하게 되었다.

그리고 여정 씨는 일터에서 상사로부터 받았던 상처를 떠올리며 "만성질환자들에 대해서도 차별해서는 안 된다는 법적인 조항이 있으면 어떨까"라는 생각을 해본다.

장애인은 차별해서는 안 된다는 게 법적으로 조항이 있잖아요. 근데 만성질환자들에 대해서는 차별해서는 안 된다는 그런 건 없는 거 같아요. (중략) 그 사람들이 직장 내에서 차별을 겪으면 안 된다는 게 실질적으로 직장에서 지켜지지 않을 수 있겠지만, 일단 명시를 할 수 있다면은 어느 정도 위로는 될 것 같아요. (중략) 연차 수가 똑같은데 저희는 질병 때문에 연차가 절반으로 없는 격이거든요. 그 연차를 병원 가는 데 다 써야 하니까 남들보다 연차가 절반은 없다고 보면 되거든요, 건강한 사람에 비해서. '법적으로 이런 게 제도화되면 좀더 당당할 수 있지 않을까'라는 생각은 들어요.

아프면 병원에 가서 치료받는 것은 당연한 일인데도 죄책감을 느끼게 했던 조직문화, 연차 휴가를 오롯이 자신의 몸 상태를 확인하고 치료받는 일정에 쓸 수밖에 없는 현실을 경험하면서 여정 씨는 만성질환을 고려하는 제도의 필요성을 강조한다. 그런 제도가 있다면 위로받을 수 있을 것 같고 당당해질 수 있을 것 같다고 한다.

여정 씨의 삶은 열여덟 살에 갑자기 나타난 통증을 계기로 크게 변했다. "중졸 신분"과 "아픈 사람"이라는 정체성은 개인의 문제만이 아닌 가족, 사회의 요구와 충돌하는 요인이 되었다. 갈등을 느끼며 암흑 속에서 지내던 시간에서 벗어나 여정 씨는 자신의 목표를 이루기 위해 열심히 노력했고 자신이 원하는 간호사라는 직업을 갖게 되었다. 그러나 만성질환을 이해하려 하지 않는 조직문화와 아프니까 일을 못할 것이라는 편견 때문에 그녀는 혼자 심리적, 신체적 고통을 견디다 그 일을 그만둘 수밖에 없었다. 지지적이지 않은 일터의 조건들이 해결되지 않는 이상 앞으로도 여정 씨는 자신의 몸 상태와 자신이 하고자 하는 일의 환경이 요구하는 것들 사이에서 갈등을 경험하며 살아가게 될 것이다.

여정 씨의 곤경은 페미니즘 철학자 마릴린 프라이Marilyn Frye가 정의하는 이중구속 상황을 떠오르게 한다. 이중구속 상황이란 최선의 선택지를 택해도 불이익, 비난, 박탈감에 노출되는 제한된 선택지만 있는 상황을 말하는데,[12] 이 상황은 억압받는 집단의 구성원들에게 일상적으로 일어난다는 것이다. 예컨대, 우울증을 공개해야 할지 말지에 관한 문제도 전형적인 이중구속 상황이다. 우울증을 공개하면 오명을 뒤집어쓰고 물질적 손해를 입게 되고, 공개하지 않으면 당사자가 겪는 고통은 보이지 않게 되어 우울증으로 인해 감정과 태도가 변할 때 사람들은 당사자의 인성에 문제가 있다고 여기게 되어, 당사자는 사람들로부터 고립되고 만다.[13] 여정 씨 역시 자신의 질병을 공개하지 않았을 때는 신체적 고통을 오롯이 혼자 감내하다 몸이 더 아파졌고, 질병을 드러냈을 때는 오명과 낙인, 결국은 퇴사로 이어지는 이중구속 상황을 경험했다. 아픈 이들이 경험하는 이중구속 상황을 풀고 자신을 당당하게 드러낼 수 있도록 인식 개선과 제도의 마련이 필요하다.

아픈 몸보다 더 힘겨운 시선:
사회적 낙인과 편견, 사회적 관계

사람들이랑 꼭 나누고 싶었던 인식은 아파도 약속 잡을 수 있고, 아파도 사람 만날 수 있고, 꼭 내 상태가 최상의 컨디션이어야만 사람들과 만나서 놀 수 있는 게 아니라는 것을 이야기하고 싶었어요. (중략) 그래서 좀 아픈 것을 부담스러워하지 않고, 누가 아프다고 하면 의심하기보다는 일단 믿어주는 게 일상적인 관계에서 자리 잡았으면 좋겠다는 거예요.

—하늘 씨 인터뷰 중에서

골골한 청년들은 질병으로 인해 신체적 고통을 경험할 뿐 아니라 어떻게 사회적 관계를 맺을 것인지에 대한 인식과 감정에도 많은 변화가 있었다고 이야기한다. 만성적으로 아픈 이들은 치료를 받더라도 몸의 고통을 다시 겪을 수 있고, 매일 변화하는 몸과 함께 살아가야 한다. 이러한 만성질환의 불확실성과 통제 불가능성은 만성질환을 지닌 이들의 일상과 사회적 관계에 영향을 준다. 학창 시절부터 건선으로 친구들에게 왕따를 당하고, 성인이 된 후에도 일터에서 동료들에게 이러쿵저러쿵 이야기를 들으면서, 나래 씨는 몸보다 마음이 더 아팠다. 사람들의 시선과 말들로부터 자신을 보호하기 위해 한동안 질병을 감추며 살아왔다는 나래 씨의 경험은 질병과 사회적 낙인의 작동을 드러낸다.

사회학자 어빙 고프먼Erving Goffman은 사회적 낙인을 장애, 질병, 인종, 종교 등에 부정적 가치를 부여해 바람직하지 않은 타자undesirable other로 여기는 태도나 행동이라고 정의한다.[1] 의료사회학자들은 정신질환뿐 아니라 다양한 질병을 지닌 이들의 사회적 낙인 경험을 연구하는데, 질병이 사회적 관계 속에서 위신 실추, 불신, 수치, 비난, 책임성 등 도덕적 사건으로 경험된다고 보고한다. 특히 만성질환을 지닌 이들은 먹기, 옷 입기, 씻기 등의 개인적 일상뿐 아니라 돌봄, 여가 등이 이루어지는 사회적 관계, 일터에서 과업을 수행할 수 있는 개인적 능력, 책임감, 강인함, 독립심 등 모든 것에 대해 의구심 어린 시선을 받게 된다.[2]

우리가 만난 골골한 청년들 역시 만성질환으로 몸의 회복을 우선시한 시간을 보내고 난 후 혹은 그 과정 안에서 주변 사람들에게 자신의 능력이나 진정성을 의심받은 경험을 이야기한다. 골골한 청년들이 맺은 관계의 모습은 다양하다. 태어날 때부터 심장병을 앓았던 명태 씨는 친척들에게 "돈이 많이 드는 집안의 애물단지"로 여겨졌고, 사회 초년생으로서 노력하자 "살아 있으면 됐지"라는 말을 들었다. 여정 씨는 생산력 있고 건강한 노동자의 모습을 요구하는 일터에서 "아픈 애인 줄 알았으면 우리 부서에 안 데려왔다", "부서에 피해를 줬다"와 같은 말을 들어야 했다. 일터와 가정에서 일상적으로 경험하는 사회적 낙인으로 인해 위축되거나 배제되지 않기 위해, 이들은 사회구성원이자 한 인간으로서 자신을 지키며 일상을 꾸려가야 했다.

골골한 청년들에게도 친구와 만나 영화를 보고 수다를 나누는 등의 생활은 일상의 중요한 부분이다. 여느 청년들과 마찬가지로 친구와의 만남 자체가 그들에게는 여가이면서 그 만남을 통해 자신의 존재감이나 소속감을 확인하기도 한다. 그리고 일터 혹은 가족으로부터 받았던 시선과 상처를 해소할 수도 있고, 학습과 일에 대한 정보를 얻을 수도 있기에 사회적 관계는 다양한 의미를 지닌다.

그러나 그 관계 안에서도 만성질환에 따른 신체적 예측 불가능성으로 인한 곤경이 보고된다. 왕따와 같은 직접적 차별은 아니지만, 낙인에 따른 친구들의 미묘한 배려도 때로는 골골한 청년에게 서운한 감정을 느끼게 한다. 하늘 씨는 발병 후 약해진 체력과 수시로 찾아오는 통증 때문에 어쩔 수 없이 약속을 미루거나 모임에 나가지 못하는 경우가 많아지기도 했지만, 본인의 병에 대해 알고 있는 친한 친구들의 "아프면 쉬어라"라는 무조건적 배려가 서운하게 느껴질 때가 있다. 영스톤 씨는 많이 아파 누워서 생활해야 했던 시기를 "사람답게 살 수 있는 행위를 하나도 하지 못했던 시간"으로 설명하면서, 그 시기가 지나고 나니 친구들에게 "너에게 짐이 될 수 있겠지만 도와줄 수 있겠니?"라고 말할 용기와 마음이 필요했다는 걸 알게 되었다고 한다. 솔직하게 자신의 처지를 드러내고, 아파도 친구들을 만났더라면 그 시간이 그렇게 외롭지는 않았을 것이라고 말이다. 주변 사람들이 만성질환을 충분히 이해하지 못하는 데서 오는 어려움은 만성질환을 경험하는 청년들 다수가 겪는 일인데, 그로 인해 그들은 고립감과 위축감을 느낀다.

특히 친구의 의미는 "어려운 일이 있을 때 큰 힘이 되는 존재"이지만, 보라 씨와 하늘 씨는 의지했던 친구와의 몇몇 기억이 평생 잊지 못할 상처가 되었다. 보라 씨는 정말 친하다고 생각해서 같이 밥을 먹다가 어렵게 자신이 B형 간염 보균자라는 사실을 고백했지만 그 순간 숟가락을 내려놓으며 자신에 대한 태도가 변해버린 친구를, 하늘 씨는 아프니까 모임에 나오지 못할 것으로 생각하고 자신을 모임에 부르지 않는 친구들을 경험했다. 질병에 대한 친구의 편견 어린 행동이나 자신의 모든 능력을 "아픈 사람" 안에서 규정해버리는 태도는 그들의 생활 전반과 자아정체성에 부정적인 영향을 미치면서, 다른 사람에게 이해받고 싶은 갈망을 더욱 크게 만들기도 했다.

이렇게 사회적 낙인은 개인이 맺는 사회적 관계와 작용하면서 때로는 몸의 고통보다 더 아팠던 일로 경험된다.

한편 질병 때문에 친한 사람들과 소원해지거나 관계에서 불편한 감정을 경험하면서 골골한 청년들은 관계를 맺는 방식과 좋은 관계란 무엇인지를 고민하며 인간관계를 조정해가기도 한다. 영스톤 씨는 "재미있고 친밀감이 쌓이다 보면 친구"라 생각했던 과거의 인간관계를 돌아보며, 현재는 순간의 재미, 즐거움으로 친구를 사귀기보다는 자신의 질병을 크게 개의치 않아 하는 사람들, 질병에 대해 이야기를 나눌 수 있는 사람들과 관계를 쌓아가고 있다. 다른 청년들 역시 환우회를 통해 같은 병을 앓는 이들을 만나며 질병과 치유에 대한 정보뿐 아니라 정서적 지지를 얻었다. 석원 씨와 나래 씨는 친구와 함께하는 시간 자체가 여가이며, 질병을 이해해주는 친구로부터의 위로와 도움은 큰 힘이 된다고 이야기한다.

이들은 사회적 낙인을 그대로 수용하지 않는다. 이들은 사회구성원으로서 개인의 사회적 인격을 부정하는 사회적 훼손부터 인간으로서의 실존적 가치를 탈락시키는 실존적 훼손에 이르기까지 무력감과 굴욕, 무시를 경험한다. 하지만 사회철학자 악셀 호네트Axel Honneth가 말하는 인정투쟁을 통해 아픈 몸으로 살아가며 자신의 정체성을 확립하고 긍정적 관계를 맺기 위해 분투한다. 이들의 일상화된 저항과 투쟁을 면밀히 살피지 않는다면, 이들이 어떤 사회적 편견과 싸우는지, 어떤 사회적 변화를 바라는지 알 수 없다.

만성질환을 지닌 이들의 삶에서 사회적 관계의 의미와 역할이 지닌 중요성에 비해 그것에 대한 관심이 미미했다는 주장도 있다. 이들의 사회적 관계는 심리적, 환경적, 신체적 영역을 포함한 생활 전반의 만족도에 긍정적인 영향을 미친다고 하기에,[3] 우리는 골골한 청년의 일상을 구성하는 사회적 관계와 관련된 다양한 경험에 주목해야 한다.

우리가 만난 청년들의 이야기는 이들이 자신의 질병을 알릴지 말지 고민하지 않아도 되는 환경, 그것을 위한 사회적 인식의 개선이 필요하다는 것을 여실히 드러낸다. 질병에 대한 사회적 낙인과 편견, 일상생활 능력에 대한 의구심이 있는 현실에서 개인의 질병과 병력을 공개하는 것은 만성질환자 당사자에게 민감할 수밖에 없다. 골골한 청년들이 홀로 사회적 편견과 낙인과 싸우는 것을 바라보기만 해서는 안 된다.

만성질환과 질병관리에 대한 올바른 정보를 제공해 사회적 낙인과 편견을 줄여야 한다. 만성질환을 포함한 질병에 대한 인식 개선과 관련해 유럽은 오래전부터 만성질환자가 일을 지속할 수 있는 환경의 조성이 국가 차원에서 중요하다고 보고 노동시장에서의 평등한 기회 보장, 공정한 노동조건, 사회적 보호와 포용이라는 원칙에 따라 다양한 정책을 마련했다.[4] 온라인 플랫폼을 통해 직장에서 질병을 포함한 포괄적인 건강 관련 정보를 제공해 조직구성원 모두가 질병에 대한 올바른 인식을 가질 수 있도록 돕는 오스트리아의 피트투워크, 만성질환을 지닌 직원에 대한 고용주의 인식을 바꾸고 만성질환

노동자의 고용 증진을 위해 '나의 기술, 나의 장점, 나의 일My Skills, My Strengths, My Work'이라는 캠페인을 실시한 스코틀랜드의 사례[5]는 만성질환을 지닌 노동자에 대한 포용적 접근을 보여주는 것으로 우리에게 시사하는 바가 크다. 현재 한국 사회에서도 학교와 기업 등에서 장애인 인식 개선 교육이 이루어지고는 있지만 이는 제한적이다. 장애뿐 아니라 질병, 아픈 이를 향한 편견은 아픈 이들이 매일 마주하는 사람들에게 영향을 준다. 따라서 인식 개선을 위한 교육과 캠페인 등 아픈 청년을 이해하고 지지하기 위한 사회문화를 조성하기 위한 진지한 고민과 그에 따른 구체적 실천이 필요하다.

식원씨 이야기

석원 씨는 취업을 준비하고 있는 서른 살 청년이다. '석원'은 자신이 좋아하는 가수의 이름이다. 그 가수가 쓴 일기에서 보이는 강박적이고 예민한 모습이 자신과 비슷하다고 느껴 석원이라는 이름을 쓰고 싶다고 했다. 만성질환을 지닌 청년을 대상으로 하는 인터뷰 참여자 모집 글을 보고 자신도 할 수 있는 이야기가 있을 것 같다고 생각했다. 대학을 졸업할 때까지는 지방의 한 도시에서 부모님과 함께 살았다. 퇴직을 앞둔 석원 씨의 아버지는 오랫동안 직장생활을 했고, 어머니 역시 석원 씨가 어렸을 때부터 보험설계사 일을 해왔다. 4년 전 대학원에 진학하며 처음 서울에서 살기 시작했다. 대학가 근처 작은 원룸에서 혼자 생활을 시작했고 가족과는 1년 중 명절 때만 만나고 있다. 석원 씨에게 가끔 나타나는 허리 통증과 과민대장증후군 등은 기억에 의하면 꽤 오래전부터 있었던 증상이다. 하지만 최근 논문을 쓰고 취업을 준비하는 과정에서 그 증상들이 악화했고, 병원에서 정확한 진단을 받게 되었다. 석원 씨는 전단 돌리기, 백화점 전시회 설치, 학회 간사, 대학 조교, 연구보조, 신문 기사 쓰기 등 다양한 아르바이트로 생활비를 벌고있지만, 노동시간과 보수, 업무 내용 등이 불규칙하고 불안정한 노동조건이 건강에 영향을 미치고 있다.

우리는 언제 병원에 갈까:
죽고 사는 병이 아니면 검사받으러 안 가죠

석원 씨는 자신의 병에 대한 기억을 정리하며 허리가 어렸을 때부터 안 좋았던 것 같다고 이야기한다. 중학생 때 학교에서 받은 신체검사에서 척추측만증이라는 이야기를 들었지만, 그는 유명한 재활의학과 교수가 했던 말을 빌려 "죽고 사는 질병이 아니기 때문에 안 아프면 사실 사는 데 문제가 없는" 병으로 허리 통증을 인식한다. 석원 씨에게 허리 통증은 갑자기 "도래"하는 경우가 많아 통증이 없을 때는 자신의 질환에 둔감하다가 통증이 있을 때 비로소 안 하던 스트레칭을 하기도 하고 관리를 한다. 고등학생 때는 가끔 허리 통증이 느껴지면 마사지를 받았고 대학생이 된 이후에도 종종 허리가 아프면 한의원에서 치료를 받았다. 익숙한 증상이기도 했고 스스로 관리할 수 있다고 생각했기 때문이다. 그러나 최근 한 취업캠프에 참여했다가 걷지 못할 만큼의 큰 통증을 경험하면서 통증의학과를 찾게 되었고 주사 치료와 도수 치료 등 본격적으로 디스크 관련 치료를 받고 있다.

허리가 어릴 때부터 안 좋았던 것 같고요. 그래서 허리는…… 중학생 때도 "척추가 좀 휘었다" 이런 얘기는 들었던 것 같고요. 그리고 본격적으로 제대로 못 걸을 정도로 아팠던 적이 있었는데, 그거는 작년이었어요. 그때는 걸으면 너무 아파서 그냥 기어 다니고 이랬고. 그렇게 된 거는 작년이었고요. 그게 진단이라고 할 수 있겠죠? 그 전에는 '허리 좀 아프다'고 이렇게만 생각했고.

석원 씨는 긴장하면 배가 아픈 과민대장증후군 증상 역시 대학 수능 시험 전부터 있었던 것으로 기억한다. 그런데 얼마 전 석사 논문을 쓰던 시기, 새벽 시간 아르바이트를 병행하면서 새벽 5시에 피자 한 판을 먹고 6시에 잠을 자는 등 생활시간이 불규칙해졌고 몸무게도 20킬로그램 정도가 늘면서 혈변과 설사 등의 증상이 심해져 항외과를 방문했다. 내시경 검사를 받는 과정에서 용종을 확인했고, 고지혈증이 있다는 것도 새롭게 알게 되었다. 병원에서는 과민대장증후군과 용종의 원인이 동일하지 않다고 하지만 석원 씨는 배가 아픈 증상, 즉 과민대장증후군에 용종이 영향을 미칠 것이라고 인식한다.

근데 이제 긴장하면 좀 배가 아프고 그런 거는 수능 때부터
나 그 전부터 있었던 것 같아요. 어릴 때부터. 사실 그것과
용종의 발생이 뭐 그런 동일한 원인 때문은 아니라고 하는
데. 어쨌든 저로서는 그렇게 인식을 좀 했던 것 같고요. 혈
변이랑 설사가 계속 심해져서 몇 번 갔다가 그렇게 알게 됐
어요. 그리고 그 과정에서 이제 혈액 검사도 하니까, 내시경
할 때, 그때 고지혈증 얘기도 의사 선생님이 해주셨고.

그는 최근의 생활방식 안에서 평소보다 증상이 더 심해지
는 변화를 겪으며 비로소 병원에서 검사를 받게 되었고, 그동
안 자신에게 나타났던 다양한 증상들의 이유를 정확한 질환명
을 통해 이해하게 되었다.

석원 씨는 자신의 몸 상태에 대한 진단명으로 시원함을
느꼈지만, 의사의 처방은 실생활에서 실천하기 쉽지 않겠다고
생각했다. 그래서 석원 씨는 "정해진 시간에 끼니를 먹어라",
"운동을 해라", "맥주는 절대로 마시지 말아라" 등을 조언하는
의사에게 "그럼 답이 없는 거네요?"라고 되물었다. 석원 씨가
생각하기에 몸의 증상들은 다 "연결되고 맞물려 있는 것"이다.
생각해보면 그가 흡연을 하게 된 것도 대학원에 진학할 즈음
부터였기 때문에 자신의 생활 전반과 병의 관계를 통합적으로
이해받고 싶다. 그러나 병원에서는 흡연과 고지혈증의 관계에

대해서만 이야기해줄 뿐이었다.

이게 시원하다면 시원한데요. "당신의 상태는 이렇다" 알려주니까. 근데 좀 시원하지 않았던 거는, 그게 사람이 다 안다고 지키고 그대로 행동하는 게 아니잖아요. 그런 면에서 좀……. 예를 들면, 고지혈증 얘기했을 때도 "흡연하냐"고 물어보길래 "한다"고 하니까, "그게 흡연을 하면 약을 먹어야 되는 수치다", "6개월 뒤에 와서 혈액 검사를 해보자"라고 얘길 하더라고요. 근데 사실 흡연을 하게 된 건 대학원 오면서 그래서 그렇게 오래되진 않았거든요. 약간 이게 좀 더 연결이 돼있고요. 그리고 대학원에 오면 오래 앉아 있으니까 더 허리가 아프고. 그런 것들이 좀 맞물려서 그랬던 것 같고요. 다시 병원 얘기로 돌아가면……. 이게 어떻게 하면 건강해지는지는 너무 잘 알겠는데. 예를 들면, "맥주는 안 먹는 게 배가 안 아픈 데 더 좋을 거다"라고 하는데, 너무 명확한데 좀 지키기 어려운 면에서 시원하지 않았다랄까요.

이렇듯 석원 씨의 몸에 나타난 다양한 증상들은 오랫동안 그에게 "죽고 사는 질병은 아닌" 것으로 여겨졌다. 응급 상황이라면 사람들은 바로 병원에 간다. 하지만 석원 씨처럼 만성 질환을 겪을 때는 조금 다를 수 있다. 사람들은 증상 자체가 일상생활을 위협할 정도가 아니고 스스로 예측 가능한 증상이라면 병원에 가지 않는다. 사회학자 어빙 졸라Irving Zola의 연구에 따르면 사람들은 신체 증상만으로 치료를 선택하기보다 신체활동이 어렵거나 사회활동이 방해받는 등 촉발요인trigger으로 병원에 가게 된다.[1]

아르바이트:
'울며 겨자먹기'로 한 일들

석원 씨는 성인이 되면서부터 전단 돌리기, 백화점 전시회 설치, 학회 간사, 대학 조교, 연구보조 아르바이트, 신문 기사 쓰기 등 다양한 아르바이트를 해왔다. 일을 찾은 경로 역시 다양했다. 직접 찾기도 하고 아는 사람에게 소개를 받기도 했다. 석원 씨는 학업을 병행해야 했기에 단기 노동이기는 하지만 때로는 가능한 시간대에 더 많은 돈을 벌 수 있는 아르바이트를 찾기도 하고, 때로는 자신이 잘할 수 있는 글쓰기나 사무 일을 찾고, 때로는 대학원에서 연구보조나 학회 간사 등 공부에 도움이 되는 일을 찾으려 노력했다. 그러나 그의 기준에 따르면 그러한 일들은 당장의 생활비가 필요해서 "울며 겨자먹기"로 선택한 일들이었다. 석원 씨는 아르바이트와 오래 할 수 있는 일을 구분해서 생각했다. "아르바이트를 임시직, 작은 용돈벌이 수단, 어쩔 수 없이 해야만 하는 것으로 연결했다면, 일은 정규직이나 계약직, 넓은 의미의 생활비를 벌 수 있는 것, 안정적인 것, 자아실현의 의미 등으로 연결"했던 것 같다고 이야기한다.

　석원 씨는 현재 "오래 할 수 있는 일"을 찾고는 있지만 동시에 당장 생활을 해야 하기에 바로 돈을 벌 수 있는 아르바이트를 포기할 수 없는 상황이다. 그러나 아르바이트로 일을 하면 일하는 시간이 불규칙하고 업무의 안정성이 보장되지 않는다. 그 때문에 석원 씨는 아르바이트를 하면서 다양한 건강 문제를 겪고 있다. 논문을 쓰는 중에 그는 논문에 집중하는 시간이 아닌 새벽 시간에 할 수 있고 부족한 생활비를 조금이라도 벌 수 있다는 이유로 백화점 전시회 설치 아르바이트를 선택했다. 새벽 1시부터 4시까지 전시회 공간을 청소하고 무거운 짐을 옮기는 일이었고, 일당 7만 원을 벌었다. 하지만 일을 끝낸 새벽 시간 허기진 배를 달래기 위해 폭식을 하고 새벽 6시에 잠이 드는 일상이 이어졌고 그 결과 허리 디스크와 과민대장증후군 증상이 더 심해졌다.

　최근에는 연구보조와 사무 업무를 하러 간 곳에서도 행사나 이사 등으로 몸을 써야 하는 일들이 잦아지면서 허리가 아파 고생했다. 그리고 석원 씨는 초등학생용 신문 기사 쓰기 아르바이트를 병행하면서 기사당 글자 수만큼의 비용인 4만 원에서 5만 원을 벌었다. 현재는 한 단체에서 연구보조 업무를 하면서 회의록을 작성하거나 글을 편집하고 있고 동시에 대학 조교로 일하며 강의 촬영과 채점을 하고 있다. 이렇게 석원 씨는 학업을 하는 중에 자야 하는 시간, 쉬어야 하는 시간을 줄이며 일을 했고, 동시에 여러 일을 병행하는 방법을 선택했다.

이것들을 사실 당장의 제가 소비하고 싶은 거나, 그런 걸 위해서 하는 거지, 이게 일이라는 생각은 안 하는 것 같아요. 지금 이게 코로나19랑 어떻게 연결되냐 하면, 저는 여러 고민을 하다가 진학을 포기하고 그냥 일을 하려고 하는데 제가 생각하는 일을 구할 수가 없으니까. 근데 일단은 돈은 있어야 되니까. 이런 일들을 약간 울며 겨자 먹기로 했던 것 같아요. 그래서 지금 코로나19의 가속화랑 취업시장이 얼어붙은 거랑 제가 이런 일들을 하게 된 것도 연관이 없지는 않은 것 같아요. 그래서 사실 하고 싶어서 한 일들은 딱히 아니었고, 그냥. 물론 하고 싶어서, 기왕이면 내가 관심 있는 방식의 일이니까, 약간 하고 싶어서 한 건 절반은 맞지만요. 그랬던 것 같아요.

그가 주로 단기로 일했던 최저임금 수준의 시간제 일자리들은 몸을 사용하거나 불규칙한 시간 안에서 일을 해야 했기에 몸이 더 아파질 수밖에 없었다. 계약직, 인턴 등 불안정한 고용지위상에서는 누적된 피로를 회복할 수 있는 휴게 시간이 보장되지 않았다. 최저임금 수준의 단기 노동을 하면서도, '도전'과 '패기'라는 청년에 대한 사회적 기대로 인해 '열정페이'를 강요받는 청년도 많다. 그러나 사회는 청년들이 정규직 일자리 진입 전의 일터에서 경험하는 다양한 갈등과 취약성을 일시적 문제로 바라보는 경향이 있다. 특히 아픈 청년들은 정규직이 아니면 병가를 제도적으로 이용할 가능성이 낮다. 아

파서 쉬거나 일을 미루는 일이 잦아지면 일에 적합하지 않은
사람, 열정이 없는 사람으로 비칠 수 있다는 우려 때문에 참고
일할 수밖에 없다. 마찬가지 이유로 부당한 대우, 고된 노동,
편법을 경험해도 노동자로서 기본적 권리를 주장하기 어렵다.

취업 준비:
나의 미래? 잘 모르겠어요

최근 심각한 허리 통증으로 디스크 진단을 받은 후에도
석원 씨는 치료 후 회복하자마자 한 단체의 연구보조 업무와
조교 일을 하고 있다. 그런데 이 일들은 매일 일정하게 주어진
업무가 있지 않고, 주말에도 업무가 생기거나 한꺼번에 많은
일이 몰리기도 한다. 이렇듯 일이 들쭉날쭉하다 보니 그때그
때 들어오는 일을 "해치우는" 식으로 처리하게 되고, 계획해
서 사용할 수 있는 시간의 총량은 많은 것 같은데도 스스로 시
간을 통제할 수 있기보다는 도리어 여유가 없는 것처럼 느껴
진다.

일 자체는 사실, 정규적인 직장을 갖고 있는 분들에 비해 오
래 하는 건 아니었고. 두 개 합쳐도. 그런데 갑자기 일이 몰
릴 때는 있죠. 발표를 한다고 하면. 중간고사 채점할 때는
빨리 끝내고 싶어서 이틀 안 자고 했던 것 같아요. 그렇게

요구를 해주신 건 아니지만 꼼꼼하게 하다 보니까. 약간 그런 식으로 일이 있는. 나인 투 식스9 to 6 이런 일들이 아니다 보니. 그래서 사실 한 달에 가용할 수 있는 시간의 총량을 계산하면 시간이 되게 많이 남는데. 원래 그 시간에 공인 영어 자격증을 따려고 공부를 계속해온 게 있는데, 그걸 안 하고 그냥 소일거리, 그냥 간단한 게임하고 유튜브 보고 이러면서 시간을 죽이는 것 같아요. 그러면서 '여유가 없다'라고 되뇌는. 사실 누가 보면 "너 시간 많잖아"라고 할 수도 있는데. 되게 심리적으로 제가 좀 그런 상태인 것 같아요.

석원 씨는 다양한 아르바이트를 하면서 자신이 장기적으로 할 수 있는 일자리에 진입하기 위해 자격증 공부, 취업캠프 참가 등 취업 준비를 함께하고 있다. 그러나 아직 구체적인 계획을 세우지는 못했다. 그는 자신의 미래에 대해 "잘 모르겠다는 게 제일 정확한 것 같다"라고 답한다.

석원 씨는 처음 상경했던 경험을 떠올리며 자신의 미래를 낙관하지 않게 된 계기를 이야기한다. 바로 서울이라는 대도시와 대학원 생활에서 받았던 문화적 충격이다.

저는 약간 지방에서 서울로 올라와서 충격받은 것들이 제 앎이나 사고에 영향을 미친 게 되게 많았던 것 같거든요. 그래서 뭐 샌드위치 가게 이런 거 처음 보고, 그리고 뭔가 되게 대학원 와서 육두품 같다고 느낀 것도 있고…… 스스로를 육두품이라고 느끼게 된 제일 큰 계기는 중고로 전자레인지를 사려고 학교 커뮤니티에 가입하려고 했을 때인데요. 대학원생은 가입이 되지 않는다고 하더라고요. 나중에 알고 보니 본교 캠퍼스에서 학부를 다녔던 사람은 대학원생이든 졸업생이든 가입이 되는데, 학부를 다른 곳에서 한 사람, 학부를 지방 캠퍼스에서 한 사람은 가입이 안 되는 것 같더라고요. 꼭 이 일 때문이라고 하기는 어렵겠지만, 그런 일이 있고 나서 현실적인 문제를 고민하게 됐죠. 소위 육두품이 아닌 사람들, 그러니까 학부부터 로열 로드를 걸어온 사람들, 또는 부모가 교수인 사람들, 서울이나 근교에 집이 있어 통학을 할 수 있는 사람들, 영어를 한국어보다 잘하는 사람들 등등을 보다 보니 '내가 계속 학업을 이어나가 이걸로 먹고사는 것이 용이할까?' 이런 생각을 하게 되더라고요.

석원 씨에게 서울과 대학원이라는 환경은 새롭고 낯설었다. 대학 학부 시절에는 인지하지 못했던 사회계층의 차이를 체감했다. 그래서 대학원에 다니면서 자신의 지식이나 사고가 확장하는 것도 느꼈지만, 그와 동시에 심리적 불안도 커졌다. 일반대학원 안에서 대학원생의 출신 학교에 따른 차별도 경험한다. "육두품"이라는 명명은 2017년 한 매체에서도 확인할 수 있는데, "본교 학부 출신은 성골, 타 대학 출신은 육두품"[2]이라고 표현한다는 것이다. 석원 씨는 주거 지역, 자가 형태의 주택 유무, 부모의 직업 등과 같은 사회경제적 요인에 의한 암묵적 서열화를 직접 목격하면서 "육두품"이 무엇인지 체감할 수 있었다고 자세히 설명한다. 그러한 대학의 구조 속에서 석원 씨는 자신의 출신 학부에 따라 자신이 어떻게 평가될지 고민이 생겼고 그것은 미래에 대한 걱정으로 연결되었다. 동시에 오랜 시간 노력한 일에서 만족스럽지 못한 결과를 얻는 일이 계속되면서 석원 씨가 자신의 미래를 낙관적으로 바라보고 준비하는 힘에 부정적인 영향을 미친 것으로 보인다.

자기 탐색의 조건:
하고 싶은 거 생각하기보다 불 끄는 게 급해요

석원 씨는 취업을 준비하면서 인턴 자리에 여러 번 지원했지만 만족스러운 결과로 이어지지 않았다. 그리고 이 시기에 더욱 심해진 허리 통증, 끝나지 않는 공부와 진로에 대한 고민, 코로나19로 집에서만 머무는 일상이 맞물리면서 석원 씨의 고민은 더욱 커졌다.

작년 말에 취직캠프 가기 전에 인턴을 했는데 그게 최종에서 안 됐어요. 뭐였지? 하여간 연구단체였나? 그랬던 것 같은데, 석사 인턴이었는데 안 되고. 취직캠프 갔다가 연구보조하고. 그다음 인턴도 면접에서 안 됐어요. 약간 첫 번째 석사 인턴 면접은 제가 면접관 말에 반박해서 떨어진 것 같고. 약간 동의가 안 돼서 제 딴에는 완곡하게 반론을 제기했는데, 어쨌든. 두 번째는 저한테만 시간을 다르게 줘서 긴장해서 떨어진 것 같은데, 어쨌든 그렇게 되고 뭐가 계속 안 되고. 어디 행사하는 데서 홍보팀에서 일하기로 했는데 갑자기 안 되고. 그러니까 제 딴에는 뭐를 하려고 했는데 안 되니까. 뭐가 계속 안 됐거든요. 그 후로도 계속 짬짬이 크고 작은 거 넣기는 했는데. (중략) 내가 무엇을 하고 싶은지 알아가고 싶고, 찾고 싶다는 마음을 가지고 있다기보다는, 이미 직업의 순위가 결정되어 있고 발등에 불이 떨어졌는데 내가 하고 싶은 게 무엇일지를 생각하기보다는 불을 끄는 게 급한 느낌이랄까요?

특히 청년으로서 일을 찾아가는 과정에 대해 석원 씨는 직업의 서열이 결정되어 있는 것 같은 사회에서, 자신이 무엇을 좋아하고 무엇을 하고 싶은지 생각할 기회를 갖는 것, 그런 자유를 누리는 것은 너무 낭만적인 생각 같다고 토로한다.

석원 씨는 진학과 취업 중 무엇을 선택할지에 대해 끝나지 않는 고민, 취업을 준비하는 과정에서 취득해야 하는 자격증 시험이나 인턴 지원에서 원하는 결과가 나오지 않는 것에 대한 실망 등으로 정리되지 않는 감정과 마음이 계속되고 있다고 이야기한다. 그러한 상황에서 벗어나기 위해 급하게 한 회사에 취업을 해봤다. 하지만 그곳에서 "이상하고 부당한 일"

을 경험한 후 원래 목표였던 박사 진학을 다시 상기하게 되어
퇴사하고 바로 학교로 돌아와 석사과정을 이어갔다.

그러나 계속해서 본인이 하고 싶은 일에 대한 마음과 상
충하는 다양한 상황을 경험하면서 결론이 나지 않는 고민이
이어졌다.

제가 박사를 포기하니까 계속 우울했거든요. 공부를 하고
싶은데 뭔가 이것저것 생각해보니까 어려울 것 같아서. 그
러니까 좀 몸이 아프더라고요. 스트레스를 받으니까. 그러
다 보니 '취직을 해야지' 한 것도 있고. 아, 그리고 한 학기
휴학하고 그다음 학기에 스타트업을 두 달 다닌 적이 있어
요. 이걸 말씀을 못 드렸는데. 근데 이때 느낀 게 '아, 이런
데 갈 바에는 진짜 공부한다, 박사한다'. (중략) 그런 때 생
각이 나면서, '진짜 이상한 데 갈 바에는 하고 싶은 진학을
하지 차라리' 그런 계획이 있는데 이런 고민만 계속되고 하
니까 스트레스를 받고. 사실 지금은 잘 모르겠어요. 뭐 딱히
하고 싶은 게 없어요. 하고 싶은 거는 할 수가 없고. 하고 싶
은 거가 딱히 있지는 않은데.

석원 씨는 현재 자신에게 일어나는 모든 상황이 연결되어
있다고 생각하면서 변화해보려 하지만 의지대로 되지 않고,
자신이 왜 일을 하려고 하는지, 자신이 무엇을 원하는지 명확
하게 정리하는 게 쉽지 않다.

석원 씨는 최근의 코로나19로 인한 팬데믹 상황까지 겪은 자신의 시간과 경험을 두고 "시간을 쓰레기통에 버린 것 같다"라고 평가한다. 그리고 안 좋은 일이 생기거나 인간관계에서 문제가 생겼을 때 회복이 잘 안 되는 자신의 상태를 "고장 난" 것으로 설명한다.

원래 비관적이긴 하고. 근데 뭐랄까, 탄력성이 낮아진 느낌. 그러니까 조금만 안 좋은 일이 생겨도 되게 그게 회복이 잘 안 되고. 그게 인간관계든 연애든 다 문제가 있었던 적이 있었는데. 그런 것도 그렇고. 기타 다른 일에서도, 한 6년 전이었으면 뭐 조금 힘들다가 금방 회복될 수 있는데. 이게 탄력성이 낮아졌다 해야 되나? 그렇게 되니까 조금 더…… 고장 난 용수철 같은 기분이 들어서.

회복탄력성이란 어려움이나 실패를 경험한 뒤 그것에서 벗어나 도약할 수 있는 힘을 의미하는데, 기존 연구들은 회복탄력성을 개인의 고유 특성으로 이해해왔다. 하지만 최근 회복탄력성은 사회에 의해 지원되거나 파괴될 수 있는 것, 즉 환경의 영향을 받아 변화할 수 있는 인간의 능동적 혹은 반응적 결과물이라고 정의되기도 한다. 그래서 살아온 배경이나 취업과 관련된 경험이 각자 다른 청년들을 개인화한 유연한 이해를 토대로, 취업서비스와 같은 공적 제도를 마련할 때 그들의 탄력성 회복까지 고려해야 할 필요성이 강조되고 있다.[3] 이렇듯 회복탄력성의 확장된 정의를 따르면, 석원 씨의 회복탄력성에 영향을 미친 사회적 요인과 배경은 무엇인지, 나아가 탄력성의 회복을 위해서는 어떤 접근이 필요할지 질문하게 된다.

이에 사회학자 피에르 부르디외Pierre Bourdieu의 자본 개념을 빌려 청년들이 미래를 전망할 수 있는 능력을 개인적 차원이 아닌 사회적 맥락의 영향을 받는 자원으로 설명하는 "꿈-자본"이라는 개념이 제안되기도 했다. 상상을 통해 미래를 구성하는 힘인 상상력, 미래를 긍정적으로 생각하는 힘인 낙관성, 꿈이 달성되리라는 감정적 능력인 희망, 좌절이나 난관을 극복할 수 있는 능력인 회복탄력성 등으로 구성되는 꿈-자본을 한국 청년에게 적용했을 때 이들의 꿈 실현에 대한 인식은 현실의 다양한 경험에 의해 영향을 받는다고 한다.[4] 이에 비추어 보면 석원 씨의 박탈 경험이 그의 미래 준비 인식과 과정에 영향을 미쳤으리라 짐작할 수 있다.

석원 씨가 대학원에 다니면서 느꼈던 계층적 구조는 미래에 대한 청년의 좌절과 박탈감에 영향을 미치는 요인으로 이야기되는 수저계급론으로도 해석할 수 있다. 많은 연구가 부모의 경제적 지위와 거기에서 파생하는 다양한 요인, 예를 들면 교육의 기회, 주거지 등이 청년의 사회계층을 결정짓는 바탕이라는 점을 실증적으로 규명한다. 계층적 구조에 대한 인식은 실제로 청년에게 미래에 대한 낙관, 준비 행동 등에 부정적인 영향을 미친다고 한다.[5]

건강한 삶의 조건 :
집, 시간, 돈, 일의 문제들

코로나19 팬데믹 동안, 집은 코로나19 바이러스라는 전염병이자 재난의 대피소shelter가 되었다. 2020년 2월 29일 처음으로 도입된 사회적 거리두기는 전염병으로부터 나와 공동체의 건강과 안녕을 지키기 위해 동거 가구원이 아닌 타인과 2미터 정도의 공간을 유지할 시민의 책임으로 정의된다. 석원 씨와 인터뷰를 했던 2020년 가을, 병원 진료나 출퇴근, 생필품 구매 등 꼭 필요한 외출을 제외하고, 집에서 머무르라는 권고로 석원 씨 역시 집에 머무는 시간이 늘어났다. 코로나19와 대학원 석사과정을 마친 후 어디에도 소속되어 있지 않은 상황이 동시에 작용하면서 되도록 집에 머물러야 하는 생활은 정신적·신체적으로 석원 씨를 힘들게 했다.

코로나19……. 제가 졸업을 하고 나니까, 어디 적籍이 없으니까, 좀……. 직장이면 직장을 가고, 학생이면 학교에 가는데 적이 없으니까. 많이 안 나갔을 때는 한 10일 정도도 안 나가고 그랬던 것 같아요. 제가 지금 집이 한 네 평 정도 되거든요. 근데 여기 계속 쉬고 있으니까 좀 정신적으로 좋지는 않았던 것 같아요. (중략) 코로나 때문에 허리가 더 아프고 그런 게 뭐 변인이랄까, 관계가 있다고 하긴 좀 그런 것 같은데. 그래도 관계가 없지는 않은 게, 연구실이나 이런 곳은 책상이 좀더 넓은데, 지금 집에 있는 책상이 되게 좁아요. 그래서 제 키나 이런 거에 비해 이렇게 모니터가 낮다 보니까. 지금 제가 연구실에서 책을 다 가져오니까 지금 책이 천장에 닿았거든요. 그래야 제가 이동할 공간이 생기니까. 이런 곳에서 집에서 하는 재택 알바다, 뭐다, 하려고 하니까 허리가 더 아파진 데 영향을 미쳤다는 생각은 들어요.

네 평 남짓한 좁은 공간에 책이 가득 차 이동할 공간을 겨우 마련할 수 있었고 키에 맞지 않는 책상과 모니터로 아르바이트나 공부를 해야 하는 상황은 석원 씨의 허리를 더 아프게 할 뿐만 아니라 정신건강에도 좋지 않은 영향을 미친다. 영국, 일본 등 다른 나라에 비하면 너무 좁은 면적이지만 주택법에서 규정한 한국의 1인당 최소 주거 면적 기준인 14제곱미터보다도 작은 크기에, 햇빛을 볼 수 없고, 일, 휴식, 취침, 요리 공간 등이 구분되지 않은 주거 공간은 그에게 일 생활부터 건강관리, 일·생활 균형까지 다양한 일상의 실천을 어렵게 만드는 조건이다. 특히 석원 씨는 몸의 변화를 경험하며 "어떻게 하면 건강해지는지를 너무 잘 알면서도" 증상에 영향을 미치는 요인들이 그의 생활이 이루어지는 주거환경과 연결되기에 건강관리를 위한 실천 과정에서 갈등을 느낄 때가 많다고 이야기한다.

이러한 석원 씨를 지켜보던 한 친구는 "나인 투 식스를 잡아라. 그래야 삶이 건강해진다"라는 조언을 해주었다.

그 친구가 "지금 너 취직도 안 되고 있고 박사는 못 가고. 이러다 더 피폐해지고 몸은 망가지니까, 내가 하는 것처럼 계약직이든 알바든 나인 투 식스를 잡아라. 그래야 삶이 건강해진다" 얘기를 했는데. 그 친구가 먹으면 토하고, 위가 안 좋아가지고. 거기도 거의 병원인데, 그 친구의 그 말이 좀 공감이 됐어요. 내가 만족할 수 있는 회사, 정규적 근무시간을 갖고 있는 곳에 취직을 하면 많은 게 해결될 것이라는 막연한 희망 같은 걸 가지곤 했어요. 예를 들면, 사실 필라테스나 요가 같은 것도, 허리 건강도 있고, 미용적인 것도 있고 해서 헬스도 그렇고 되게 해보고 싶은데 지금 돈으로는 그런 걸 할 수가 없는데. (중략) 집은 좁아서 홈트레이닝 같은 것도 할 수 있는 환경은 아니고 하니까. 어떻게 하면 될지는 알겠는데. 이 많은 것들이 루틴한 직장을 갖고, 저녁이 조금이라도 있고. 그래서 번 돈으로 그런 건강관리에 신경을 쓸 수 있는…….

친구의 말대로 석원 씨는 자신의 성향을 고려했을 때 자신이 만족할 수 있고 정규적인 근무시간으로 일하는 곳에 취직하게 되면 건강관리부터 기타 일상생활까지 걸쳐 있는 다양한 고민이 해결될 수 있을 것 같다는 생각이 든다. "나인 투 식스"라는 노동조건은 소득과 생활의 안정성을 의미할 뿐 아니라 아픈 몸을 돌봐야 하는 청년들에게는 건강을 관리하고 쉴 수 있는 자기관리 시간의 확보라는 의미도 포함한다.

그와 동시에 석원 씨는 단기 노동이더라도 지속적으로 일을 하면서 버는 소득으로 자신이 원하는 것을 살 수 있을 때의 만족감이 크기 때문에 소비 행위가 자신의 생활에서 중요한 부분이라는 것을 알고 있다. 하지만 석원 씨는 얼마 전 옷과 소품 등을 쇼핑하면서 느꼈던 만족감을 떠올리며 이를 지속하기 위해서는 돈벌이를 해야 하는데 그렇게 하지 못하고 있는 자신이 "노력하지 않고 그냥 탕진하는 느낌으로 사는 것 같다"라며 자괴감을 토로한다.

그냥 약간 복권 당첨을 기다리고 있는 삶 같으니까. 이게 대단하게 삶을 위해 노력하지 않고 그냥 탕진하는 느낌으로 사는 것 같아요. 최근에 특히 연구보조하면서 돈이 오랜만에 생겼는데 제가 살이 찌기도 했고 3년 정도 옷을 안 샀었는데 이것저것 옷을 되게 많이 샀던 기억이 나요. 그런 식으로 소비적인 그런, 당장은 좋을 순 있지만. 나중에도 좋을 순 있지만. 근데 웃기는 게 그게 적지가 않아요, 거기서 오는 효용이. (중략) 그런 것이 주는 그런 거를 너무 간과해서는 안 될 것 같다는 생각을 했어요. 근데 이게 또다시 '어, 그러면 이런 사고 싶은 걸 사기 위해서는 이렇게 해야 하는데 나는 안 하고 있고' 이런 악순환의 생각으로 빠지고 있죠.

석원 씨는 할 수만 있다면 최대한 자기가 좋아하고 잘할 수 있는 일을 직업으로 갖는 "덕업일치"를 이루고 싶지만 그것은 불가능한 꿈에 가깝고 현실적으로 살 수밖에 없다고 이야기한다. 그래서 건강, 규칙적인 시간, 소비 등 안정적인 삶의 조건을 충족시킬 수 있는 정규직으로 일하고 싶다고 생각하지만 석원 씨에게 정규직이라는 것 역시 획득하기 어려운 일로 인식된다.

소위 "덕업일치" 이런 말들이 있잖아요. 좋아하는 일이랑 일이 일치한다고. 근데 그건 너무 소수인 것 같아요. (중략) 대부분의 경우는 돈이 필요해서 일을 한다라는 결론을 느꼈어요. 그래서 하기 싫어도 하는 거고. 왜냐하면 죽을 순 없으니까. 그러다 보니까 아주 싫은 일만 아니라면 그냥 결국은, 사실 이것도 저의 막연한 상상이기는 하지만, 친구들의 얘기들을 통해 워라밸은 임금이 해결해줄 수 있다는 결론에 이르렀어요. 그래서 자기가 정말 좋아하는 것을 하든가 그게 아니라면 안정적인 임금을 받을 수 있는 곳에 취업을 해서 저녁 이후에 그 임금으로 내가 뭔가 할 수 있겠다는 생각을 좀 하는 것 같아요.

석원 씨를 포함한 한국 사회의 청년 실업자 수는 2022년 기준 29만 5,000명에 달한다. 2020년 기준 청년층의 고용 상태는 정규직 비중뿐 아니라 임금근로자 비중도 감소해 청년층의 취약한 고용 상황이 더욱 악화하고 있음을 보여준다.[6] 이에 정부는 기업의 일자리 창출에서부터 중소기업 지원 확대, 청년 대상 직업 교육 강화 등과 같은 다양한 방안을 논의하고 있다.[7] 하지만 석원 씨가 앞서 이야기한 주거환경, 시간, 돈, 워라밸을 가능하게 하는 안정적인 급여가 보장되는 일, 그리고 나를 생각해볼 수 있는 여유 등과 같은 삶의 조건들은 이러한 정책에서 통합적으로 고려되지 않는다.

만성질환의 수용:
질병은 함께 가는 것

석원 씨가 일을 하면서 예고 없이 겪게 되는 허리 통증은 일터의 상사나 동료의 성향에 따라 배려받기도 한다. 석원 씨는 자신이 아프다는 것을 주변 사람들에게 이야기하는 편이라고 한다. 사적인 관계로 인해 일하게 된 경우 지인들은 겉으로 보이는 석원 씨의 모습을 "장군", "수영 선수" 같다고 표현하기도 하지만, 그의 아픔을 이해하고 "아프면 잠깐 가서 쉬어라"라는 식의 배려를 해준다. 그 밖의 일들은 단기 아르바이트가 많았기 때문에 일터에서 질병으로 인한 갈등을 경험해본 적이 많지 않다. 그런데 작년 취업캠프에 참여하면서 자신의 병이 일터에서 어떻게 비칠지 고민하게 되었다.

그 기업의 인사 담당자나 상무들이 와서 이렇게 인성, 직무, PT 면접 이렇게 세 개를 다 봤었는데. 저는 그런 면접을 거의 본 적이 없어서. 그거 할 때 "약점이 뭐냐"라는 질문을 그 모의 면접에서 받았었는데. 그때 저도 모르게 '뭐라고 해야 되지?' 하다가 "허리가 아프다"고 말을 했어요. 근데 나중에 피드백을 할 때, "되게 다 잘했는데 그런 대답을 하면 안 좋다. 사무직이 허리 아프다고 하면 이 사람이 아무리 능력 좋다고 해도 안 뽑는다"라는 얘기를 해주셨어요. 그래서 "아파도 들어가서 아프면, 실제로 그런 분들도 있고 한데, 들어오기 전에 그런 것보다는 낫다면서. 좀더 다른 전략을 생각해보라"는 얘기를 들었는데. 제가 인사 담당자 입장이 되어봐도 공감이 가는 말이어서. 직접적인 일과 건강의 갈등은 아니었지만, 좀 생각하게 되는 그런 거랄까요? 그런 식의 갈등, 고민 같은 걸 느껴봤던 기억이 나요.

취업을 위한 모의 면접에서 석원 씨는 자신의 약점이 무엇이냐는 질문에 고민 끝에 "허리가 아프다"라는 답을 했다. 석원 씨의 답을 들은 인사 담당자는 "사무직이 허리 아프다고 하면 아무리 능력 좋다고 해도 안 뽑는다"라며 "다른 전략을 생각해볼 필요가 있다"라고 했다. 자신의 병이 구직의 약점이 되며, 직장을 다닐 때 동료, 상사와 갈등 요인이 될 수 있다는 생각이 꼬리를 이었다.

한편, 석원 씨는 아픈 이인 바로 자신이 질병을 완전히 이해하고 전문가만큼의 지식을 얻을 수 있다고 보지 않지만, 자신의 질병 경험을 토대로 사람과 사회에 대한 인식의 폭이 넓어졌다고 느낀다. 그의 사고, 관점의 확장은 "병을 피할 수 있으면 피하는 게 제일 좋기는 하지만 겪어야 한다면 거기서 남는 게 없지는 않다"라는 표현에서도 드러난다. 구체적으로 석원 씨는 아프기 전에는 상상할 수 없었던 것을 생각하거나 아픈 사람에 대한 생각이 변했다고 이야기한다. 그리고 그는 "순수한 의학적 병명 코드[질병분류기호]로서만"의 질병은 없고 질병은 문화를 통해서만 경유되는 것이라는 자신의 생각을 표현하기도 했다.

이게 단순히 질병 하나가 '누가 병명 받았다' 이런 걸 떠나서, 질병이 단순히 의학적 병명 코드로서 존재하는 것이 아니라 질병이라는 의학적인 기호가 문화를 통해서 이해가 된다는 생각을 좀 했던 것 같아요. 그니까 의학적인 지식만으로 존재하는 질병이 없고 사회제도나 그런 걸 경유해서 우리들한테 이해되고 수용이 되는 것 아닌가. 예를 들면, 소위 에이즈라는 질병은 사람들한테 사회적 편견이나 낙인과 같이 인식되는 그러한 것들이 있으니까.

질병은 자신과 늘 함께 가는 것이라는 사유와 함께 석원 씨는 가능한 범위 안에서 스스로 몸을 관리하는 방법을 나름대로 터득하고 실천하기 위해 노력하고 있다. 개인적 일상뿐 아니라 일에 영향을 미칠 수 있기에 며칠간 밤을 새우면서 수면 시간의 패턴을 바꾸기 위해 분투하기도 하고, 갑작스럽게 허리 통증이 시작되면 보조 의자를 챙겨 다니기도 한다. 그러나 통증이나 복부 불편감은 예측하지 못한 순간에 찾아오기 때문에 그 시간 동안 수행해야 할 일상이나 사회적 활동을 미룰 수밖에 없다. 그렇게 "사후적으로 뭔가" 할 수밖에 없기에 그의 병은 자주 어려운 상황을 만든다.

사실 제가 지금 잠을 안 잔 상태인데. 지금 생활패턴이 이상해서. 어제 한 아침 9시부터 깨있거든요. 이러다가 또 오후 4시에 잘 것 같고 밤 11시에 깨고. 이러다가 한 이틀 안 자서 밤에 자서 고치고. (중략) 허리는 이게 언제 아프고 언제 안 아플지 몰라서 아프게 되면은 보조 의자 같은 거 들고 다니고 그러기는 해요, 외출하거나 할 때⋯⋯. 그리고 과민대장증후군도 자신을 할 수가 없어요. 어떨 때는 술을 이만큼 먹었는데 괜찮을 때도 있고, 어떨 때는 화장실을 열 번 갈 수도 있는 거기 때문에 사후적으로 뭔가 하게 되는, 뭐 그런 경향이 큰 것 같아요.

석원 씨는 병은 극복하는 것이 아니라 함께 가는 것이라고 생각한다. 즉, 그가 경험한 질병은 일, 청년기라는 생애주기, 대학원생이라는 신분, 서울의 문화, 모든 일상이 이루어지는 작은 주거 공간 등 개인이 속한 다양한 환경과 생활방식 등의 영향을 받으며 발생하고 그것들과 연결되는 것이기에 문화를 통해 경험되고 이해되는 것이다.

가족의 지지:
잔소리 또는 애틋한 조언

석원 씨에게 가족과 친구는 여러 측면에서 자신을 지지해 주는 존재들이다. 2017년부터 서울에서 혼자 살기 시작하면 서 가족과의 만남은 1년에 많으면 네 번일 정도로 줄었지만 전화 통화는 하루에 한 번씩 하는 편이다.

집에는 1년에 한두 번 내려가는 것 같아요. 명절 때 주로. 많으면 세 번, 네 번. 명절에 두 번, 여름에 한 번, 겨울에 한 번, 최대 네 번. 네, 그렇게 가고. 전화를 요즘 못 하긴 했는데 많이 할 때는 하루에 한 번씩 했었는데 그게 지원이라면 지원인 것 같아요. 그리고 경제적인 지원도 조금 받고 있기는 해요. 용돈도 조금 받고는 있고, 그렇죠. 근데 모르겠어요. '그냥 전화를 자주하고 가끔 봐서 제가 뭔가 더 애틋한 그런 게 더 있을 수 있지 않을까?' 그런 느낌들. 가족들은 질병과 관련한 지원은 그냥 조언을 해주시는 게 다라. "짜게 먹지 마라" 약간 그런 것들. 사실 잔소리같이 느껴지는 것들. (웃음.) "자세를 똑바로 해라" 뭐 그런 느낌이 컸지만, 보험을 일찍 들어주신 게 큰 지원이라면 오히려 지원이라고 할 수 있겠네요.

가족에게 듣는 "짜게 먹지 마라", "자세를 똑바로 해라" 등의 말을 잔소리처럼 느끼지만 그 안에서 석원 씨는 애틋함과 지지를 느낀다. 석원 씨가 가족으로부터 느끼는 감정처럼 돌봄은 단순히 아픈 몸을 부축해 이동을 조력하고, 밥을 차려주고, 아픈 부위에 약을 발라주는 행위에 그치지 않는다. 아픈 몸을 살피고 걱정해주고, 아픈 몸으로 수행해야 하는 하루하루의 일상과 그 노고를 지지하는 말과 눈빛을 건네는 등 정서적이고 감정적인 부분까지 포함하는 것이다. 이러한 행위는 아픈 이들을 살아갈 수 있게 하는 중요한 자원이다. 경제적 지원도 조금 받고 있고, 특히 어머니 덕에 어렸을 때 실손보험[8]에 가입해놓은 것이 서울에 올라온 후 다니기 시작한 병원 비용을 해결하는 데 큰 도움이 되었던 것을 떠올리면서 그것도 가족 안에서 받은 지원이라고 생각한다.

이처럼 가족을 포함하는 친밀한 관계로부터의 지지는 비용과 물질 등의 도구적 지원, 동감과 이해, 보살핌과 같은 정서적 지지뿐 아니라 석원 씨에게 필요한 일의 정보나 그가 자신의 상태를 객관적으로 바라볼 수 있도록 하는 평가까지 다양하게 구성되며, 개인적 고통과 어려움을 줄이고 해결해나가는 데 도움을 준다.

사회정책:
청년도 너무 다양하죠

석원 씨는 학습에서부터 일, 질병 등이 맞물리면서 구성된 지금까지의 일상을 돌아보고, 그와 동시에 청년 관련 주제의 연구를 보조하면서 만났던 다양한 청년들의 이야기를 떠올리며 청년들에게 어떤 사회적 도움이 필요할지 자신의 생각을 정리해본다. 그는 얼마 전 코로나19로 인해, 고용보험에 가입되지 않은 채 프리랜서로 일하는 자신의 상황에 맞춰 프리랜서 재난긴급생활지원금을 받은 경험을 말하며, 경제적 비용 지원이 체감도가 가장 높았던 정책이었다고 한다. 그리고 그 경험은 자신이 보조했던 청년 연구에 참여한 청년들이 했던 "돈 주는 게 최고인 거 같다"라는 말을 이해할 수 있는 계기가 되었다.

제가 사실 프리랜서 지원금을 받았는데, 그게 사실은 그 정책 수혜자 입장에서는 돈이 제일 효과가 좋다고 느껴질 수밖에 없고. 이거를 간접적으로 알게 된 건 작년에 청년 연구할 때였어요. [연구대상이었던 청년들을 만나보면] 어떤 금전적 정책에만 관심이 제일 높아요. (중략) "그냥 이상한 거 안 하고 돈 주는 게 최고인 거 같다" 이런 얘기를 했었는데……. 그때는 약간 이해를 못 했는데 막상 받아보니까 체감도가 제일 큰 거 같기는 해요. (중략) 개인적으로는 소득

분위에 따른 지원금 제도가 더 많이 생겼으면 좋겠다는 생각은 있어요. 전全 청년층 대상 지원금보다는 차등지급으로 되는 지원금의 형태가 더 늘어나면 더 좋겠다는 생각은 드는 것 같아요. 사실 소득분위 사항으로는 저는 [취업을 준비하는 청년에게 6개월간 50만 원씩 지급해주는] 구직 활동 지원금이나 그런 게 되지는 않았던 것 같거든요. 아버지가 올해 퇴직을 하시는데 그런 것도 작용이 되는 것 같고. 그렇지만 생각해봐도 소위 기본소득의 형태보다는 그런 식의 지원이 더 효율적이라 느끼는 게, 이게 청년도 계층적으로 다르다는 생각을 너무 많이 해가지고…….

석원 씨는 청년에 대한 사유와 본인의 경험을 토대로 소득분위에 따른 지원금 제도가 더 많이 생기면 좋을 것 같다고 본다. 부모의 소득, 경제적 상황, 지역에 따라 청년기의 경험이 극명하게 다르다고 느끼기 때문이다. 청년 내부의 차이가 존재하고, 연구보조 아르바이트 때문에 인터뷰를 하면서 만나게 된 청년들을 통해 실제로 그 다양성을 경험했기에 석원 씨는 청년들의 다양성을 이해해야 하며 그러한 지원금이 더 필요한 사람에게 지급될 필요가 있다고 주장한다.

그리고 찾아보면 청년을 위한 정책이 많지만, 대부분 단발성 정책이라고 여겼다. 실제 청년의 경험이나 필요가 정책에 온전히 담기지 않는다고 느꼈다. 이런 문제를 석원 씨는 "수박 껍질을 핥아 먹고 과즙의 맛을 알 수 없다"라고 비유하며 정책의 단발성이라는 문제가 해결되어야 한다고 피력한다. 동시에 그는 정신건강을 위한 상담의 필요성도 이야기한다.

청년 정책이 당연히 없지는 않더라고요. 이것저것 있었어요. '그런데 단발성 정책이 많아서, 그게 해결되어야 하는 문제인가' 그런 생각을……. 되게 뭔가 수박 껍질을 핥아 먹고 이게 무슨 맛인지는 맞힐 수는 없잖아요, 안에 과즙의 맛을. 근데 물론 정책이 되게 중요하지만 그런 생각이 기본적으로는 있는 것 같아요. 근데 어떤 게 좋을진……. 근데 제 입장에서도 모르겠고 일반적인 입장에서도 잘 모르겠는데. (중략) 하나 더 말하면 정신건강 상담일 텐데 이거는 대상자가 거부감이 좀 많은 거 같아요. 전 사실 그런 건 없는데, 자기가 정신적으로 건강하지 못한 것을 인정하지 못하는 경우가 많다고 해야 하나?

석원 씨는 자신이 만난 청년들 다수가 정신건강 상담에 거부감이 있는 것을 목격하면서, 청년들 스스로 정신적으로 건강하지 않음을 인정하는 것이 필요하다고 생각하게 되었다. 실제로 2021년에 발표된 한 연구에 따르면 한국의 만 18세에서 34세까지인 청년 10명 중 1명은 다른 사람으로부터 고립되어 있고 세상에 홀로 있는 듯한 외로움을 느끼며, 20명 중 1명은 외출을 거의 하지 않는 것으로 나타났다. 동시에 청년의 사회적 고립에는 취업의 어려움과 장기간의 취업 준비라는 요인이 영향을 미치고 청년들은 그로 인해 우울, 자살 생각, 관계적·정책적 자원의 부족 등을 경험한다.[9] 이러한 실태와 석원 씨의 경험, 청년의 회복탄력성이 사회적 맥락에서 논의되어야 한다는 앞의 서술을 상기하면, 청년의 취업 문제를 단순히 일자리 제공으로만 접근할 게 아니라는 것을 알 수 있다. 즉, 그들의 일상적인 삶의 경험과 환경까지 포함하는 포괄적인 삶의 문제로 접근해야 한다.

석원 씨에게 질병은 "죽고 사는 병이 아니면" 스스로 적절히 관리해야 하는 것인 동시에 자신의 사회적 삶에 영향을 주는 것이다. 석원 씨는 자신의 질병과 그것을 관리하는 과정을 통해 자신의 생활방식, 가치관, 미래 전망 등의 변화를 경험했다. 주거 공간, 돈, 일, 시간, 기회 등이 석원 씨가 이야기하는 건강한 삶의 조건들이지만, 그에게는 아직 불안정한 조건이자 그의 병인이기도 하다.

내가 무엇을 좋아하고 어떤 꿈을 가질지 탐색하고, 생애 전망을 설계하고, 그에 맞춰 미래를 준비하며 청년으로서 과업을 수행하려 하지만, 생활비를 벌기 위해 계속 단기 아르바이트를 해야 한다. 즉, 청년들은 자기 정체성을 상실한 채 사회가 요구하는 표준적 경로 안으로의 진입을 위해 노력하지만 당장 "불 끄기에 급급한" 채 지내는 것이다. 노동자로서 법적 보장을 받을 수 있는 괜찮은 일자리의 부족과 '니트', '플랫폼노동', 'n잡' 등으로 대변되는 청년 노동은 '저임금 회전문'이라 명명되는데, 이는 '저임금-실업-저임금'의 과정이 반복되는 회전문에 갇힌 것 같은 이들의 현실을 드러낸다. 또한 불안정한 고용과 저임금 일자리와 같은 사회구조는 청년들이 표준적 생애경로로 진입하는 것을 지연시키거나 방해하고 있으며, 동시에 그 과정에서 청년들은 자신의 미래를 꿈꿀 능력과 기회까지 박탈당하고 있다.

여기에서 질문을 던져보게 된다. 이렇게 불안정하고 어려운 환경에서 골골한 청년들의 건강, 질환 관리를 위한 기회는 얼마나 고려되고 있을까? 안타깝게도 석원 씨를 비롯한 골골한 청년들은 아픈 정체성을 외면당한 채 사회가 요구하는 표준적 경로 안에 진입하기 위해 분투하고, 그 과정에서 악화하는 건강 문제나 삶의 곤경을 자신의 책임으로 짊어진 채 살아가고 있다.

석원 씨의 질병서사는 생존 이상의, '살만한 삶'에 대한 바람과 갈망을 드러낸다. 골골한 몸으로 어떻게 살아갈 것인지, 생애 전망과 계획에 대한 고민이 깊었던 시기에 인터뷰를 했기에 자신의 바람과 현실 사이의 갈등을 많이 이야기했다. 석원 씨와 같은 골골한 청년들의 건강 문제는 그 청년들이 살고 있는 생활환경의 조건들뿐 아니라 그 안에서 살아가는 청년들이 선택한 삶에서의 경험들과 복잡하게 연결되어 있다. 그러하기에 이러한 신체적 삶을 구성하는 복잡한 관계성에 대한 사유는 생존 이상의 '살만한 삶'을 위한 우리 사회의 정치적·사회적 조건이 무엇인지 논의하는 시작점이 될 수 있다. 철학자 주디스 버틀러Judith Butler가 "신체의 의존성, 불안정성의 조건들, 수행성의 가능성들을 긍정하는 상호의존성"[10]을 정치와 윤리 문제 속에서 사유해야 한다고 강조하는 이유가 바로 여기에 있다.

　석원 씨 역시 의식주의 해결을 넘어 사람들과 교류하고 협력하며 정신적·지적 존재로서 자유롭고 능동적인 활동을 통해 삶의 의미를 추구하고자 하지만, "내가 하고 싶은 일을 꿈꾸는 것은 낭만적"이라는 석원 씨의 말에서 현재 우리 사회는 청년들에게 생존 이상의 살만한 삶을 위한 조건을 제공하고 있는지 질문하게 된다. 사회는 이러한 구조적 불안정성을 극복하기 위해 최근 일자리 중심에서 주거, 건강, 여가 등 다양한 삶의 영역을 포함하는 청년 정책을 실시하고 있지만 골골하고 아픈 청년들을 위한 정책으로도 역할을 하고 있는지 진지한 검토가 이루어져야 할 것이다.

누구나 돌봄이 필요해:
청년과 돌봄

집안이 부유하지 않은데. 예전처럼 아빠가 직장 다니면 모르겠는데, 지금은 엄마 아빠가 쉬시는데 집안 재산을 갉아먹는 버러지 같은 느낌도 들고. 뭔가 불효녀 느낌이 많이 드는 거 같아요. 정말 많이 미안해요. 치료 안 했으면 자동차 한 대 더 사실 수 있는데. 딸내미가 맨날 MRI 찍고 CT 찍고 물리치료받. 안 하고 있으면 아프다고 전화한 적이 꽤 있거든요. 엄마 아빠는 안 해주고 싶지 않은데, 해주고 싶은데, 슬슬 노후자금에서 나가니까 쉽지는 않죠.

—연두 씨 인터뷰 중에서

돌봄은 "우리의 세계를 유지하고 지속하고 바로잡는 모

든 활동들"[1]이며, 이는 생명을 유지시키려는 그물망에 연결된 모든 것, 우리 몸과 자아, 그리고 환경을 포함한다.[2] 정의에서 보듯, 돌봄은 자기를 돌보는 행위self-care와 타인에 대한 돌봄 other care으로 구분할 수 있다. 하지만 한국 사회에서 제공하는 돌봄 정책에서 돌봄은 협소하게 정의된다. 사회정책에서 돌봄 은 자율적이고 독립적 성인 신화에 기초해 '정상 생활이 힘든 상태incapacity'와 관련되어 논의되기 때문이다.[3] 그래서 여전히 돌봄 정책의 대상은 영유아, 어린이, 노인, 노숙인, 장애인 등 으로 국한된다. 게다가 청년이 "돌도 씹어 먹는 나이"로 취급 되는 사회에서는 더군다나 청년이 돌봄을 필요로 하는 대상이 라고 여기기가 쉽지 않다. 결국 골골한 청년이 겪는 자기 돌봄 의 어려움은 자기관리 능력의 부족, 즉 개인의 몫으로 취급된 다. 청년은 당연히 건강해야 한다는 사회적 인식은 이들의 만 성질환을 부정하거나 가벼운 병으로 여기게 만든다. 그리고 이러한 현실 속에서 골골한 청년들은 개인적으로 자신에게 필 요한 돌봄을 해결할 수밖에 없다. 이들이 접근할 수 있고 가용 할 수 있는 사회적 자원이 없기 때문이다.

골골한 청년들이 돌봄을 경험하는 방식은 다양하지만, 이 들이 청년이기에 토로하는 어려움은 하나로 수렴된다. 바로 청년의 몸을 생애 중 가장 활력 있는 건강한 몸으로 여기면서 청년은 돌봄이 필요하지 않을 것이라고 인식하는 사회적 편 견, 그리고 돌봄받는 이care-receiver를 의존적인 존재로 바라보 는 시선이다.

골골한 청년들은 한 명의 사회구성원으로서 경제적으로 독립하고 스스로 판단하고 결정하고 책임을 져야 하는 시기에 아픈 채 가족에게 의존할 수밖에 없는 어려움을 토로한다. 아픈 청년들은 특히 사회적 낙인과 성인됨을 제대로 수행하지 못한다는 내적 갈등을 경험한다. 자율성과 독립이 중요한 성인됨의 과제로 제시되기 때문이다. 특히 졸업, 군복무, 취업, 결혼, 출산, 양육, 직업 성취 등은 이 시기의 개인들에게 성인됨의 문화적 지표로 여겨지며, 이들에게는 직장과 가정에서 책임감 있는 성인이 되어 안정된 인생 구조를 형성해야 한다는 발달과업이 부여된다. 하지만 아픈 청년들은 학교에서 직장으로의 이행school to work transition이라는 청년기 이행이 쉽지 않은 사회적 조건 속에서, 질병으로 인해 아픈 나를 돌볼 시간과 경제적 자원과 에너지까지 필요하다.

와병하지 않더라도, 골골한 청년들은 사회생활을 하면서 자신을 돌보는 시간과 자원이 부족하다는 것을 공통된 어려움으로 이야기한다. 아픈 나를 살피고 돌보고자 하지만 그럴 시간이 충분하지 않다는 것이다. 원가족의 경제적, 시간적 지원의 부족으로 인해 제대로 진로를 탐색하지 못한 채 경제적 어려움 때문에 불안정한 일자리에서 일하기 시작한 이들은 일할수록 체력 소모가 심해져 더 아파졌다. 일을 줄이면 소득도 줄어들기에, 나를 돌볼 시간은 늘어나더라도 재정적 자원은 줄어든다. 원가족의 경제적, 시간적 지원을 어느 정도 받는 이들 역시 대외활동과 인턴 등으로 체력과 시간의 부족을 호소한다.

나래 씨와 같은 1인 가구 청년들은 돌봄에 더욱 취약했다. 고향을 떠나 서울에 살며 생활비, 주거비, 치료비, 그리고 학비 모두를 부모에게 의지할 수 없었다. 시급이 높은 편의점 야간 아르바이트를 하면서 유통기한이 지난 삼각김밥 등을 먹으며 생활비를 아꼈다. 그리고 오랜 야간 노동과 불건강한 식생활로 몸이 더 아파졌다. 이들의 자기 돌봄 경험은 충분한 자원과 시간, 나를 돌보고자 하는 마음, 그리고 지속적 돌봄이 가능한 사회문화적 환경의 필요를 드러낸다. 만성질환 관리, 그리고 돌봄을 둘러싼 이들의 곤경은 주어진 환경이나 사회문화적 구조의 문제가 아닌 개인의 노력과 의지를 문제의 원인으로 보려는 뿌리 깊은 문화적 관습에 기인한다. 건강과 질병을 치료 혹은 자기관리의 문제로만 여기기보다, 바로 환경이 문제의 원인이자 해결책일 수 있다는 인식의 전환이 필요하다.

　　거동할 수 없을 정도로 아팠거나 수술 후 회복해야 했던 이들은 가족의 돌봄으로 회복할 수 있었다. 다른 사회적 자원을 이용할 수 없기 때문이다. 조이 씨는 수술 후 자취집에서 부모의 집으로 돌아가 전업주부인 어머니의 보살핌으로 회복할 수 있었다. 한편, 부모의 돌봄을 받은 이들은 부모의 고된 노동과 경제적 지원을 고맙게 생각하지만 이로 인해 부모와 갈등하기도 한다. 영스톤 씨뿐 아니라 여정 씨의 질병서사에서도 어머니에 대한 감사함과 서운함이 혼재되어 있다. 여정 씨는 아픈 자신을 돌보았던 어머니의 노고와 어머니가 눈물로 보낸 시간을 기억한다. 증상이 나타났다 사라질 때마다 아픈 자신을 걱정하는 어머니는 본인이 자식을 잘못 돌봐서 지금도 아픈 게 아닌지 자책하고, 때로는 과중한 돌봄 부담으로 힘들어했다. 끝나지 않고 반복되는 질병의 만성성을 짜증스러워하기도 했다. 또한 와병하는 성인 자녀가 안타까우면서도 한편으로 자녀가 사회구성원으로 제대로 살아갈 수 있을까 걱정스러워했다. 특히 여정 씨가 20대 초반에 골골한 몸으로 어떻게 살아갈지 고민하며 "목표 없이 방황하던" 시기, 그녀가 청년기 나이대의 사회적 과업인 취업도, 대학 진학도 하지 않는 모습에 어머니는 답답해했다. 이러한 갈등 때문에 여정 씨는 부모의 집에서 독립해 홀로 살게 되었다. 이는 어머니를 위한 선택이자 동시에 자신을 위한 선택이다.

여정 씨뿐 아니라 우리가 만난 골골한 청년들은 가족과 관련된 경험을 말할 때, 일터와 사회에서의 경험과는 달리 힘든 속사정을 쏟아내기 힘들어했다. 골골한 청년들은 가족의 짜증스러운 행동과 날선 말이 부당하다고 느껴도 그것을 말할 수 없었다. 골골한 자신을 바라보는 가족들의 시선과 말로 인해 불편한 마음도 들지만 그들 처지를 헤아리려 했다. 모두 이해할 수는 없지만 부모 역시 나름 최선을 다했으리라, 부모에게도 재정적·인지적·사회적·관계적·감정적 고투가 있으리라 이해하려 노력했다. 골골한 나를 돌보며 함께 힘든 시간을 보냈다는 생각에 고맙고 미안한 순간을 다시 떠올리거나, 내가 아파서 생긴 일이니 내가 나으면 되는 문제라며 자신을 다잡곤 했다.

돌봄받는 이를 의존적이라고 여기는 인식은 질병으로 인해 가족의 보살핌을 받아야 하는 청년들에게 자책과 자기 비하를 강요한다. 고등학생 때부터 허리 디스크로 아픈 연두 씨는 스물여섯 살인 지금까지 부모의 경제적 지원으로 치료받는 자신이 부모의 노후자금을 "갉아먹는" "불효녀"이자 "버러지"라고 표현하며 힘들어했다.

학술단체인 더 케어 콜렉티브The Care Collective에 따르면 아픈 청년이 아니더라도 돌봄받는 이들을 향한 부정적 시선은 신자유주의 체제 속에서 강화되었다. 1980년대부터 대처리즘과 레이거노믹스라는 강력한 경제개혁은 시장의 자율적 경제활동을 우선시하는 반反복지주의를 낳았다. '요람에서 무덤까지'라는 공공복지 정책은 '밑 빠진 독에 물 붓기'라고 공격받기 시작했다. 실업급여는 축소되었고, 가난은 개인과 가족이 책임져야 하는 문제로 여겨졌다. 이 과정에서 돌봄이 필요한 사람, 돌봄받는 사람을 나약하고 의존적인 수혜자로 여기는 사회적 낙인이 더욱 강화되었다.[4]

페미니스트 윤리학자들은 자유주의 사상에서 제시된 독립성과 자율성이라는 이상은 인간 존재가 지닌 타인에 대한 불가피한 의존성을 무시한다고 비판한다. 장애학 연구자 킴 닐슨Kim E. Nielsen의 "우리 모두는 타인에게 의존해 살아간다"[5]라는 표현처럼 인간은 홀로 살아갈 수 없다. 인간은 누구나 아플 수 있고 아프면 누군가의 돌봄이 필요하다. 아플 때뿐 아니라 살아가며 어느 시기에는 누군가의 돌봄 혹은 제도적 돌봄에 의존해야 하며, 또 어느 시기에는 홀로 독립적으로 지내며, 어느 시기에는 다른 사람을 보살펴야 할 수도 있다. 하지만 돌봄 제공자와 수혜자라는 이분법적 사고는 돌봄받는 이를 무기력하고 의존적 존재로 여기게 만들 뿐 아니라, 유병장수라는 현실 속에서 육체적 존재로서의 인간이 지닌 취약성에 관한 경험을 침묵하게 만든다.

우리가 만난 청년들은 짧게는 몇 주, 길게는 몇 년 동안 가족이나 친구의 돌봄으로 살아가거나 오롯이 홀로 그 시간을 보내기도 했다. 특정한 사람들에게만 돌봄이 필요하다고 생각하는 인식은 골골한 청년의 존재 자체를 지우고 보이지 않게 만든다. 돌봄이 필요하다는 사실을 실패와 부담으로 여기지 않으면, 돌봄받는 이들은 자신의 경험을 조금 더 자유롭게 이야기할 수 있을 것이다. 이 과정에서 돌봄이 분배되는 기존의 방식에서 아프고 골골한 이들이 불평등과 배제를 어떻게 경험하는지, 어떤 돌봄이 필요한지, 좋은 돌봄은 무엇인지 등의 사회적 논의가 가능해질 것이다. 인간의 상호의존성을 수용하는 사회가 된다면, 골골한 청년들 역시 성인됨과 독립이라는 사회적 기대로 인해 자책과 불안에 시달리기보다 회복에 힘쓰며 자율성과 잠재력을 실현할 수 있으리라.

조이씨
이야기

조이 씨는 프리랜서로 영어를 가르치며 다섯 살 딸을 키우는 서른여섯 살 워킹맘이다. 골골한 워킹맘으로 살아가고 있기에 일·가족, 일·생활 양립이 분리된 영역이 아님을, 건강과 비건강이 맞물려 있음을 이야기하고자 인터뷰에 참여했다. 크게 문제는 없었지만 병이 많았다며, 망막박리 수술부터, 식도염, 비염, 이관기능장애, 자가면역성 뇌염, 허리 디스크 등 완치되어 종결된 질병과 여전히 관리해야 하는 만성질환 등 자신의 질병 경험을 이야기해주었다. 조이 씨는 일에 열정적이고 헌신적이길 기대하는 동료들과 상사에게, "예스맨과 거리가 먼 사람"으로 여겨진다. 체력이 좋다고 자신할 수 없는 몸이기에 "무리하지 않고 일하기"라는 나름의 자구책과 체득된 삶의 방식으로 살아가기 때문이다. 늘 어딘가 아프고, 언제든 아플 수 있다는 인식은 스트레스의 원인이지만 역으로 삶의 원동력이기도 하다. 인터뷰 내내 막힘없이 자신의 경험과 생각을 적확한 언어로 이야기했지만, 자신이 즐겁게 사는 게 뭔지 잘 모르는 사람이라며 기쁨과 환희를 뜻하는 '조이joy'라는 가명을 선택했다.

망막박리 수술:
아픈 게 아니라 일상이 멈춘 거예요

조이 씨는 현재는 큰병이 없지만 전에는 큰병을 앓은 적도 있고 잔병이 많았다며 처음 크게 아팠던 대학생 때 이야기부터 시작했다. 어느 봄날, 주말부터 눈이 평소와 다른 것 같았다. 그리고 월요일 아침이 되어 눈이 불편하고 많이 피곤해서 병원에 가야겠다고 생각했다. "빨리 병원 갔다 학교 도서관 가서 공부해야지" 하고 생각했기 때문에 수업 교재도 챙겨서, 별일 아닐 거라 여기며 동네 안과에 갔다.

의사가 진단을 하더니 대뜸 "직업이 어떻게 되냐"고 물으시는 거예요. "대학생인데요" 하니 "혹시 익스트림 스포츠 즐기시거나, 권투하신 적 없냐"고 묻는 거예요. 없으니까 전 "전혀 그런 거 없고 공부하는 학생이다. 책상에 앉아서"라고 했고요. "정확한 원인을 알 수 없지만, 빨리 큰 병원에 가서 수술하지 않으면 시력을 잃을 수 있습니다" 한 거죠.

의사의 진료의뢰서를 들고 3차 의료기관에 갔다. 대학병원 의사는 여러 검사를 한 후, 망막 안쪽의 감각신경층과 바깥쪽의 색소상피증이 분리되는 망막박리가 진행되어 오른쪽 눈이 거의 반 정도가 안 보이는 상황이라며 빨리 수술하길 권했고, 그렇게 바로 입원하고 수술을 받았다. 조이 씨는 수술 전 기억에 남는 일화로 의사와 보호자인 어머니의 대화를 이야기했다. 어머니가 의사에게 "저희 딸이 공부하는 사람이니 수술 잘 해주세요"라 말하자, 담당 의사가 "눈 한쪽 안 보인다고 공부 못 하는 건 아니죠"라며 냉랭히 말했다. 그녀는 환자와 보호자에게 비아냥거리는 의료진의 태도에 굉장한 충격을 받았다.

하루아침에 눈이 아프고 잘 보이지 않아 동네 병원에 갔다 바로 병원에 누워 수술을 받게 되었고, 수술 전까지 거의 정신이 없었다. 하지만 조이 씨가 수술 전 의료진에게 들었던 말은 수술의 필요성과 원리, 그리고 1주일이라는 입원 기간뿐이었다.

근데 병원에서 수술 전에 회복에 대한 이야기를 하나도 안 해준 거죠. 수술 후에 간호사가 오셔서 "계속 누워있어야 해요" 하는 거예요. 그래서 "얼마나요?" 했더니 "한 달 이상이요". (웃음.) 그래서 휴학한 건 너무 다행인데, 저는 첫 번째 크게 아팠던 경험인 거죠. 뭐랄까, 아프다는 건……. 근데 사실 이건 저한테 아픈 건 아니었거든요. 고통이 없었기 때문에. 아픈 게 아니라 그냥 일상이 멈추는 경험인 거죠. 모든 게 완전히 멈추는 경험이죠. 그냥 하루아침에 눈이 잘 안 보여서 동네 병원에 갔다가 바로 병상에 누워버린 상황이 된 거예요.

그녀는 의료진이 수술 전에 수술 후의 회복과 몸 관리에 대해 환자에게 알려주지 않았다는 점에 어처구니없어했다. 수술 후 회복 기간이 한 달 이상 필요하니 당연히 휴학을 해야 했다. 그런데 언제 휴학을 신청하느냐에 따라 대학 학사 규정에 따른 등록금 반환액이 달라지는 상황이라 큰 경제적 손실을 입을 수도 있었다. 다행히 그녀는 어떻게 될지 모른다는 괜한 직감과 불안감이 들어, 수술 전 휴학을 신청했다. 하루 이틀 차이지만, 수술 후 휴학을 신청했다면 등록금을 돌려받지 못했을 것이다. 조이 씨는 자신의 직감으로 한 학기 등록금을 날리지 않았다는 점, 수술을 했지만 신체적 고통은 크지 않았다는 점, 수술 후 지금까지 재발하지 않았다는 점을 들어, 처음 크게 아팠던 경험에서 "다행"이라는 의미를 이야기했다.

심리상담:
누구나 아플 수 있구나

수술 후 한 달 동안 식사 시간과 화장실 가는 시간을 제외하고는 무조건 누워 지내야 했다. 1~2주는 눈가리개를 하고 지내야 해서 돌봐줄 사람이 필요했다. 그렇게 자취방에서 부모의 집으로 돌아갔다. 머리가 흔들리면 중력의 힘으로 망막이 붙는 데 방해가 되니 샤워도, 머리 감기도 수술 후 한 달이 지나야 가능했다. 두 눈을 다 가린 채 밥도 엄마가 먹여줘야 먹을 수 있었다. 망막분리라는 병은 모든 일상을 완전히 멈춘 것에서 나아가 죽음을 직면하게 했다.

일상생활에서 죽음을 거의 인식을 안 하고 살잖아요, 멘탈이 건강한 사람들은. 근데 병은 계속 계속 죽음을 갑자기 맞닥뜨리게 하는 상황이라는 걸, 그때 되게 많이 느꼈던 거 같아요. (중략) 눈을 가리고 있는 상황이기 때문에 계속 죽음에 대해 상기할 수밖에 없는 상황이었고. 되게 두려운 상황이었어요. 눈이어서 더 그런 거 같아요. 단지 시력을 잃는 게 아니라 망막이 붙어있어야 하는데 떨어지기 때문에 아예 눈이 쪼그라들 수도 있거든요. 그렇게 되면 안 보이는 게 문제가 아니라 남들에게 보이는 장애가 생길 수도 있는 거죠, 외형적으로.

눈을 가리고 지내던 시간은 조이 씨에게 죽음을 계속 생각하게 했다. 누구도 피해갈 수 없는 죽음이지만, 살아가며 한 번도 깊이 있게 이야기해본 적도, 생각해본 적도 없었다. 이는 개인적 성향이라기보다는 죽음에 대한 현대인의 이해 방식을 드러낸다. 철학자 미셸 푸코Michel Foucault의 《임상의학의 탄생》에서 보듯, 근대의학은 한 개인의 죽음이 심장마비라는 신체 기관의 영구적 정지인지, 질병으로 인한 장기의 기능 부전에 따른 사망인지, 즉 사인死因에 대한 과학적 근거를 제공한다.[1] 죽음은 팔자소관과 신의 뜻이라는 종교적 형이상학적 문제에서 이성으로 설명할 수 있는 문제가 되었다.

그리고 사회학자 지그문트 바우만Zygmunt Bauman은 죽음에 대한 생존 전략이 과거 종교에서 자기 돌봄self-care 전략으로 대체되었다고 주장한다. 자기 돌봄 전략은 죽음보다는 건강과 몸으로 시선을 돌려 몸의 한계를 극복하는 데 초점을 둔다.[2] 죽음의 원인 중 하나인 질병과의 싸움에 집중할수록, 우리는 죽음에 대해 생각하기보다는 평생 건강하고 균형 잡힌 몸을 만드는 데 골몰하게 된다. 더욱이 젊고 건강한 몸을 칭송하는 사회에서 아프고 나이 든 몸, 죽음에 가까워진 몸은 저평가되고 피하고 싶은 대상이다. 조이 씨가 눈을 가린 채 누워있는 시간이 길어지자 두려워졌던 이유다.

회복하는 데 집중했지만, 망막이 잘 붙을지, 혹시 다시 재발하지는 않을지 걱정되었다. 익스트림 스포츠를 즐기지도 않는 내게 왜 이런 병이 생겼는지, 병의 원인과 예후에 대한 고민이 이어졌다. 그리고 계절이 두 번 지난 후 대학의 심리상담소에 상담을 신청했다.

큰 위기가 있을 때 이렇게 되는 메커니즘이 있는 거 같아요. '내가 도대체 뭘 잘못했을까? 내가 어떤 습관이 나빴을까? 유전적으로 뭔가 문제인가? 내가 기형이었을까?' 이런 식의 복기들 있잖아요. 그런 걸 계속하게 되는 것 같아요. 근데 하면 할수록 구렁텅이에 빠지게 되거든요. 저는 아직 왜 아팠는지 원인을 모르는 상태예요. 근데 그게 너무 답답하고 두려운 거예요.

상담사는 재발로 장애가 생길 수 있다는 두려움과 죽음에 대한 공포를 잊기보다, 남들이 봤을 때 괜찮은 사람이 되어야 한다는 강박에서 벗어나길 권했다. 조이 씨는 학창 시절 자신이 어땠는지 돌아봤다. 성적을 잘 받기 위해 노력하고, 친구들과 갈등이 생기지 않도록 노력했다. 열심히 공부하면 다행히 성적이 올랐다. 이러한 노력에 대한 보상은 공부 잘하는 착한 모범생이라는 사회적 인정이었다. 별 탈 없이 살아왔다 생각했는데, 어쩌면 공부 잘하는 착한 모범생이라는 인정을 받기 위해 성적, 생활태도, 교우 관계 등 모든 면에서 완벽한 인간이 되어야 한다고 압박감을 느낀 게 아닐까 싶었다. 아픈 나, 아팠던 나를 완벽한 인간이 아니라고 느끼는 이유가 무엇인지도 고민하기 시작했다. 그러다 보니 질병과 장애를 "완벽하게 흠

집이 난" 것이라고 여기는 비장애 중심주의 이데올로기에 대한 문제의식이 생겼다.

'아, 누구나 아플 수 있구나. 나는 언제든지 아플 수 있구나. 남들 또한 아플 수 있구나' 그런 생각을 진짜 많이 하게 됐고. 아프다는 게 완벽한 인간이 훼손되는 것으로 재현이 되는 것도 문제잖아요. 근데 사실 안 아픈 사람이 없고. 그때 크게 깨달았어요. '완벽한 사람이 되기 위해 내가 나를 괴롭히고 있구나. 그게 아픈 거의 원인이 되지 않았을까. 스트레스라고 한다면 그런 메커니즘으로 내가 스트레스를 만들지 않았을까.' 그런 방식으로 정리가 됐어요. 병에 대해 의학적으로 메커니즘을 밝히지는 못했지만, 심리적으로 많이 좋아졌어요. 그래서 그 후에 크게 아픈 게 '맷집', '내성'이라 표현할 수도 있고, '익숙해졌다'고 표현할 수 있지만, 그나마 스무스하게 넘길 수 있는 거. 그 이후에 힘을 얻었다고 할까, 언어를 얻었다고 할까.

내 몸을 환기하게 만드는
자잘한 만성질환들

망막분리 수술 후 한 달간 계속 누워있어야 하는 바람에 그 후유증으로 식도염과 이관기능장애를 얻었다. 식도염은 그녀의 주요한 만성질환 중 하나고, 늘 몸을 환기하게 하는 증상이다. 아프기 전에는 몸의 장기와 기관의 존재를 모른 채 그것이 마치 공기처럼 당연히 주어지고 기능하는 것으로 여기지만, 아프고 나면 식도가 어디 있는지, 그게 어떤 기능을 하는지 인식하게 된다. 조이 씨는 식도염을 가리켜 자신의 몸을 언제나 환기하게 하는 병이라 명명한다. 이는 매일 변화하는 식도의 통증(고통)과 움직임(속도)을 관찰하게 만드는 주요 증상이며, 자신의 "속을 썩이는 질병", 대학병원까지 가서 길게 약을 먹어도 "완치는 없는" 질병이다.

자잘한 만성질환은, (웃음) 누구에겐 자잘하게 안 느껴지겠지만 저에게는 자잘하게 느껴지는 것은 식도염. 또 약간 동반해서 얻었던 게 오른쪽 귀 이관기능장애예요. 한쪽 귀가 계속 먹먹한 거예요. 너무 불편하고. 또 대학병원에서 검사 받을 때 "이관기능장애다"라고 해서 "원인이 뭔가요?"라고 물으니 "잘 알 수 없습니다. 스트레스입니다" 말씀하시는 거죠. 너무 답답해서 한의원에 찾아갔더니 제가 찬 체질이고 위가 약해지기 쉬운데 그런 사람들이 연결돼서 귀도 약해질 수 있다고 하더라고요. 그래서 소화기를 집중적으로 치료해서 귀도 괜찮아지더라고요. 그렇게 몸이 연결되더라고요.

이관기능장애를 두고 대학병원에서는 스트레스가 원인

이라 지목했지만, 한의원에서는 찬 체질이라 그런 것이니 소화기 치료를 받으면 나아질 것이라고 했다. 이러한 질병 경험은 "몸은 연결되어 있는데 의사들은 분절시켜 본다"라는 생각으로 이어졌다. 우리 사회는 생의학biomedicine과 한의학뿐 아니라 민간의 치유 실천과 같은 다양한 의료 체계가 공존하는 의료다원주의medical pluralism 사회다. 생의학에서 어떤 증상이 만성질환이므로 완치가 어렵다고 하거나 스트레스를 줄이라는 권고를 받을 때, 사람들은 다른 치유 실천을 시도하곤 한다. 이 과정에서 아픈 이들은 생의학, 한의학 등 다양한 보건의료 제도 영역을 다니며 각기 다른 의학적 용어를 접한다. 이관기능장애라는 몸의 고통에 대해 생의학과 한의학에서는 병인도 다르게 설명하고 그에 따른 치료법도 다르게 제안한다. 이처럼 조이 씨가 식도염과 이관기능장애라는 병을 이해하고 설명하는 방식은 질병 치료가 주관적 경험이면서도 그 경험이 사회문화적 구조를 통해 형성된다는 점을 잘 보여준다.

그리고 조이 씨는 식도염 때문에 허리 디스크를 얻었다고 이야기한다. 식도염으로 소화가 잘 안 되었다. 특히 밤에 누워서 자려고 하면 속에서 뭔가 올라오는 것 같아 앉아서 자곤 했다. 병원의 처방은 아니지만 속의 부대낌을 다스리려 이런저런 방법을 다 시도해봤고, 그 방법이 나름 효과가 좋았기 때문이다. 그렇지만 허리 디스크가 생기자, 오래 앉아서 일하고 밤에서 앉아서 자는 습관이 허리를 아프게 만들었다고 생각하게 되었다.

의사 선생님이 "엑스레이상 거의 99퍼센트다" 하셨어요, 진단받지 않았지만. 디스크 환자라는 것을 받아들이는 시간이 조금 있었고요. 제가 그런 거 같아요. 고통이 되게 심각한 그런 병을 되게 계속 겪는 건 아니었고. 대신 나중에 의사의 입을 통해 들었던 바나 저도 지식을 제가 찾아가면서 네이버 검색을 하면서 알게 되는 지식이 이게 되게 큰병이라는 것을 사후에 알게 되는 상황들을 통해서, 사실은 그 증세가 있을 때보다 사후에 어떤 두려움들이나 이런 것들이 좀 많이 생겼던 경험이 있는데. 이걸 반복적으로 하다 보니…… 내 몸이 아픈 것에 대해서, 몸이 문제가 생기는 것에 대해서 단련이 되긴 하더라고요. '아, 나에게 이런 일이 또 찾아왔구나.' 약간 담담하게 받아들여서 저 자신에게 놀랐어요. 지금은 '또 다른 큰병이 올 수 있다'고, '언제나 올 수 있다'고 생각하게 됐고. '이걸 관리를 하면서 평생을 사는 거구나.' 그렇다고 해서 제 개인에게 식도염이랄지 디스크라는 것들이 무게감이 더 적은 것은 아니거든요. 왜냐면 그건 일상적으로 늘, 늘 관리해야 하는 거고 늘 내 몸을 늘 환기해야 하는 거기 때문에. 정말 관리를 하며 살아야겠다는 생각…….

내가 왜 아프게 되었는지 질문하다 보면 의학적으로 병인이 밝혀지지 않아도 내 잘못 때문인 것처럼 생각하게 되었다. 아플만한 행동을 한 것은 아닌지, 내 몸을 잘 관리하지 못한 건 아닌지. 더 아파지지는 않을까 걱정도 되었다. 빨리 낫고 싶다는 바람과 나아야 한다는 생각에 조급해지기도 했다. 하지만 처음 크게 아프고 난 지 십수 년이 지나자, 아픈 것이 내 잘못이 아니고, 누구나 아플 수 있다고 생각하게 되었다. "체력은 국력"이며, "건강 역시 자기관리 문제"라 쉽게 말하는 사회에서, 나를 지키기 위한 변화였다.

자가면역성 뇌염 진단: 약발 잘 받는 환자

2017년 가을, 조이 씨는 1주일 동안 심한 두통에 시달렸다. 진통제를 먹어도 깔끔하게 낫는 느낌이 없었지만, 두통은 현대인의 흔한 질병이기에 이러다 말겠지 생각했다. 그러던 어느 날 밤 남편을 깨웠다. 잠자는 아이가 불안해 보여 "애가 어떻게 되는 거 아냐?"라며 중언부언했다. 잠꼬대도 아니었다. 왜 그렇게 생각하느냐는 남편의 질문에 답하지 못하고 헛소리를 계속했다. 머리가 아프다던 조이 씨가 자다가 일어나 이상한 말과 행동을 하자, 그녀의 남편이 119에 전화해 "부인이 좀 약간 이상한 거 같다"라며 119에 전화를 했다. 조이 씨는 그날 밤 응급실에 가기까지 자신의 행동을 구체적으로 기억하지 못한다. 119 대원이 집에 들어오던 장면만 기억에 남았고, 남편뿐 아니라 119 대원들과 어떤 대화를 했는지, 어떻게 병원에 갔는지에 대한 기억은 하나도 없다. 남편의 목격과 단편적인 기억들로 응급실에 갈 수밖에 없었던 상황을 이야기했다.

증상 중 하나가 발작 중 불안감. 환자가 느끼는 건 불안감. 겉으로 드러나는 거 중 여러 가지가 있는데 누구는 마비가 되기도 하고 누구는 쓰러지기도 하고 누구는 언어에 문제가 생기도 하는데, 저는 언어에 문제가 생겼어요. 이게 주술 관계가 안 맞게 말한 거예요, 새벽에. 그게 빠른 시간에 진행이 돼서 남편이 '어, 이거는 말이 안 되는 상황이다' 해서 119에 전화해 병원에 간 거거든요. 그때 제가 구토도 했어요. 구토와 어지럼증, 헛소리 이런 복합적인 걸 가지고 응급실에서 의사가 저한테 "성함이 어떻게 되세요" 문진하는 거죠. "직업이 뭐세요. 오늘 며칠이세요" 물어보는데, 말이 뒤죽박죽 안 나오는 게 의식되는 거예요.

그렇게 대학병원 응급실에 갔다. 의사는 "뇌수막염과 뇌염이 같이 온 거다"라며 입원을 권했다. 담당의는 혹시 모르니 검사를 권했다. 만 24시간이 지나지도 않았는데 호전이 되자, 약이 잘 받는 느낌이 들었다. 추가 검사를 통해 자가면역성 뇌염 진단을 받자, 그때부터 고용량 스테로이드를 엄청나게 투여하는 치료를 받았고 입원 기간도 1주일에서 2주일로 늘었다.

대학원 졸업 후 프리랜서로 영어를 가르치고 교재를 만드는 일을 하며, 결혼생활과 육아를 병행하고 있는 조이 씨는 입원 첫날 남편과 입원 기간에 일과 돌봄을 어떻게 해야 할지 알아보는 데 시간을 보내야 했다. 가장 먼저 해결해야 할 과제는 누가 아픈 나를 간병할지, 그리고 내가 주로 양육하는 아이를 누구에게 맡길지라는 돌봄 문제였다. 병원에 있는 동안, 남편이 자신을 돌봐야 하기에 친정에 아이를 맡겼다. 두 번째 과제는 입원 기간과 회복하는 동안 병가를 내는 것이었다. 조이 씨는 프리랜서라 병가를 낼 수 없어서, 자신을 대신할 다른 강사를 알아본 후 출강하는 회사에 양해를 구했다.

제 병의 심각성을 몸으로 느낀 것은 망막박리 수술과 자가면역성 뇌염인데. 사실 둘 다 큰 고통으로 느낀 적은 없는 거 같아요. 입원하고 수술할 정도의 병인데 몸이 오래간 너무 아파서 힘든 건 아니었어요. 뇌염도 1주일 동안 머리가 아팠더라도 심각한 발작이 급작히 나타난 건 하룻밤 새벽에 있었던 일이었고. 다 지나고 보니까 불행 중 다행이라 생각하는 거죠. 저한테 고통이 크게 남지 않았고, 크게 아픈 경험도 아니고, 후유증도 크게 남지 않았고.

조이 씨와 같은 병실을 사용하던 같은 병의 환자는 치료에도 불구하고 인지에 문제가 생기고 언어에도 약간 문제가 생겼다. 조이 씨는 가려진 커튼 뒤에서, 의료진이 그 환자의 보호자에게 "오랫동안 후유증을 앓게 될 거"라던 말을 들었다. 그래서 그녀는 자신이 응급실로 가서 바로 입원해 정확한 진단명도 알게 되었고, "약발"도 잘 받는 환자로 후유증 없이 퇴원한다는 점을 불행 중 다행이라 느꼈다.

퇴원 후 회복 기간:
대체할 수 없는 엄마 노릇

퇴원 때 의사는 "일상생활 하셔도 된다. 신경 쓰지 말고 살아라" 말했지만, 일상은 어느 하나도 원활하게 이루어지지 않았다. 일상생활을 하려 해도, 걷는 것조차 힘들었다. 온몸의 근육이 다 빠져나간 느낌이었다. 보름 동안 병실에 누워있어서 그런 거라고, 회복하고 나면 일상으로 돌아갈 수 있으리라 생각했다. 그래서 일상으로 돌아가기 위해, 몸의 회복을 최우선 과제로 여기며 지냈다.

프리랜서로 일하는 상황이어서 대체가 너무나 가능한 거죠. 내가 이 일 안 한다고 하면, 바로 다른 사람을 구하면 되니까요. 회사 입장에서는 되게 다행스러운 상황인 거죠. 근데 대체할 수 없는 게 엄마 노릇이었죠. (웃음.) 제가 아프거나 제가 무슨 일이 있을 때 아이를 돌봐줄 사람이 없다는 게 되게 크더라구요. '아이를 키우는 게 이런 거구나. 나만 할 수 있는 게 있구나.' 내가 아이를 돌보지 않으면 굉장히 큰 공백이 생겨서 이걸 땜빵을 할 수 없고. 어찌저찌 땜빵해도 되게 미안한 상황인 거죠. 민폐죠. 올케는 무슨 죄예요. 갑자기 애를 떠안게 됐으니까.

입원했던 2주 동안 친정에 아이를 맡겼지만, 디스크 환자인 아버지와 깁스한 어머니를 대신해 올케가 아이를 돌봤다. 친정집 근처에 남동생 부부가 살았기 때문이다. 망막박리 수술 때는 엄마의 도움을 받고 한 달 동안 누워만 있을 수 있었지만, 아이를 키우게 된 후에는 그것이 전혀 불가능한 상황이었다. 회복에 지장이 가더라도 밥하며 아이랑 있어야 하지 않을까, 엄마로서 아프면 회복이 더딜 수밖에 없겠구나 생각했다.

퇴원하고 나서 체력이 되게 안 좋은 상황인데 그때 아이가 어린이집 다니는 상태라서 10분, 15분 걸어가야지 되는 거리였거든요. 하원하는데 다리가 후들거리는 거예요. 그런데도 하원을 하고 밥을 먹이고 씻기고 재우고 이런 상황인 거죠. '이거는 어떻게 해서도 대체가 안 되는 노동이구나.' 내가 아이를 낳고 키운다는 거는 그런 거인 거 같아요. '나의 노동이 굉장히 많이 필요한 상황이구나.' 그때 굉장히 많이 깨달았어요. 그러고 나서 계속 그런 인식의 연속이라고 할까요? 아이를 키우는 게, 제 삶에 있어서 개인으로 사는 삶에서 가장 큰 변화는 아이를 낳고 키우는 거예요. 임신, 출산, 이런 게 아니라 '아이를 키우면 개인으로서의 시간이라는 게 거의 불가능하구나'.

퇴원 후의 제1과제는 몸의 회복이었지만, 아이가 어린이집에 가있는 시간 동안만 오롯이 환자로 지낼 수 있었다. 남편이 최대한 늦게 출근하고 일찍 퇴근한다고 하더라도 짧게는 30분에서 길게는 몇 시간은 홀로 네 살 자녀를 돌봐야 했다. 이러한 상황은 조이 씨가 남편과 세웠던 가사와 돌봄의 원칙을 재고하게 만들었다. 가사와 돌봄을 최대한 남편과 둘이 어떻게든 해결하는 게 아이를 키울 때의 목표 중 하나였다. 가사도우미를 쓴다는 게 개인적으로 꺼려졌고, "내가 내 살림을, 내 삶을 꾸려간다는 뿌듯함"이 있었지만, 이를 내려놨다. "더 이상 나는 집에서 일을 못 하겠다. 너무 힘들다"라는 인식과 "그래야 내가 산다"라는 생각이 들었기 때문이다. 1주일에 한 번씩 가사도우미가 왔다. 식기세척기와 건조기, 로봇청소기를 들였다. 가사노동을 외주화, 기계화했다. 체력이 올라오기 전까지 남편이 아이 돌봄을 맡았다. 남편이 주말에도 일하는 서비스직이라, 주말엔 부모와 시부모의 도움을 받았다. "누구의 힘을 빌리지 말고 최대한 우리가 어떻게 해보자"가 남편과 세운 목표였지만, 조부모의 힘을 빌리지 않고 아이를 키우는 게 불가능한 일, 힘든 일이란 점을 알게 되었다.

아이를 돌보며 몸을 회복해 책상에 앉는 힘과 시간을 늘리는 데 두 계절이 흘렀다. 입원 후 회복을 조력했던 당시 돌봄 제공자인 가족과 갈등이 없는지 물었을 때, 조이 씨는 웃으며 이렇게 답했다.

(웃음.) 있죠. 우선 남편이 얼마 전에 자기는 "늘 내 부인은 환자다"라고 생각한대요, 늘. "늘 환자다." 크게 아픈 건 넘어갔지만 일상적으로 건강을 관리하고 오늘도 "소화가 안 된다. 귀가 이상하다"라고 했는데 이걸 매일 아침마다 이야기하거든요. (웃음.) 그러니까 남편도……. 참 미안하기도 하죠. "너는 환자다"라고 생각하고 언제나 자기가 많이 일하려고 노력하거든요. 고맙죠. 근데 그 이야기를 듣는 순간 띵하더라구요. '나는 일상생활은 문제없다고 생각했는데, 나랑 같이 친밀하게 사는 사람이 나를 이렇게 생각하는구나.' 약간 자존심이 상하기도 하고, 바보 같기도 하고, 한편으로 복합적인 감정이었어요.

남편은 가사와 양육, 돌봄에서 분업도 잘되고, 그 일을 자기가 많이 하려고 하는 고마운 사람이다. 돌봄에서의 의사결정, 역할 분배를 함께 상의할 수 있고, 약속한 바를 책임 있게 실천하는 사람이기도 하다. 그런데 내가 사랑하고 함께 사는 사람이, 내 속 이야기를 편하게 할 수 있는 사람이 나를 "환자"라고 생각한다는 데 묘한 감정이 들었다. 불쑥 튀어나오는 남편의 불만과 자신에 대한 평가가 부당하다고 느껴도 입을 다물 수밖에 없었다. 조이 씨가 서운함을 느끼게 되는 것은 돌봄이 신체적 행위이면서도 동시에 관계에 관한 일이기 때문이다. 돌봄 제공자와 돌봄 수혜자는 각자의 처지와 욕구에 따라 어떤 종류의 돌봄이 필요한지, 얼마나 돌봄을 해야 할지, 언제까지 돌봄이 필요한지 등 돌봄이 잘 이루어졌는지에 대해 서로 다른 판단과 감정을 가질 수 있다. 조이 씨 역시 돌봄 수혜자 입장의 고충을 터놓고 말하기 어려웠다. 어쩌면 자신처럼 남편도 말하지 못하고 묻어둔 이야기가 더 많으리라 생각하며 복잡한 감정을 삼켜야 했다.

예스맨과 거리가 먼
사람이에요

자가면역성 뇌염을 앓은 다음 해 봄, 친한 선배와 동기들이 조이 씨가 다시 일할 수 있도록 강의를 섭외해주었다. 집안일뿐 아니라 집 바깥의 일도 가능한 몸인지 체력을 살피며 일의 양을 늘려갔다. 처음에는 1주일에 한 번씩 강의를 나갔고, "약간 체력을 올린다는 느낌으로" 수업을 했다. 사무실 동료들은 오랫동안 그녀와 일했기에 "쟤는 원래 허약하고 아픈 애"라는 것을 알았고, 개인적 배려가 있었다는 점에 대해 그녀는 동료들에게 고마워했다. 물론 프리랜서로 일하기에 병가나 복귀를 위한 지원은 없었지만, 몸이 아프면 일감을 줄여 업무량을 조정할 수 있었다. 일이 줄어 수입이 줄었지만, 어쩔 수 없는 일이라 생각했다. 그리고 줄어든 가계 소득으로 인해 남편이 추가근무를 해야 했고, 조이 씨는 그로 인한 돌봄 공백이 더 생겨 힘들었지만, 누군가에게 그러한 고충을 말할 수 없었다. 남편 역시 최선을 다했기 때문이다.

퇴원 후 의사는 조이 씨에게 일상을 살라고 했지만, 집에서 사회로 나오는 데 6개월, 아프기 전만큼 업무를 할 수 있기까지도 거기서 6개월이 더 걸렸다. 몸을 회복하고 이전의 일상으로 복귀하는 데 1년이 걸린 셈이다.

저는 일을 할 때 제 몸 상태를 적극적으로 알리는 편은 아니었던 거 같아요. 대신 저를 잘 아는 커뮤니티에서 일하고 있거든요. 대학 선후배 관계기도 하고, 10년 넘게 알고 지내던 사이니까. "쟤는 원래 허약하고 아픈 애"가 이미 익스큐스가 좀 되어있는 상태인 거죠. 특별히 더 배려받거나 하지는 않지만. 언제든 분담해서 일하기 때문에. 섭외가 들어왔을 때 무리가 되면 제가 자를 수 있는 상황이어서. 저는 전혀 예스맨이 아니거든요. 저는 예스맨과 거리가 먼 사람이 됐어요. 제 몸의 상황에 따라 커트를 할 수 있어야 하고 어떤 때는 그게 좋은 핑계가 돼요. "선생님, 저는 체력이 약하고 아픈데" 이러면서 변명조로 양해를 구하는 거죠.

무리해서 일하면 몸이 아프기에 몸에 무리가 가지 않는 정도로 일을 맡았다. 10년 넘게 알고 지낸 사람들과 일하기에 직장에서 자신이 "허약하고 아픈 애"라는 점을 알기도 했고, 프리랜서라 일한 만큼 월급을 가져가는 구조이기에 가능한 일이었다. 조이 씨는 일하는 시간뿐 아니라 "언제나 쉬는 시간을 마련하려 노력"했다. 이 과정에서 그녀는 회사나 조직, 상사의 요구에 무조건 "예스"라 말하는 "예스맨과 거리가 먼 사람"이 되었다.

20대 때도 '체력이 좋았지'라고 생각한 적이 한 번도 없었거든요. 늘 피곤하고 늘 힘들고. 그때도 '난 몸이 약하니까' 그런 정체성이 있었기에, 무리해서 뭔가 한다거나 밤을 새워서 뭔가 하지는 않았던 거 같긴 해요. 근데 그게 저한테는 완전 체득된 삶의 방식처럼 자리 잡은 거 같아요. "어떤 특정한 기점이 있었다", "아픔이 계기가 됐다" 이렇게 이야기하기는 조금 어려운 거 같아요. 제가 의식하는 한 저는 체력이 좋았던 적이 없었기 때문에.

아픈 뒤 일하고 살아가는 삶의 변화를 묻자, 조이 씨는 평생 체력에 대해 자신할 수 없는 몸으로 살았기에 몸에 무리를 주지 않는 선이 모든 활동의 기준이 되었다고 이야기한다. 아픈 뒤의 변화라기보다 유년기의 체육 시간부터 지금 일터에까지 적용되는 스스로 체득한 삶의 방식이다. 아픈 뒤의 변화는 여가 활동으로 운동을 하기 시작했다는 점이다. 망막박리 수술 후부터 "살고자 하는 마음"에 운동을 시작했다. 요가, 국선도, PT, 필라테스 등 각기 다른 운동이지만, 집이나 일터에서 가까운 곳에서 자신의 몸에 잘 맞는 운동을 해왔다.

조이 씨는 아픈 뒤의 변화보다 엄마가 된 뒤의 변화, 개인으로 사는 시간의 박탈을 이야기했다. 엄마가 된 후, 그녀는 친구와 만나서 여가 시간을 보내기보다 혼자 있는 시간을 가지곤 한다. 누군가를 만나서 스트레스를 푸는 사람이 아니라서, 일하지 않는 날 아이가 유치원에 가있는 동안 집에서 혼자 있는 시간을 확보하려 한다. 일과 가족, 특히 아이에게서 자유로운 조이라는 한 인간으로 보내는 시간이 유일한 휴식 시간이다. 그녀의 하루는 일하는 시간과 아이를 돌보는 시간으로 주로 채워지기 때문이다.

> 퇴근하면 집에 와서 아이 돌보는 시간. 그러고 나면 저는 텔레비전을 좋아하는 사람인데 텔레비전 볼 시간도 없고. 아이 재우고 한 시간 정도 잠깐 소파에 누워서 인터넷 좀 하다가 씻고 나면 잘 시간인 거예요. 거의 곯아떨어지는 그런 상황이어서. 자기 전에 넷플릭스로 〈프렌즈〉 한 개 반 정도 보는 거. 〈프렌즈〉는 1,000번 넘게 본 거 같아요. 근데 다른 드라마나 영화도 있지만 새로운 자극을 받으면 잠이 깨잖아요. 그래서 새로운 콘텐츠를 못 보는 거예요. 〈프렌즈〉가 한 편에 20분이잖아요. 정확히 30분 정도 보면 잠이 와요.

다음 날 일과에 차질이 없도록 새로운 자극의 영상을 보기보다 20년 전 방영된 미국 드라마 〈프렌즈〉를 본다. 좋아하는 드라마이기도 하고 내용이 가볍고 유쾌할 뿐 아니라 한 편당 20분 정도의 분량이어서 "복습", "재탕"하기 좋기 때문이다. 이렇게라도 하루 30분, 나를 위한 시간을 사수하며 규칙적인 삶을 살려 노력한다.

의사-환자 관계:
똑똑한 환자가 좋은 걸까?

조이 씨는 골골한 몸으로 살다 보니 자연스레 몸에 관한 성찰적 지식을 얻게 되었다. 망막과 식도가 내 몸 어디에 있는지, 어떤 기능을 하는지 등 아프고 나서야 내 몸의 장기가 정확히 어느 위치에 있고 어떤 역할을 하는지 알게 되었다. 몸을 관리하기 위해 영양학, 의학, 체육학 등의 지식을 내 몸에 적용하고 관찰했다. 그렇기에 조이 씨는 골골한 몸을 보살피며 얻은 지식을 "성찰적 지식"이라 명명한다. 특히 코로나19로 집에서 유튜브를 보며 운동을 하게 되자, 몸의 어떤 부위를 정확히 움직여야 하고 얼마만큼 어떻게 움직여야 하는지 등이 궁금해졌다. 잘못된 동작을 교정해주는 트레이너 없이 운동을 해야 하는 상황이니 제대로 된 동작인지, 허리 디스크에 무리가 가는 건 아닌지 걱정되었기 때문이다.

책을 보고 '척추가 이렇게 생겼구나. 이렇게 운동해야 되는 거구나'. 아픈 게 그런 거 같아요. 계속 지식을 축적시키는 과정이 있는 것 같거든요. '척추가 이렇게 생겼구나', '여기가 C커브가 있어야 하는구나', '이 자세를 하면 나에게 나쁘겠구나', '이 운동은 내 허리에 안 좋겠구나'. 그런 지식을 통해서 제가 오히려 성찰적 지식을 발휘할 수 있게 되는 거예요. 아프다는 것 자체가 저한테 그런 능력을 줬어요.

조이 씨는 성찰적 지식의 추구가 자신의 삶에 좋은 영향만을 주지는 않았다고 이야기한다. 예전에는 어떤 병에 걸렸다는 진단명만 들어도 병의 증상과 치료법, 병원 정보, 후유병 예방 등 최대한의 정보를 구했다. 돌아보면 자신이 처음 크게 아팠던 망막박리를 겪었을 때까지는 "똑똑한 환자"였지만, 이제는 다른 이들의 치유 후기는 찾아보지 않는다.

망막박리가 재발이 잦은 병인데 재발될까 무서운 거예요, 인터넷을 보면 볼수록. 이 사람은 3차 수술까지 했는데 잘 안 됐고, 이 사람은 2차 수술했는데 문제가 생겼고, 이 사람은 잘 살다가 7년 만에 문제가 생겼고, 어떤 사람은 한 달 만에 문제가 생기고. 다양하잖아요. 그런 걸 보면 나도 또 재발할 거 같은 두려움이 있는 거예요. 많이 알고 사례를 수집하다 보면 불안해진다는 거죠. 근데 내가 원인을 차단할 수 없으면……. 원인은 지금 모르잖아요, 제 입장에서는. 원인을 차단할 수 없으면 50 대 50이잖아요. 재발되거나 안 되거나. 그러니까 그냥 잊어버리고 살자. 특히나 심리상담하고 나서 잊어버리고 사는 게 상책이라는 생각이 들었고.

재발 여부와 시기, 원인에 대해 사람마다 해석이 다양했다. 자신에게 이 병이 생긴 원인도 정확히 규명되지 않았는데 재발 원인 역시 명확하지 않다면, 완벽히 병의 "원인을 차단할 수" 없으리라 생각했다. 그러니 수술 사실과 재발 가능성을 잊고 지내려 했고, 정보 검색도 중단했다. 병에 대해 환자의 언어가 너무 많아지는 것이 아팠던 그 시절 자신이 불행해진 원인 중 하나라 생각했다. 자기 병에 관한 정보를 제공받는 것 역시 환자의 권리지만, "똑똑해진 환자"는 진료실에서도 어려움을 겪었다.

전문가 언어를 내가 너무 많이 습득하면 의사와 대화도 그런 게 오히려 나쁜 거 같아요. 오히려 역효과가 생기는 거 같아요. 똑똑해진 환자는 저는 좋다고 생각하거든요. 자신의 언어를 많이 알면 좋다고 생각하는데. 그게 의사가 환자가 너무 똑똑하다는 걸 알면 의사가 굉장히 수가 틀리면서 불친절해지는 경우들이 있어요. 지금 십몇 년 지났기에 정확히 기억이 안 나지만 어떤 불친절함을 경험했던 거 같아요, 의사와 대화 상황에서. 그래서 환자가 똑똑해지는 게 중요하고 환자의 권리로 필요하다고 생각하는데, '이게 어떤 커뮤니케이션을 방해하는구나' 생각이 들기도 했어요.

조이 씨는 빨리 회복하고픈 마음에 병에 관한 정보를 수집하고 수집한 정보가 자신에게 적용될 수 있는지 의사에게 묻곤 했다. 하지만 의사는 떠도는 정보를 묻는 조이 씨에게 불쾌함을 드러냈다. 아마 환자가 의사의 권위에 복종하듯 치료의 모든 것을 의사에게 믿고 맡기길 요구하는 가부장적 paternalism 의사-환자 관계에 익숙했기 때문일 것이다. 서울대학교 보건대학원 조병희 교수는 한국 의사-환자 관계 역시 의료 체계 구조에 따라 변화했다고 주장한다. '동네 의원'을 중심으로 의료서비스가 공급되던 1950~60년대의 의사는 지역사회의 극소수 지식인으로 환자에 대한 권위적 지배가 가능했다. 그러다 1980년대 이후 기업화된 대형병원이 늘어났고, 가정의학과, 내과, 비뇨기과, 소아과, 이비인후과, 정형외과, 피부과 등 동네 병원에서도 전문의 진료를 받을 수 있게 되었다. 아플 때 갈 수 있는 병원이 많아지자, 의사-환자 관계는 이제 "과거 가정의와 환자의 전인적 관계와 다른 제한적 접촉"[3]만 하는 관계가 되었다. 이제 환자들은 때로 의료 소비자로서의 권리를 찾고자 하며, 이는 진료실에서 의사-환자 상호작용 갈등으로 작동한다.

이러한 갈등을 피하려 "똑똑한 환자"로 보이지 않으려 노력하지만, 조이 씨는 필요에 의해 의사에게 자신의 의견을 피력해야 했던 경험을 이야기한다. 그녀는 출산을 할 때 자연분만이 망막박리 재발에 영향을 주지 않을까 걱정했다. 상식적으로 분만 때 힘이 들어가고, 압력이 들어가면 망막이 다시 터지지 않을까 하는 생각에, 미친 듯이 인터넷을 뒤졌다.

어떤 블로그에서 나왔는데, 일본에 거주하는 분인데 젊었을 때 한쪽 눈을 망막박리 수술한 사람이었는데. 일본에서 안과 전문의, 마취 전문의 다 들어와서 분만을 봤던 거예요. 그 정도로 심각한 상황인 거죠. 산부인과에서 상담받았을 때 "선생님, 제가 사실 망막박리 수술해서 조금 이런 게 두렵습니다" 이야기했더니 모르는 거예요. 만약 제가 대학병원에 가면 그 내용에 대해 아는 의사가 있겠지만, 제가 다닌 병원엔 없어서. 근데 의사는 자연분만을 권유하는 사람이었거든요. "자연분만하시라"라는 거예요. 근데 장담할 수 없죠. 저는 강력하게 이야기했거든요. "무조건 제왕절개하겠습니다." 사실은 이렇게까지 말했어요. "저 다시 재발해서 수술하면, 선생님이 책임지실 거냐"고 했더니, 그랬더니 "그냥 수술로 하죠" 그런 거죠. 이런 거는 환자가 똑똑해져야 하는 거죠. 자신의 병력을 잘 알고 사실을 알고 메커니즘을 알고 하는 건 중요하지만, 불안감을 가중시키거나 커뮤니케이션을 방해하는 부작용이 있는 거죠.

한 사람이 두 가지 이상의 만성질환을 지닐 수도 있고, 이미 종결된 병이어도 조이 씨처럼 출산의 영향을 받을 수도 있다. 의사는 검사 결과와 임상적 증상을 바탕으로 진단하고 예후를 평가해 치료법을 제시하지만, 환자 개인은 생애 과정 속에서 몸의 변화를 예측하려 한다. 건강 문제의 복합성이 증대해 건강 정보에 대한 요구가 높아지지만 이에 맞는 정보가 제공되지 않는다면, 의사와 환자의 갈등은 지속될 수밖에 없다.

공공보건의료: 나 혼자 건강하고
나 혼자 아픈 게 아니구나

조이 씨는 아픈 사람이 되어보니 "나 혼자 건강하고 나 혼자 아픈 게 아니구나"라는, 즉 나뿐 아니라 다른 사람들도 사회에 많이 의존하고 있다는 걸 알게 되었다고 한다. 아픈 사람은 엄마와 남편과 같은 친밀한 관계로부터의 도움뿐 아니라 국민건강보험 제도, 공공보건의료 제도, 병원 시스템, 민간보험, 의사라는 전문가에게 의존할 수밖에 없다. 퇴원한 다음 해 국민건강보험공단에서 치료비 환급 고지서가 왔다. 치료비를 본인부담금보다 많이 냈으니 100만 원가량을 돌려준다는 안내였다. 개인의 소득에 따라 본인부담금액을 넘는 병원비를 지불한 경우 초과금액을 환급해주는 건강보험 본인부담액상한제 덕분이다. 예기치 못한 병으로 인한 진료비 부담을 줄이고 의료 접근성을 높이기 위해 2004년에 도입한 제도지만, 조이 씨는 자신이 그 대상자가 되고 나서야 이런 제도가 있다는 것을 알게 되었다. 많이 낸 사람에게 직접 우편으로 환급받으라 할 정도로 우리나라 건강보험이 훌륭하다고 생각했다.

하지만 공공의료 시스템에 대한 만족감과 달리, 의료 전문가들은 만족스럽지 않았다.

주치의 선생님이 굉장히 친절하셨어요. 근데 제가 주치의 선생님이 신경외과 의사지만 자가면역 질환을 모른다고 느낀 게 뭐였냐면. 물론 뇌수막염이나 뇌염 환자는 많이 치료했지만, 자가면역성 뇌염 환자를 다뤄본 경험이 많지 않은 거 같았어요. 제 직업을 보고 저한테 학술 논문을 두 개를 프린트해서 주시는 거예요, 자가면역성 뇌염에 대해서. "이걸 읽어보고 이해를 해라, 네가." (웃음.) 저는 그걸 받았는데, 이걸 몰라요, 저는. 의학을, 의학 용어도 모르잖아요. 그래도 열심히 읽으니 대충 이해는 가더라고요. 이 교수는 내가 어느 정도 이해할 거로 생각해서 줬다고 생각하지만, 자기가 나한테 이야기해줘야 하는 게 아닌가? 그래서 되게 이상하고 웃긴 경험이긴 했어요. 약간 걱정이 되기도 했구요. 선생님이 자가면역에 대해 진짜 모르시는구나. 근데 이렇게 모른다고 나에게 고백을 하는 건데.

만날수록 의료진 개개인에 대한 불신이 생겼다. 분명 자신의 병을 정확히 진단하고 치료해준, 그리고 친절한 의사도 있었다. 하지만 문제는 환자가 어떤 의사를 만날지 모른다는 점이다. "운이 좋으면 친절한 의사를 만나고 운이 안 좋으면 불친절한 의사, 나한테 폭언하는 의사를 만날 수" 있다. 친절한 의사를 만나는 것은 의사 개인의 성향에 기댄 것이지 제도적으로 보장되는 문제가 아니다. 운이 좋아 친절한 의사를 만났지만, 내가 다시 아팠을 때 또 친절한 의사를 만날 수 있다는 보장이 없는 것이다.

몰성적 의학: 옛날에는 미친 여자라고
정신병원에 입원한 병이래요

조이 씨는 당시 의사에게 자가면역 뇌염이 어떤 병인지, 만약 1, 2년 전에 발병했으면 정신병으로 진단받았을 것이라는 말을 의사에게 들었다. 자가면역 뇌염은 최근 진단 기술의 발달과 많은 연구를 통해 새롭게 밝혀진 질환이다. 이 병이 어떤 병인지, 국내 자가면역 뇌염 환자 통계 등 진료실에서 의사에게 들은 이야기를 조이 씨는 아직도 생생히 기억한다.

이게 최근에 병으로 포착한 병이에요. 그전에는 그냥 미친 사람, 그래서 정신병으로 취급해서 정신병원에 입원시키는 경우가 많았대요. 어쨌든 20~30대 여성이 많이 겪는 원인을 알 수 없는 정신 질환인데 그게 따지고, 따지고 봤더니 자가면역 질환이더라. 그게 왜 생기냐. 자궁에 문제가 생기거나 아니면 다른 곳에 종양이 있거나. 근데 자궁에 문제가 있는 경우가 되게 높대요. 한국에는 사례가 열몇 개도 안 되고, 그때까지가. 근데 제가 이번에 갔더니 케이스가 엄청나게 많아졌다고, "4,000이나 됐다. 조이 씨가 입원할 때랑 비교가 안 되게 되게 많이 늘어났다"는데.

자가면역 뇌염은 최근 새롭게 밝혀진 질환이다. 흔히 알려진 일본 뇌염과 같은 바이러스성 뇌염과 달리, 세균과 박테리아를 막아야 하는 면역세포가 항체 등을 통해 뇌를 공격해 발생하기에 자가면역 뇌염이라고 한다.[4] 세균과 바이러스와 같은 외부 침입자로부터 내 몸을 지키는 면역세포가 자신의 건강한 몸을 공격할 수 있다는 과학적 사실은 20세기 중반에, 자가면역 질환은 1970년대에 의학계에 수용되었다. 저널리스트 마야 뒤센베리Maya Ducenbery는 의학 지식의 젠더 편향을 대표하는 사례가 바로 자가면역 질환이라고 주장한다.[5] 뒤센베리는 미국의 자가면역 질환 환자 4명 중 3명이 여성이고, 미국 여성 4명 중 1명이 자가면역 질환에 걸렸다는 점에 주목하며, 자가면역 질환의 의학적 발견이 늦어진 요인 중 하나로 여성의 몸과 여성을 괴롭히는 건강 문제를 오래간 연구하지 않았던 남성 중심적 의학을 지목한다.

세계보건기구와 유럽여성건강협회European Institute for Women's Health, EIWH 자문위원인 정책학자 레슬리 도열Lesley Doyal은 생의학 모델이 개인을 사회환경에서 분리해서 바라보기에 여성의 정신적·사회적 환경에 관심을 기울이지 않으며, 생물학적 병인론에 기초해 여성의 건강 문제를 호르몬이나 생식기관의 탓으로 돌려왔다고 지적한다.[6]

의학 지식은 오랫동안 체중 70킬로그램의 백인 남성을 기준으로 삼아왔고, 여성은 단지 몸집이 작은 남성으로 여겨왔다. 이에 제2물결 페미니즘운동과 건강사회운동health social movement은 여성뿐 아니라 다양한 인종을 포함한 의학 연구와 진료가 이루어져야 한다고 오래간 주장해왔으며, 미국 국립보건원National Institutes of Health, NIH은 1993년 성별과 인종 다양성 기준을 인간과 동물을 포함한 임상 연구에 의무화했다. 의학 지식에서 보편적 인간을 백인 비장애인 남성으로 간주한 관행이 문제이며 이것이 개선되어야 한다는 문제의식이 이제야 반영된 것이다.

2019년 가을 조이 씨는 의사에게 완치되었다는 이야기를 들었다. 그날의 대화는 그녀에게 깊은 인상을 남겼다. 자가면역성 질환이라는 질병에 대해 환자가 이해할 수 있도록 설명하지는 못했지만, 그 의사는 좋은 의사라고 생각한다. 조이 씨가 앓았던 병의 역사뿐 아니라 전문가로서 환자의 염려까지 다독였기 때문이다.

의사는 "문제가 없으면 안 오셔도 된다"고, "잘 지내시라. 그냥 몸이 아픈 거 신경 쓰지 말고 일상을 잘 살라"고 이야기해주시더라구요. 이게 뇌염이라고 하는 게 지금 MRI 찍으면 염증이 없는 상황으로 퇴원했거든요. 증상이 없으면 더는 할 게 없는 거예요. "그럼 면역이 약하다는 뜻이냐? 그러면 어떻게 해야 하나?" 했더니 딱히 그런 것도 아니래요. "그냥 잘 사시면 된다"는 거예요. 그 선생님이 저한테 유일하게 처방 내린 게 뭐냐면 "크게 신경 쓰지 말고"라는 말이었어요. 그게 '스트레스받지 말고'란 말이랑 같은 말인 거 같은데. 자가면역 뇌염으로 딱히 병원에 더 가는 건 없는 거죠. 다른 환자에게 "되게 오랫동안 후유증 앓게 될 거다"라고 이야기하는 거를 옆에서 들은 적이 있어서. 그 이후에 외래를 가도 의사 선생님이 "조이 씨는 정말 운이 좋은 편이다. 약이 안 받으면 악화할 수밖에 없는데, 악화해서 결국에는 요양병원에서 삶을 마감하는 사람도 있다" 이런 식으로 저한테 말을 해주시는 거예요.

의사는 "운이 좋은" 환자라며 그녀를 위로했다. 그 근거는 첫째, 최근에 "병으로 포착한 병"이라 이제는 치료를 할 수 있다는 점, 둘째, "약발도 잘 받는" 환자라 차도가 있다는 점이다. 몇 년 전에 발병했다면 주로 젊은 여성에게 발병하는 원인 모를 정신병으로 진단되어, 그냥 미친 여자로 정신병원에 입원하게 되었을 것이다.

코로나19와 재택근무: 경계가 무너지다

조이 씨는 코로나19 팬데믹으로 2020년 초반부터 수업이 거의 들어오지 않아 "정말 씨가 말랐을 정도"라 말한다. 일의 양도 줄었고, 그나마 하는 수업도 비대면 시대여서 동영상 강의 자료를 만들어서 진행하거나 화상으로 진행한다. 예전에는 서울과 경기도 범위 안에서 장소를 이동하며 수강생이 있는 곳에서 강의했기에, 운전도 많이 했다. 하지만 재택근무로 이동 시간도, 기름값도 많이 줄었다. 초반에는 재택근무에 적응하기 힘들겠다 싶었는데 지금은 체력이 좋아졌다고 한다. 대면 강의가 익숙하지만 대면 강의는 수강생의 반응에 기민하게 대응해야 하고, 그에 따른 긴장감 때문에 강의를 한 다음에는 푹 자야만 몸이 회복된다. 반면 비대면 강의는 그런 긴장감이 없어 체력적으로는 좋지만, 한편 또 경계가 무너지는 어려움이 있다고 토로한다.

아이는 밖에서 놀고 있고 남편이 애를 봐주고, 저는 방 안에서 일해야 하는 상황인 거예요. 남편이 밥이 다 됐다고, 나와서 밥 먹으라고 하는 상황이고. 집에서 수업하고 이러니까. 내가 옛날에는 나가서 강의하는 날은 그날은 제가 쓰는 날이잖아요. 일하는 날이니까. 밖에 나가서 일하다 들어오면 씻고 쉬고 하는데. 지금은 만약 오후 1시 수업이면 오전에 애 보내고 뭐하냐? 집을 치우는 거죠. (웃음.) 여기 앉으면 별게 다 보이기 때문에. 치우다 수업해야 하고. 수업 끝나면 밥해야 하고, 바로. 이런 상황이 발생해서 약간 안 좋은 것도 있는 거 같아요. 확실히 체력적으로는 좋은데. 제가 일·가족 양립을 해야 하는 상황에서, 계속 집에 있으면 계속 집안일을 해야 하는 상황이 계속 발생하기 때문에.

조이 씨는 재택근무로 인해 일하는 장소뿐 아니라 업무 방식도 변했다고 한다. 본래는 수업 전날 수업 준비를 하고 수업 당일에는 강의실에서 수업을 하거나 시험을 봤다면, 재택근무와 온라인 수업을 하게 되면서부터는 수업 하루이틀 전에 수업 내용을 녹음하거나 영상으로 찍어서 업로드하고 수업 당일에는 학생들이 잘 수강하는지를 확인하고 수업 후 질문에 답하는 식이다. 일의 루틴이 많이 바뀌었다.

코로나는 일뿐 아니라 다른 변화도 가져왔다. 아프고 골골한 몸을 보살피는 활동 역시 사회적 거리두기 단계에 따라 달라졌다. 하루는 요가 수업을 늦게 들어갔는데, "약간 잘하고 싶은 마음, 몸을 잘 쓰고 싶은 마음"에 준비운동 없이 운동을 하고 나서 허리가 많이 아파졌다. 그 이후 허리 디스크를 치료하러 병원에 다녔지만, 사회적 거리두기 2.5단계 격상 후 병원도, 도수 치료도 가지 않게 되었다. 그러고 나서는 집에서 홈트레이닝을 시작했다.

저는 늘 돈을 내고 어디 센터에 등록해서 운동해야 된다고 생각했었거든요. 집에선 집안일도 있고 애도 있고 하니까, 어디 가서 운동하기 어려운 거죠. 그런데 몸이 너무 아프니까 홈트레이닝을 해봤잖아요. 진짜 되게 신기했던 게, 하루에 15분 정도만 투자해도 몸이 조금 나아질 수 있다는 걸 느끼면서 '참, 몸을 관리한다는 게 별 게 아니구나' 했어요. 그래도 홈트만 하면 너무 답답하잖아요. 저녁에 우리 집이 한강 근처여서 저녁에 운동하러 나갔는데, 사람들이 너무 많은 거예요. 마스크 안 쓴 사람이 너무 많아서 야외에서 운동도 못 하고. 코로나 때문에 아이가 집에 있는 시간이 길어지면서 집안일의 강도가 높아지고, 더 몸이, 체력이 달리는 경험들이 있어요.

조이 씨는 일의 양도 줄어들고 재택근무를 하며 체력이 좋아진다고 느꼈다. 하지만 아이가 유치원에 가지 못하는 날이 늘어나자 가사노동과 돌봄노동이 증가해 체력이 달리는 시간은 점점 늘어났다. 특히 아이 유치원에 코로나19에 감염된 친구가 있어, 아이는 2주간 자가격리를 하게 됐다. 다섯 살 아이 혼자 자가격리하기는 어려우니, 조이 씨가 아이와 함께 자가격리했다. 그 2주는 불안하고, 너무 답답했다. 그뿐만 아니라 아이의 신체적, 정서적 요구를 돌보느라 지쳐갔다.

일과 생활, 건강과 비건강은
맞물려 있어요

조이 씨는 자신의 삶에 큰 영향을 준 질병인 망막박리나 자가면역성 뇌염도 재발할 수 있지만 퇴원 후 어쨌든 종결된 질병이며, 식도염, 비염, 이관기능장애, 허리 디스크는 누구에게나 흔한 현대인의 질병이라고 이야기한다. 그렇기에 일터에서 자신을 배려해달라고 하기는 어렵지만, 프리랜서이기에 몸에 무리가 가지 않을 정도의 일을 맡는다.

스트레스 원인 중 하나는 그거예요. 몸이 내 발목을 잡는다는 거. 몸 때문에 많은 걸 못 한다는 느낌을 언제나 매 순간 느끼고 있는 거 같고요. 그래서 너무 괴롭죠. 근데 딱히 어떻게 하는 방법은 없는 거 같고. 내면에서 정리한 방식은, 그냥 나는 몸이 언제라도 아플 수 있는 사람이라는 것을 받아들인 지 오래된 거고. 15년 정도 된 거고 오래된 거기 때문에. 지금은 갈등을 일으키고 그래서 괴롭고 이러지는 않는 거 같아요. 어느 정도 봉합이 된 상태? 마음속에서.

뇌염으로 입원해 치료를 받은 후에도 영어 강사로 일하고 있지만 조이 씨는 "몸 때문에 많은 걸 못 한다"라는 스트레스를 토로한다. 동료들은 제안을 받으면 개인적 상황과 상관없이 무슨 일이든 거절하지 않기 때문이다. 동료들은 조이 씨에게 다양한 업무를 경험하며 인맥을 쌓는 것이 중요하니 더 헌신적이고 왕성하게 일해야 한다고 이야기한다. 성과가 강조되는 사회에서는 경력을 위해 몸의 한계는 극복해야 하는 것으로 취급된다. 하지만 사람마다 시력, 집중력, 청력, 이동하는 방법이 다를 수 있다. 신체적, 지적 기능 역시 다를 수 있고 개인의 속도 역시 모두 빠를 수 없다. 한 사람이 항상 같은 속도로 일할 수도 없다. 하지만 다양한 몸의 차이는 생산성이 최우선의 가치로 여겨지는 일터에서 비효율적인 것으로 취급된다. 성과를 보여야 한다는, 생산성 있는 사람이 되어야 한다는 압박은 높은 수행 기대performance expectation에서 기인한다. 그렇기에 조이 씨는 프리랜서여도 더 많은 강의, 더 많은 실적이라는 높은 수행 기대에서 조금 벗어나, "무리하지 않고 일하기"라는 나름의 원칙과 동료들의 조력으로 경력을 이어나간다. "무리하지 않고 일하기"는 신체 상태가 더 나빠지지 않도록 기민하게 내 몸을 살피며 일하는 조이 씨 나름의 자구책이자 체득된 삶의 방식이다.

일은 나의 독립성과 개인성을 성취하게 하는 거죠. 돈을 벌 수도 있고, 이것으로 내가 어떤 사람으로서 프로페셔널하게 인정받을 수 있기 때문에 그렇죠. 그런데 뭐 '일·가족 양립', '일·생활 균형' 이런 말을 쓰잖아요. 그거 자체가 일이랑 생활이나, 일이랑 가정이나 이걸 독립시켜서 이야기하는 프레임이잖아요. 근데 일과 생활은 언제나 맞물려 있어요. 언제나 맞물려 있고, 건강과 비건강도 언제나 맞물려 있듯이 그런 거 같아요. 개인성과 독립성이라는 것도 내가 일로서도 성취를 할 수 있다고 생각하지만 다른 생활도 균형 있게 돼야지 그런 것도 성취할 수 있지 않을까.

조이 씨에게 일은 독립성과 개인성을 성취하게 하는 자아 성취의 수단이다. 한국 사회의 장시간 노동과 일 중심적 가치관은 그녀에게 여러 질문을 던진다. 한국 사회에 '일하는 엄마'를 위한 일·가족 양립 정책이 도입된 지 10년이 넘었다. 이때 일과 생활, 일과 가정은 독립된 정책 영역으로 여겨지지만, 그녀에게 일과 생활은 언제나 맞물려 있다. 자신의 모든 시간과 에너지를 일에 투여하는 헌신적 노동자인 "예스맨"이 되어야만 성과를 내는 경쟁력 있는 인재가 되어 계속 일할 수 있다고 말하는 사회에서 조이 씨는 엄마로서, 아내로서 해야 하는 일이 정말 필요한 일인지, 사람이든 기계든 누군가 그 일을 대체할 수 있는지 끊임없이 고민한다. 그래야 일과 가족 중 하나를 선택해야 하는 상황을 피할 수 있기 때문이다. 그렇기에 조이 씨에게 일과 가족, 일과 생활은 맞물려 있다.

나아가 "완벽한 건강"을 강요하는 사회에서, 조이 씨는 건강과 비건강 역시 맞물려 있다고 말한다. 건강은 질병이 없는 상태로 흔히 정의된다. 아프면 집에서 쉬고 건강해지면 다시 일하는 게 낫지 않느냐고 한다. 장시간 노동에도 끄떡없는 체력을 요구하는 사회에서, 골골하고 언제든 아플 수 있는 몸으로 살아가는 사람들은 이러한 조언을 무작정 따를 수 없다. 조이 씨와 같은 골골한 이에게 건강이란 질병의 부재를 의미하지 않는다. 내 몸을 적절히 관리하며 일의 양과 업무 속도를 조절해 "무리하지 않고" 일하는 것, 즉 신체적·사회적·정신적 웰빙을 뜻한다.

건강과 질병의 이분법은 골골한 사람의 존재와 삶의 방식을 부정한다. 그래서 조이 씨는 당장 죽을 병은 아니지만 만성질환으로 회색 지대에서 살아가며 느끼고 생각한 점을 세상과 나누고자 한다. 조이 씨는 자신의 몸이 골골한 몸이고 언제든 아플 수 있는 몸이라는 것을 수용한다. 이는 일 중심적 가치관과 몸을 완벽히 통제하라는 사회적 압력과 환상에 질문을 던지는 것과 다르지 않다.

다양한 시간의 경험이 곧 삶이다: 청년의 생활시간

아프고 나서 개인으로 사는 시간이 거의 없는데, 개인으로 여가를 하거나 계발을 하는 건 거의 운동이랑 관련되어 있어요. 근데 그거는 거의 회복이랑 관련된 거죠. 그래서 그거 이후에 다른 시간들은 저한테는 거의 없는 거 같아요. (중략) 아이를 키우면서 보람이 당연히 있죠. 근데 '개인으로서 내 삶이 완전히 박탈당한다', '시간과 개인성이라는 것을 박탈당한다'는 거를 아이 낳기 전에는 잘 몰랐던 거 같아요.

—조이 씨 인터뷰 중에서

시대, 문화마다 시간 개념은 다를 수 있지만 공식적으로 모든 사람의 하루는 24시간으로 동일하다. 그러나 그 시간의 내용과 경험은 사람마다 다르다. 오래전부터 우리 사회는 노동시간, 여가 시간, 잠을 자고 식사를 하는 등의 개인유지 시간으로 구성되는 생활시간이라는 개념을 통해 사회구성원들이 경험하는 노동 상황뿐 아니라 여가, 식사, 수면, 사회관계와 같은 다양한 영역에서의 생활방식을 이해해왔다.

구체적인 방법으로 한국을 포함한 전 세계 90여 개 국가에서는 〈생활시간조사Time Use Survey〉를 주기적으로 실시한다. 이 조사는 노동, 여가, 개인유지 등 생활 영역별로 나뉘어 있는 시간의 양상을 단순히 결과론적으로 이해하기보다는 성별이나 연령 등의 기준을 적용해 남성과 여성 간 노동시간과 가사노동 시간을 비교하기도 하고 여가 시간이 세대별로 어떻게 차이가 나는지를 살펴보기도 한다. 사람들의 시간 경험을 더 다양하게 해석하기도 하고 워라밸이나 행복과 같은 삶의 궁극적 가치와의 관계 안에서 우리의 생활시간이 재분배될 필요성, 가령 노동시간을 줄이고 여가 시간을 늘려야 한다는 필요성을 제기하기도 한다.

실제로 영국과 미국 등지에서 1900년대 초반 남녀 노동자가 하루 24시간을 어떻게 보내고 있는지에 대한 생활시간 관련 연구가 시작된 이래,[1] 오랜 시간이 걸리기는 했지만 사람들의 생활시간 정보는 다양한 사회적 변화를 이끌어낸 역사가 있다. 장시간 노동의 문제나 여성이 담당해온 무급 가사노동의 경제적 가치를 인정하는 문제 등이 그 대표적인 예다. 방법론적으로 '모든 사람의 모든 행동이 중요하다'라는 평등성과 일상성이 기본 원칙인 〈생활시간조사〉는 다양한 사회적 의제, 예를 들어 청년의 장시간 노동, 청소년의 긴 학습 시간과 여가 시간 부족, 맞벌이 가정의 시간 빈곤 등과 같은 문제를 도출하고 지원할 수 있다는 잠재력이 있다. 이 때문에 정책적으로 소외된 대상들의 시간을 이해하고 가시화할 필요가 있다고도 한다.[2]

인터뷰를 통해 만난 골골한 청년들 역시 그들의 생활조건에 따라 자신들의 시간을 다르게 표현한다. 아이를 키우는 청년은 자신의 시간에 대해 "개인으로 사는 시간이 거의 없다"라며 개인 시간의 빈곤 경험을 토로하기도 하고, 근무시간이 일정하지 않은 단순 아르바이트를 주로 하는 청년은 "시간이 되게 많이 남는데 심리적으로 여유가 없는 것 같은"으로 자신의 일상을 이야기한다. 한 청년은 아프기 전에는 활동적이고 사람과 어울리는 시간이 많았다면 아프고 난 후에는 "혼자 있는 시간을 즐기게 됐다"라며 시간을 다르게 보내게 된 경험을 설명한다. 골골한 청년들은 자신의 시간을 정의할 때, 하루 24시간을 노동시간, 여가 시간, 개인유지 시간이라는 세 가지 영역에 똑같이 할애하는 양적 균형에만 초점을 맞추지 않는다. 오히려 그 시간을 사는 주관적 느낌, 즉 시간을 스스로 조절할 수 있다고 느끼는 통제감이나 시간 사용에 대한 만족감 등을 중요하게 여긴다.

이렇게 시간의 경험이 다름에도 불구하고, 우리 사회가 골골한 청년들에게 전형적인 시간 안에서 살아갈 것을 요구하고 있지는 않은지 생각해볼 필요가 있다. 특히 한국은 2021년 기준 연간 노동시간이 OECD 평균인 1,716시간보다 199시간이 긴 1,915시간으로, OECD 38개 회원국 중 5위를 차지할 만큼[3] 노동시간이 긴 편이고 장시간 노동의 양상은 청년층에게서도 확인된다. 2020년 〈청년사회경제실태조사〉에 따르면 한국의 만 18~34세 청년의 주당 평균 노동시간은 41.7시간으로 법정 근로시간을 상회하며 그들이 희망하는 노동시간과는 약 3시간의 차이가 존재한다.[4]

주 50시간의 노동, 남들 다 자는 새벽에 일해야 했던 상황, 근로기준법이 정한 4시간당 30분 이상의 휴게 시간을 다 써보지도 못할 만큼 센 노동강도 등은 인터뷰에 참여한 청년들이 경험했던 노동시간의 단면이다. 물론 청년들은 노동을 자신의 정체성이라고 표현하고 건강관리를 위해 꼭 필요한 활동이라고 이야기하는 등 다양한 의미를 부여하고 있지만, 부족한 기회 속에서 선택한 일들의 길고 불규칙한 노동시간은 만성질환을 지닌 청년들의 건강 상태를 더욱 악화시키고 결국은 일을 중단하게 되는 등 삶의 취약성을 심화시키는 요인으로 작용한다.

반면 공공기관에서 규칙적인 근무시간 속에서 일하는 일부 청년은 노동시간을 벗어난 자신의 시간을 "나를 위해 투자하는 시간", "하고 싶은 것을 하는 시간"으로 표현하는데, 여기서 우리는 게으를 수 있는 권리를 떠올릴 수 있다. 게으를 수 있는 권리는 긴 노동시간에서 벗어나 인간다움을 추구하는 개인의 권리이자 삶의 조건으로 강조되어온 것으로, 폴 라파르그Paul Lafargue는 하루에 3시간만 일하고 나머지 낮 시간과 밤 시간은 한가로움과 축제를 위해 남겨두는 습관을 들여야 한다고 했다.[5] 사회적으로 일·생활 균형, 즉 워라밸이 강조되면서 '게으름'은 워라밸 시대의 생활방식을 상징하는 개념으로도 활용된다. 2020년에 발표된 한 연구에 따르면 청년들은 삶에서 노동을 통한 보수가 만족시켜줄 수 없는 부분을 워라밸로 간주하고, 그 안에는 정신건강, 미래를 담보할 수 있는 고용의 지속 가능성, 삶을 기획할 수 있는 여유, 친구·가족들과 보내는 일상에서의 만족감 등이 포함된다고 했다.[6]

그런데 장애나 질병을 지닌 사람들은 자신들이 그렇지 않은 사람보다 워라밸을 달성하고 유지하는 게 더 힘들 수 있다고 이야기하며 다양한 조건의 필요성을 강조한다. 미국 코넬대학교의 장애고용연구소Institute on Employment and Disability에서 진행된 프로젝트에서도 장애를 지닌 노동자들의 워라밸은 개인의 특성에 따라 다르게 정의되지만 자기 인식, 지지적인 사회적 관계, 여가 공간, 자기관리 행동과 같은 개인적인 특성부터 안전하고 포용적인 직장문화, 가족친화 정책의 가용성 등과 같은 조직 특성이 그들의 워라밸에 긍정적인 영향을 미친다고 보고한다.[7]

인터뷰에 참여한 골골한 청년들은 다른 청년들과 마찬가지로 자신만의 방법으로 일 이외의 시간을 다양하게 채우며 살아가고 있었다. 일과 구분되는 시간 동안 가족과 함께 시간을 보내거나 취미인 베이스 기타 연주를 통해 통증을 완화하며 마음의 안정을 찾는 하늘 씨, 몸이 힘들긴 해도 일 이외의 시간을 자기계발에 투자하며 만족과 성취감을 얻는 성실 씨를 통해서는 긍정적인 여가 경험을 확인할 수 있다. 그러나 동시에 "겨우 사수하는" 하루 30분이라는 짧은 여가 시간, 질병으로 인해 운동 경험이 없었던 탓에 제한된 활동으로만 이루어지는 여가 활동, 아픈 후 축소된 인간관계나 일을 우선해야 하는 상황 때문에 여가는 없다는 이야기들도 있었다. 이를 통해서는 그들의 소극적인 여가 경험을 이해할 수 있으며, 구술자들의 여가를 제약하는 요인이 개인적, 대인적, 구조적 측면에서 다양하게 존재한다는 것을 확인할 수 있다.

한편 구술자들은 자신의 건강이나 일상을 위해 개인유지시간 안에서도 자기관리 방법, 예를 들면 수면 시간을 늘리거나 식단을 관리하는 등의 방식을 만들어간다. 특히 만성질환을 지닌 사람들은 의사와 실제 접촉하는 시간이 전체 치유 과정에서 1퍼센트 정도밖에 되지 않고, 일상생활에서 스스로 관리해야 하는 부분이 절대적이기에 자기관리가 모든 만성질환 치료 모델의 핵심이어야 한다는 점은 오래전부터 인식되어왔다.[8] 이러한 맥락에서 최근 국외에서는 HIV/AIDS(후천성 면역 결핍증), 심혈관 질환, 다발성경화증과 같은 만성질환을 지닌 사람들의 생활균형을 위해 필요한 개입을 소개하고 있다. 구체적으로 만성질환자들에게는 일하는 시간만 필요한 것이 아니라 병원에 가거나 잠깐의 휴식을 취하는 등 건강을 관리할 수 있는 시간이 보장되는 것이 중요하며 이를 위해 유연근무, 원격근무, 편의시설 등과 같은 일터 조건의 개선이나 스트레스 관리와 같은 다양한 프로그램의 필요성이 제안되기도 했다.[9]

그러나 아직까지 사회적으로 만성질환을 지닌 이들의 자기관리 시간 개념은 중요하게 다루어지지 않고 있으며 실제로 구술자들은 엄격한 근무시간, 질병을 이해하지 못하는 조직문화, 정규직에게만 보장되는 휴식과 휴가 제도 등과 같은 구조에서 자기관리 시간을 요구하고 확보하는 데 많은 제약이 있었음을 토로해 자기관리를 위한 시간이 정책적으로 어떻게 고려될 수 있을지 질문을 던졌다.

노동시간, 여가 시간, 개인유지 시간 등이 포함되는 생활시간은 서로 분리되기도 하고 맞물리기도 하면서 우리의 삶을 구성한다. 성별, 건강과 같은 개인적 특성과 일터의 상황, 사회정책을 포함하는 사회적 조건의 상호작용으로 생활시간의 내용과 그것에 대한 개인의 경험이 쌓이고, 그러면서 삶의 질 향상이나 지속 가능한 삶을 위한 조건들이 만들어진다. 이 책의 구술자들 역시 자신의 인생 경로에서 경험한 생활시간을 토대로 삶의 지속 가능성을 위한 다양한 조건(안정적인 근무시간, 자신이 하고 싶은 것을 할 수 있는 시간, 건강관리를 위한 자기관리 시간 등)을 이야기한다. 사회는 더 다양한 대상의 시간을 이해할 필요가 있고, 그들의 생활시간을 존중할 필요가 있다. 골골한 청년들의 노동시간, 여가 시간, 개인유지 시간의 균형 혹은

조화를 위해 개인, 일터, 사회정책 등 다양한 측면에서의 변화
와 개입이 필요한 시점이다.

7장

염태씨 이야기

명태 씨는 "사회에서 남성으로 지정"받은 스물여섯 살 청년으로 자신을 소개한다. 다양한 정체성을 가진 자신을 생태, 동태, 황태와 같이 여러 이름으로 불리면서 쓰임이 많은 생선인 '명태'로 표현하고 싶다고 했다. 어린 시절부터 사회의 정상성 규범에 따른 시선과 말을 경험하면서 자신이 어떤 사람인지, 어떤 일들을 할 수 있는지 계속 설명해야 하는 삶을 살아왔다. 그러면서 아픈 이들의 경험을 이야기할 다양한 목소리가 나와야 한다는 생각에서 인터뷰에 응했다. 태어날 때부터 심장장애를 가지고 있었기에 다섯 살이 되기 전에 큰 수술을 여러 번 받았다. 수술을 받은 어린 시절 심장장애 3급 판정을 받았고 평생 심장과 몸 여기저기를 정기적으로 검사하고 약을 복용해야 한다. 가족으로 부모님과 형이 있지만, 현재는 독립해 셰어하우스에서 생활한다. 스무 살이 되던 해부터 일하기 위해 많은 면접을 봤지만, 취업으로 이어지지 않았다. 그러다 축제대행사에서 처음 일을 시작하게 되었고, 그 후 단기 노동이기는 하지만 다양한 공공기관에서 일했다. 면접에서부터 시작되는 심장병과 관련한 낙인과 편견은 일을 하는 중에도 이어지고, 특히 병원 검진은 건강관리를 위해 필수적이지만 직장에 자신의 상황을 이야기하기가 쉽지 않다. 하지만 자신이 바라는 일터의 조건, 사회의 바람직한 시선, 통합적 의료서비스 등 자신에게 필요한 삶의 조건을 사유하며 살아가고 있다.

선천성 질환:
아픈 아이, 잘 자랄 수 있을까?

명태 씨는 선천성 심장병으로 인해 다섯 살이 되기 전 세 번의 수술을 받았고 이후 이를 관리하며 살아야 했기에, 질병은 그의 생애와 분리할 수 없다. "처음 아프다고 느꼈을 때부터 이야기해주세요"라는 인터뷰의 첫 질문에 명태 씨는 "발병, 처음 아프다고 느꼈을 때의 경험은 사실상 없다고 봐" 한다고 이야기를 시작했다. "태어나자마자 바로 수술을 받았으니 기억이 전혀 없는" 것이 어쩌면 당연한 일이다.

처음 아프다고 느꼈을 때의 경험은 사실상 없다고 봐야 해요. 제가 심장장애를 가지고 있는 사람이고 선천성 질환이니까 "태어날 때부터 아팠다", 이렇게 보기도 어렵고요. 물론 태어나자마자 바로 수술을 받았다고 들었는데, 기억을 더듬어서 굳이 떠올리라고 한다면 제가 신생아 시절에 어머니 젖을 많이 먹었는데, 근데 그럴 경우에는 이가 좀 많이 삭는다는데, 그것 때문에 같은 병원의 치과에서 금이빨을 씌우는 시술을 받은 기억이 어렴풋하게 떠올라요. 알약 같은 걸 보관하는 판에서 금이빨을 꺼내서 어린 저의 입속에서 휘젓는 모습이요. 아주 어릴 때를 기억해보라고 하면 떠오르는 모습이기 때문에 그 당시에 아프다는 느낌보다 그 치과의 수술용 침대가 되게 차갑다는 느낌과 제 몸이 공포감에 눌려 뻣뻣하게 굳어있었다는 것밖에 떠오르지 않아요. 그때가 두 살에서 세 살 사이인데 그때부터 병원에 대한 공포감이 심어졌었나 봐요.

어머니에게 들은 바로는 명태 씨는 입원 생활을 하며 한 살, 두 살, 네 살 때 총 세 차례에 걸쳐 심장 수술을 받았고, 모든 수술을 끝낸 후 다섯 살이 되던 해 심장장애 3급 판정을 받았다. 심장장애의 장애등급은 1급, 2급, 3급, 5급으로 나뉘는데, 이 가운데 3급은 심장기능 장애가 지속되고 가벼운 활동을 넘어서면 심부전이나 협심증과 같은 심각한 증상이 발생할 수 있는 상태를 의미한다.[1] 명태 씨가 지니고 있던 심실중격 결손,

폐동맥 협착, 삼첨판 폐쇄 등은 어렸을 때 받은 수술로 치료는 되었지만, 심장장애 3급 판정을 받은 이후부터 그는 3개월이나 6개월에 한 번씩 사후 관리와 추적 관찰을 위해 외래 진료를 받아왔다. 그 과정에서 명태 씨의 친척들은 명태 씨를 두고 "잘 자랄 수 있을까?"라며 부정적인 시선과 말을 쏟아냈고, 명태 씨 어머니는 아픈 자녀를 돌보는 어려움뿐 아니라 가족들에게 자녀의 질병에 대한 추궁과 책임의 말을 들어야 했다.

> "그냥 심장병도 아니고 심장에 병을 세 개나 달고 나온 애를 어떻게 할 거냐. 다른 데로 입양을 보내라" 이렇게 시작해서, "언젠간 죽을 건데 너무 정을 주지 마라" 이런 말도 있었고. 어쨌든 엄마에 대한 원망이 많이 퍼졌죠. "왜 이런 장애인을 낳았냐. 그냥 유산시켜버리지" 이런 말들이 많았고. 그리고 돈이 너무 많이 드니까 집안의 약간 애물단지가 된 거죠. 저한테 들어가는 돈이 너무 많으니까.

명태 씨의 친척들은 명태 씨의 병을 명태 씨 어머니의 잘못으로 여겼다. 그런데 이는 비단 명태 씨 가족에게서만 나타나는 경향이 아니다. 이런 경향은 한국 사회에서 나타나는 모성을 둘러싼 젠더규범의 억압적 특성, 그리고 그 안에서 이루어지는 자녀 질환에 대한 모성 비난으로 설명할 수 있다. 이것은 자녀의 신체적·정신적 건강에 영향을 주는 다양한 사회적 요인이 있음에도 불구하고 아픈 자녀를 돌보는 어머니에게서 자녀 질환의 원인을 찾고 아픈 자녀를 돌보는 어려움을 어머니의 책임으로 지목하는 것을 의미한다.[2] 명태 씨는 아픈 자신으로 인해 어머니가 들어야 했던 모진 말들을 기억한다. 그렇기에 명태 씨는 어머니와의 애착이 깊다고 한다.

> 엄마랑의 애착 관계가 되게 깊어요, 그 대신. 어렸을 때부터 병원도 같이 가고 그랬으니. 저한테 형이 한 명 있는데, 엄마가 "너하고는 얘기가 통하는데 너희 형하고는 얘기가 안 통한다" 이런 말 자주 하시고. 그냥 엄마와의 애착 관계가 좀 많고. 이모나 친척들은 저를 두고 "살아있으면 됐지, 뭐", "아픈 애", "걱정되는" 그런 생각을 하고 계신 거 같아요. 그리고 "너네 엄마가 너 때문에 얼마나 고생을 많이 했는데" 이 정도요. 엄마는 "항상 조심해라. 너는 몸이 아프기 때문에 밖에 나가지 마라" 이런 얘기 많이 하죠.

친척들은 그의 존재와 삶을 "너는 몸이 아프기 때문에", "살아있으면 됐지", "아픈 애", "걱정되는" 등이라고 표현한다. 이는 명태 씨가 자신의 존재를 지키기 위해, 그리고 자신에 대한 주변의 낮은 기대 안에서 자존감을 지키기 위해 분투하게 만드는 말들이었다. 다른 한편으로는 생존율이 낮았음에도 불구하고 어머니의 보살핌 덕분에 지금의 삶이 가능하다는 것을 확인시키는 말들이기도 했다. 명태 씨의 병은 희귀질환이라 수술과 투약이라는 치료는 물론이고, 일상생활도 늘 조심해야 해서 모든 것이 순탄하지 않았다. 예기치 않은 출혈은 패혈증으로 연결될 수 있어 단순한 치과 진료도 명태 씨에게 사용해도 되는 약이 있는 병원에서만 받아야 했다. 그런 이유로 어머니는 그가 어렸을 때부터 작은 상처라도 날까 싶어 운동시키는 것도 조심스러워했다. 그래서 명태 씨는 "성인이 된 지금 할 줄 아는 운동이 하나도 없어요"라고 이야기한다. 이처럼 감염에 취약하고 심장 기능이 남들과 다른 몸의 조건은 명태 씨의 일상을 넘어 그의 정체성을 규정하는 조건이 되었다.

정상적인 몸에 대한 사유: 정상적인 몸이 주어진다면 나는 그 삶이 행복할까?

100퍼센트 기능을 하는 심장을 경험해본 적이 없기에 그는 달리기를 못하고 숨을 헐떡헐떡 쉬지만 그게 당연한 거라고 생각했다. 하지만 정상인과 비정상인이라는 이분법으로 사람을 구분하는 가족과 사회를 경험하면서 명태 씨는 자신의 정체성, 삶에 대한 고민이 깊어졌다.

어렸을 때부터 그런 거 많이 나누잖아요. 정상인, 비정상인. 저는 그게 이상한 거예요. 이상하다는 게, 애초에 전 기준점이 다른 거예요. '나는 어렸을 때부터 달리기를 못했고, 못하는 게 정상이고. 난 숨 쉬는 게 헐떡헐떡거리는 게 정상이

고. 근데 얘네들은 이게 정상이 아니래.' 그게 좀 이상한 거
예요. '애초에 난 출발점이 다른데 정상적인 심장은 어떤 거
지?' 나는 약간 애매한 느낌……. '도대체 정상적인 심장이
뭐지?' 하는 고민들이 있었고, 그래서 '정상적인 몸은 무엇
일까? 그리고 정상적인 몸이 주어진다면 나는 그 삶이 행
복할까?' 그런 게 있었어요. 만약에 나한테 정말 온전한 정
상적인 몸을 준다고 하면은 그 몸이 되게 어색할 것 같아요.
되게 어색한 느낌……. 그리고 그 심장병 환자들이 산소포
화도 100프로의 기분을 모른대요. 정상 심장을 가진 사람
들은 산소포화도가 99가 되는데 심장병 있는 애들은 70에
서 80이 정상적인 기준이니까. 그래서 그 기분을 모른대요.
'그 기분이 된다면 어떤 기분일까?' 그런 생각이 들고.

그는 태어날 때부터 심장의 상태가 달랐기에, 남들이 이
야기하는 "정상적인 심장"이 무엇인지를 넘어 "정상적인 몸"
은 무엇일까에 대해 생각한다. 그리고 과연 정상적인 몸이 주
어진다면 그 삶에 만족하고 행복할 것인지 스스로에게 질문을
던져보기도 한다. 명태 씨는 현재 자신의 몸에 만족하지만, 우
리 사회가 정상이라는 기준에서 어긋나는 존재는 배제하는 것
같아 불편하다.

그는 가끔 사회가 '정상'이 아닌 것을 어떻게 바라보는지
고민할 때가 있다. 바로 얼마 전에는 "심장장애를 극복한 사
람"이라는 신문 기사를 보고 불편함을 느꼈다.

"장애를 극복했다" 이런 말이 되게 불편했던 게, 장애를 극복했다 하면은 그 장애의 정체성에서 벗어난 거잖아요. 그럼 나는 새 심장으로 갈아 끼워야 되나? (웃음.) 얼마 전에 고용공단에서 발간한 자료에 "심장장애를 극복한 사람" 이런 기사가 있는 거예요. 그 사람 안에 질병이라는 게 남아있는데, 이것은 극복했다는 것보다는 같이 살아가는 거고, 이 사람한텐 [장애와 함께 살아가는 게] 정상적인 기준이죠. 그래서 제도가 바뀌고, 언어가 바뀌고, 그런 게 필요한 것 같아요.

"심장장애를 극복한 사람"이라는 말은 질병을 극복할 수 있다는 대중적 인식을 확산시킨다. 누군가에게는 그 사람의 삶이 위로와 감동을 줄 수 있고, 어려움 속에서 다시 해내고자 하는 힘을 줄 수 있지만, 한편으로는 질병과 장애를 의지와 노력을 통해 '극복'할 수 있는 것으로 여기게 만든다. 페미니스트 장애학자들은 장애인이 '장애와 같은 다른 신체 능력을 극복한 사람', 아니면 '수동적인 사람'으로 사회에서 재현된다고 비판한다. 이 문화적 재현으로 인해 완치하기 힘든 질병과 장애를 지닌 이들은 타자화되며, 장애는 "비극적 손실, 약함, 수동성, 의존성, 무력함, 수치심, 총체적인 무능력"[3] 등의 이미지와 결합한다. 극복이 곧 완치로 이해되는 현실에서 명태 씨는 장애의 경험과 제도, 그것을 표현하는 언어가 변화될 필요가 있다고 생각한다.

사회적 편견:
아파도 밝을 수 있고 운동할 수 있어요

명태 씨는 의사로부터 최악의 상황인 "길을 걷다 심장이 갑자기 멈출 수 있다", "발작도 안 일어난다"라는 이야기를 들은 적이 있지만, 그런 위급 상황은 명태 씨가 경험하지 못한 일들이다. 하지만 주변의 친구들은 미디어를 통해 접한 심장병 환자의 이미지만으로 명태 씨의 상태를 상상하곤 해서 가끔 명태 씨에게 상처를 주곤 한다.

제 주변 친구들은 제가 심장병이 있다는 것을 알고 있고 그럴 때 이제 애들이 다 묻죠. "그럼 너 위급 상황 생길 때 어떻게 해야 하나?" 그러면 저는 "나대지 말라"고 해요, "그냥 나대지 마세요". 심장병이라고 하면은 갑자기 길 가다가 영화 〈데스노트〉처럼 한 번 헉헉하고 발작 일으키는 건 줄 아는데 "내가 가진 병은 그런 게 아니다. 난 약 잘 먹고 있고, 내가 내 몸을 잘 아니까, 위급하다고 느끼면은 그냥 나대지 말고 전화만 해줘라. 119에 연락해주면 의사소통이 가능한 정도면 내가 알아서 말하겠다" 그냥 이 정도예요. (중략) 저도 잘 상상이 잘 안 돼요. 제가 어떤 발작을 일으킬지도 모르겠고, 의사한테 설명도 못 들어봤고. 의사한테 설명 들은 거는 길 가다가 죽을 수도 있대요. 심장이 갑자기 멈출 수 있대요. 발작도 안 일어난대요. 그냥 쿵. 그러면서 "약 잘 먹고 다녀라" 그런 말만 들었고. 그래서 저도 잘 모르기 때문에 "그냥 구급차나 불러줘라" 이런 말만 할 수 있지 다른 건 말해줄 게 없어요. 얘네들한테 부담을 주는 것 같기도 하고.

특히 주변 사람들에게 자신의 병을 일일이 설명해야 하는 상황에서 명태 씨는 우리 사회의 질병을 향한 편견과 낙인을 경험한다. 병이나 증상을 설명하는 것뿐 아니라 아픈 자신에 대해 설명해야 하는 곤경을 겪기도 하는데 이 과정에서 그는 사람들이 심장병을 지닌 사람을 어떻게 바라보는지 알게 된다. 그리고 사람들의 반응에서 그는 "나라는 사람의 정체성이 심장병으로만 규정되는 게 아닐까" 하는 생각이 들 때도 있다.

"어? 심장은 되게 심각한 병 아니에요? 근데 밝으시네요?" 하는데 '밝으시네요'가 되게 짜증 나요. 당연히 밝지. 지금 당장 내가 어떻게 되는 것도 아닌데. "그럼 관리는 어떻게 하냐" 물어들 보죠. 제가 근데 술도 좋아하고 담배 피우는 것도 좋아한단 말이에요. 그래서 편견들이 되게 많아요. (중략) "저거 해도 돼요? 이거 하면 당신 몸에 안 나빠요?" 근데 주치의가 언젠가 그런 말 한 적이 있거든요. "어차피 죽을 몸 마음껏 즐기고 가라"고. (중략) 그래서 저는 무엇보다 스트레스 안 받는 게 제일 중요하다고 하고, 스트레스를 받으면 그것 때문에 호르몬 올라서 혈압 오를 수 있다고 그래서. 어쨌든 그런 편견들이 되게 강해요. "심장병 있으면 이

거 하면 안 되는 거 아니에요? 저거 하면 안 되는 거 아니에요? 격한 운동 하면 안 되는 거 아니에요?" 되게 화가 나거든요.

가끔 친구들은 명태 씨가 심장병이 있다는 이유로 호들갑스러운 반응을 보이고, "넌 심장병이 있으니까 안 되지?"라며 명태 씨의 의사와는 달리 그를 노는 데서 제외하기도 한다. 그리고 어떤 사람은 명태 씨가 심장병이 있음에도 불구하고 밝다는 것에 놀라워하며 "심장병 있으면 이거 하면 안 되는 거 아니에요?" 같은 말을 던진다. 아파도 변화하는 몸 상태에 따라 참여할 수 있는 일은 달라질 수 있고, 신체활동을 점차 늘려갈 수도 있다. 그러나 명태 씨는 관계 안에서 그의 기호나 사고방식, 생활태도보다 그가 아픈 사람이라는 것이 늘 우선시된다. 그를 위한 배려라고 하는데 왜 명태 씨 스스로는 불편한지 집으로 돌아가 곰곰이 생각해보곤 한다.

사람들은 환우회에 가면 서로를 잘 이해하는 사람들을 만날 수 있지 않느냐고도 묻지만 명태 씨는 환우 모임에도 참여하지 않는다.

전 그리고 심장병 당사자 모임에 가본 적이 없어요. 같은 질환을 가진 당사자들은 병원에서 만나니까. 질병 당사자 모임에는 왜 안 가봤냐고 얘기를 하면은, 가기가 두려워요. 가기가 두려운 게, 심장 안에도 여러 가지 질병들이 있단 말이에요. 케이스가 다양한데 물론 나랑 똑같은 세 가지 질병을 가지고 있는 사람을 만나는 게 정말 어렵겠지만, 한 개든 두 개든 가지고 있는 사람이 있단 말이에요. 실제로 제 동창 중에 한 명 있었고. '근데 만난다고 해서 무슨 도움이 될까?' 이런 생각이 있어요. '그리고 이들과 만나서 무슨 얘기를 나눌 건데?' 왜냐면 '나는 이제 치료를 받은 사람이고 나빠질 수 있는 건 주변의 내장인데 만난다고 해도 도움받을 수 있는 게 무엇이 있을까? 진료비 싸게 받는 방법? 이런 노하우? 뭐가 있지?' 하면서 당사자 모임을 일부러 안 찾은 것도 있어요.

심장병도 너무 다양해서 명태 씨는 자신이 지닌 심장 질환을 똑같이 가지고 있는 사람을 만날 수 없을 거라고 생각한다. 그리고 질병 당사자들끼리 각자의 경험치로 나누게 될 질환의 정보나 조언이 그의 몸 상태나 치료에 맞지 않을 수 있기에 질병 당사자 모임을 찾는 게 두렵게 느껴진다. 차라리 명태 씨는 경험하지 못한 심장이 멈추거나 하는 위급한 상황을 홀로 상상하며 그럴 때는 어떻게 해야 하는지 누군가가 정확한 대처법을 알려주면 좋겠다는 생각을 할 때가 있다.

심장병이 있으면 당연히 많은 일을 할 수 없을 거라는 사회적 편견과 낙인의 언어가 힘들다. "만성질환, 심장병을 앓고 있으면 항상 아프고 괴로울 것이라고 사람들은 생각하는 게 아닐까?"라고 명태 씨는 종종 생각한다. 만성적으로 아프고 병의 차도가 없더라도 행복할 수 있고 즐거울 수 있다. 그러나 사람들 머릿속에는 중증 환자의 전형적 이미지가 있는 것 같다. 심장병이 있으면 격한 운동을 하면 안 되고, 음식도 잘 관리해야 하고, 건강에 나쁜 영향을 끼치는 행동은 하지 않아야 한다는 시선과 말은 명태 씨가 사회적 관계를 맺는 과정에서 어려움으로 작동한다.

치료라는 분투:
병원비가 두려워요

명태 씨는 태어나면서부터 지금까지 심장 질환뿐 아니라 그로 인한 다양한 후유 질환과 함께 살고 있다. 그의 삶에서 병은 "아프면 병원 가서 치료받아 깨끗이 낫는" 것이 아니라 함께 살아가는 몸의 일부이자 삶의 조건이다. 그는 자신의 질환 치유와 관련해서 정기검진을 받기 시작한 다섯 살, 운동부하 검사를 시작한 열두 살, 심장 주변의 장기를 검사하기 시작한 열여덟 살을 치료에서 큰 변화를 겪은 전환기적 시기로 기억한다. 특히 열여덟 살 이후로는 홀로 병원에 가기 시작했다. 검사 항목이 갑자기 늘어나 병원에 자주 가야 하기도 했고, 열여덟이니 보호자가 꼭 필요하지 않았기 때문이다. 이때부터 검사 항목뿐 아니라 비용, 원무과와 약국을 오가며 생기는 의문을 어머니 도움 없이 스스로 확인하고 해결해나가게 되었다.

열여덟 살 때부터 교수님이 "너는 이제 심장보다 더 주변 장기를 돌봐야 한다"고 했어요. 열여덟 살 때부터 다른 진료를 보기 시작했거든요. 교수님이 "내가 간 담당한테 말을 해놓을 테니까 간 쪽 가서 간 초음파 보고 오라"고. 어렸을 때는 '우리 집이 찢어지게 가난한 건 아니지만 병원비로 고생을 하는데 왜 굳이 심장 말고 간을 보라 할까. 돈도 많이 깨지는데' 되게 이해를 못 했어요. 그리고 간 보시는 분이 말이 되게 셌어요, 환자한테. 불쾌감 느낄 정도로. "왜 지금 왔냐. 죽고 싶냐" 이런 느낌으로 해서 "너무 불쾌해서 난 다시는 안 오겠다" 해서 (중략) 2년간은 간 같은 것을 안 봤는데. 근데 주치의 딱 바뀌고 난 다음에 주치의가 물어본 거예요. "간 진료 거부를 하셨네요? 왜 그러냐"고 해서 "교수님이 너무 세게 말해서 그랬다"니까 "교수님 세게 말하긴 하지만 좋으신 분이다. 난 환자한테 당신이 심장 주변의 장기를 돌봐야 하는 명백한 이유를 설명해줄 수 있으니 이제부터 신뢰감을 갖고 주변 장기를 좀 돌봐보십쇼" 하는 거예요. (중략) 이해할만한 수준으로 왜 주변 내장들을 돌봐야 하는지 설명해주셨고, 그때 폐랑 간을 본 것 같아요.

혼자 병원에 다니기 시작하면서 명태 씨가 가졌던 첫 번째 의문은 자신의 질환은 심장병인데 심장이 아닌 간과 폐를 검사해야 한다는 점이었다. 명태 씨는 의사와의 갈등으로 그 검사를 본격적으로 받는 데까지 2년이라는 시간이 걸렸는데,

그는 바뀐 주치의로부터 자신의 병은 평균적으로 기대수명이 길지 않기 때문에 다양한 검사를 통해 기대수명을 늘려야 한다는 자세한 설명을 듣고 그 검사의 필요성을 이해하게 되었다. 그러나 늘어나는 검사 항목은 명태 씨에게 비용적으로 큰 부담이 되었고 검사 비용과 관련해 어머니의 이해를 구하는 과정이 쉽지 않았다.

어머니한테 얘기를 하면 어머니는 절대 이해를 못 하세요, 이 금액을. 왜냐하면 "너는 할인이 되는 앤데, 첫 번째, 왜 안 되냐. 그리고 그럼 그 검사를 받지 말아라." 근데 의사는 필요하다고 하고, 근데 나도 그걸 이해를 했고, 근데 엄마는 돈을 주는 입장에서 "비싸니까 다음에 받아라" 이런 식으로 얘기하고. "받지 말아라. 거부해라" 이러죠. 근데 환자 입장에서는 받아야 하는 게 맞는 건데…….

법적으로는 스무 살 성인이지만, 비싼 검진비는 부모의 도움을 받아야 했다. 분명 "3급 장애인"이라 치료비가 할인되는데 왜 높은 비용이 드는지, 왜 심장이 아닌 부위를 검사해야 하는지 궁금해하는 어머니를 이해시키고 설득하는 데 시간이 걸렸다. 그럼에도 예기치 못하게 지불해야 하는 돈을 당장 쓸 수 있는 만큼 여유 있는 형편이 아니었기에, 검사 비용을 구하고 검사를 받기까지 시간은 더 걸렸다.

몇 년 뒤 스물두 살이 되던 해, 주치의는 명태 씨에게 차트를 업데이트해야 한다며 "검사 대잔치"를 권유했다. 주치의는 대여섯 개 정도의 검사를 2주 동안 나눠서 해보자고 했고 명태 씨는 일단 비용이 부담스러워서 거부했다. 명태 씨의 상황을 들은 의사는 명태 씨에게 입원이라는 새로운 방법을 제시하면서 이틀만 입원하면 검사도 몰아서 할 수 있고 비용도 줄일 수 있다고 했다.

"세 개 하면은 다음 주에 세 개 더하자" 이런 식으로 2주 동안 해보자는 거예요. 그래서 "하는 건 할 수야 있지만, 그러면 돈은, 돈이 많이 나오겠죠?" 그래서 "그렇겠죠" 하셔서 제가 그때 또 한 번 거부를 했어요. (중략) 교수님이 고민에 고민을 하시다가 그러면 자기한테 이틀을 달래요. 그래서 "뭘로 하시려고요" 하니까 "입원을 합시다" 그러는 거예요. 입원을 해가지고 한꺼번에 처리를 하자고. 그래서 다음 주에 입원을 해서 한꺼번에 보고. 무엇보다 지금 제일 비싼 검사가 하나 있었어요. 70만 원짜리 검사인데 펫시티PET-CT 라고. (중략) 이제 펫시티가 제일 비싸니까 입원을 해서 검사를 하면 더 싸질 거라는 거죠. 그런데 펫시티를 했다는 정보를 안 갖고 퇴원이 먼저 돼버린 거예요. 그래서 그 비용을 저희가 물게 됐죠, 결국은. 그래서 병원에 난리가 났어요. 그래서 제가 병원을 뒤집었어요. 그때 저 입원 담당했던 간호사 팀장하고, 우리 교수님하고, 교수님 담당하는 간호사 하고, 원무과 과장하고 다 저한테 전화했어요. 어떤 놈의 잘

못이냐 그걸 따지기 시작한 거예요. 입원 수속을 담당하는 컴퓨터가 잘못을 했는데 이 컴퓨터 관리하는 직원이 누구냐 해서 서버실도 저한테 사과 전화 보냈어요.

명태 씨는 병원 측으로부터 입원을 하면 다른 검사들은 급여 적용을 받을 수 있으니 펫시티 비용으로 다른 모든 검사를 받을 수 있다는 구체적인 설명을 들었다. 그래서 동맥압 검사, 운동부하 검사, 펫시티, MRI, 혈액 검사 등을 이틀에 걸쳐 받았다. 하지만 퇴원 수속이 펫시티 검사 시간보다 빠르게 진행되는 착오로 명태 씨가 모든 비용을 지불해야 하는 상황이 발생하면서 명태 씨는 진료과 담당 의사, 간호사뿐 아니라 원무과, 컴퓨터 서버실 직원과도 싸워야만 했다고 토로했다.

그러면서 명태 씨는 환자 입장에서 보건의료 제도에 대해 질문을 하게 되었다. 그는 심장장애와 관련해서는 전체 의료비용 중 5퍼센트만 부담하면 되는 산정특례를 받아왔다. 그러나 명태 씨가 열여덟 살이 된 후 주치의는 심장 주변 장기의 정기검진이 필요하다고 여러 번 그를 설득했다. 그렇게 심장 주변의 간, 폐 등의 장기를 검사하기 시작했지만 검사 부위가 심장이 아니라는 이유로 산정특례 적용을 받지 못했다. 또한 산정특례 자체도 적용할 수 있는 횟수에 제한이 있어서, 비싼 검사 비용을 그대로 지불해야 할 때도 있었다.

저는 주치의가 "얘는 심장병 때문에 이걸 본다"라고 하지 않는 이상 할인을 못 받아요. 그래서 전 간 초음파 그냥 그래도 다 내요. 30만 원. 병원 선생님이 잘 몰라요. "특례 코드를 넣었냐"고 항상 물어봐야 해요. (중략) 외래 검사비 지출할 때 "산정특례 코드 들어갔나요?" 하고 꼭 얘기해줘야 해요. 가끔 빠져있을 때가 있거든요.

명태 씨는 검사가 "두렵다". 심장병 관리를 위한 검사인데도 불구하고 병원과 희귀중증질환을 위한 의료급여 정책에서는 명태 씨가 받는 검사를 심장과는 상관없는 분리된 것으로 여긴다. 그렇기에 의사의 검사 권유가 두렵게 느껴지고 비급여 항목이 많아 검사 비용이 얼마가 될지 모르는 상황도 두렵다. 결국은 비싼 검사 비용 때문에 검사를 거부하다가 의사와 갈등을 경험하기도 했다.

심장 보는 의사가 오더를 내려주면은 산정특례로 들어가서 심장 값으로 들어가고. 근데 간 의사가 "얘 초음파 필요해" 하면 전 100퍼센트 내는 거고. 그래서 누가 오더하느냐에 따라서 달라지니까. 그래서 제도가 바뀌어야 할 것 같아요. 그래서 검사를 거부하게 되니까 의사 입장에서는 그게 되게 불쾌하죠. 전 또 그래서 싸우죠. 돈 많이 들어가는데 어쩌라고요. 내줄 것도 아니고…….

정기검진:
환자 입장에서는 시간도 비용이에요

현재 명태 씨는 약만 먹고 있고, 검사는 잠시 미뤄둔 상태다. 예정된 검사가 있지만 여섯 개나 되는 항목이라 검사 비용이 많이 나올 거라는 생각에 걱정이 앞섰고 아르바이트까지 하던 상황이라 시간 내기도 힘들었다. 그러면서 환자를 고려하지 않는 진료 시간의 고충도 털어놓는다. 명태 씨는 심장 주변의 장기를 검사해야 하기에 여러 진료과를 방문해야 하는데, 일하는 환자 입장에서는 외래 진료를 하루에 보는 것이 효율적이지만 그렇게 시간을 잡을 수 없는 경우가 많고, 그 역시 비용으로 연결되는 문제다.

돈이 없었어요. 검사 비용이 많이 나올 것 같기도 했고, 제가 그때 일을 다니고 있었어요. 동사무소에서 일을 하고 있었거든요, 알바로. 일도 너무 많았고 돈도 되게 필요하니까 엄마한테 말하기도 그렇고 해서 검사를 미뤘어요. (중략) 환자 입장에서는 하루 내지 이틀 안에 가는 게 좋으니까. 외과, 간 하나, 심장 하나 봐야 하는데, 거기서 그 전날 본다 해도 외래를 하루에 두 탕 보는 게 낫지, 그게 무박 2일로 가면 지치잖아요. 근데 또 교수님들이 시간이 안 맞는 거예요. 간 결과 먼저 봐야지 심장을 보는데, 간이랑 심장을 힘들게 5월로 잡기는 했는데 안 돼서 1월에 가야 하긴 해요. 그래서 지금은 쉬고 있어요. 약 먹고 쉬고 있어요. 지금은 약 탈 때만 가요. 약도 다음 외래까지 먹을 수 있게 양을 맞춰요.

대부분 우리는 개인이 치료를 받을지 말지 선택하는 데 영향을 미치는 요인이 몸의 상태, 즉 질병일 것이라고 생각한다. 하지만 소득이나 사회보장 상태, 고용 상태와 같은 사회경제적 요인도 큰 영향을 미친다. 특히 소득이 낮을수록 의료서비스 이용이 생계와 일자리 등에 영향을 줄 가능성이 높으므로, 의료서비스를 이용하는 데 소득은 질병 상태와 함께 중요한 결정요인으로 작용한다.[4]

명태 씨의 질환은 희귀질환이기에 해가 갈수록 검사해야 할 항목이 늘어나지만, 병원비 부담에 따른 어려움과 두려움은 오로지 그의 몫이다. 의사와 갈등 상황을 경험하기도 하고 병원 검사를 미루기도 하는 방법을 선택하지만, 그 때문에 병이 악화될지도 모르는 상황 역시 그가 감당해야 한다. 특히 아픈 몸을 정기적으로 관리해야 하는 그의 상황을 온전히 이해하지 못하는 일터, 비정규직을 배제하는 휴가 및 병가 등의 사회제도 같은 노동환경도 명태 씨가 의료 이용을 하지 못하게 만드는 요인이다. 결국 골골한 몸이 그의 삶에 영향을 주듯, 일하는 사회경제적 삶 역시 그의 건강에 영향을 준다.

장애인 일자리 면접:
내 병을 설명할 때 자존심 상해요

명태 씨는 부모님으로부터 독립해서 현재 셰어하우스에서 살고 있다. 월세를 내지 못할 때도 있어 얼마 전에는 복지관의 저소득 청년 지원 사업을 통해 월세를 해결했다. 부모님의 도움을 받을 때도 있지만 임금노동을 할 때는 자신의 급여로 해결해보려고 한다. 병원비 역시 급여에서 해결하려고 하지만 30만 원이 넘어갈 때면 명태 씨의 급여만으로는 불안하다.

그러나 명태 씨가 근로소득을 받는 일을 하기 시작한 기간은 2년이 채 되지 않는다. 중학교 2학년 때부터 짧게 설거지 아르바이트, 편의점 아르바이트 등을 해보기는 했지만, 스무 살이 되면서 본격적으로 일을 해보자는 마음을 먹고 광고대행사, 서울시 뉴딜일자리, 장애인단체, 사회단체, 행사단체 등에서 면접을 보기 시작했다. 그는 자신이 "노동에 대한 경험은 적은데 면접은 되게 많이 봤다"라고 이야기한다. 그리고 면접 현장에서부터 명태 씨는 다양한 갈등을 마주한다. 장애인 특별채용이 있어 지원서에 장애를 명시했는데, 그의 장애는 면접의 주요 질문으로 사용되었다.

"심장장애 3급이 어떤 거예요? 혹시 심장이 본인 거예요?"라는 말을 한 거예요. 저는 그때 어이가 없어지고. "네, 심장 당연히 제 겁니다. 제 거예요" 했어요. 면접장에서 다들 웃으시고. 근데 그때 되게 자존심이 상했거든요. '왜 웃지? 내 심장 내 거라는데.' 가끔씩 못 알아먹는 분이 있어요. "저는 심장병이 있어요" 하면은 막 발음이 새니까 "콩팥?" 이래요. "아니요. 하트가 아파요. 하트. 내 몸의 하트." 막 중2병 걸린 것 같고. 이런 게 있겠네요, 질병에 대한 낙인. 내 병에 대해 설명을 해야 할 때.

명태 씨는 자신의 병을 잘 알지 못하는 면접관에게 "심장이 본인 거예요?"라는 질문을 받았다. 장애인 일자리의 면접관조차 장애에 대한 무지를 부끄러워하지 않는 비장애인 중심적 태도를 드러낸 장면이다. 면접 현장에서 명태 씨가 마주했던 "심장이 본인 거냐"라는 질문이나 명태 씨에게 일어나지도 않은 일을 상상하며 채용을 망설이는 상황 등은 직무와 직접적으로 관련이 없는 심장병에 대한 편견에 기인한다. 이렇게 장애인 채용 면접 과정에서 직무와 무관한 장애에 관한 질문은 차별적 결과를 낳을 수 있기 때문에 종종 법적 소송으로까지 이어지지만,[5] 사회는 아직 면접위원의 재량권을 넓게 인정한다. 이런 탓에 실제로 많은 장애인이 면접에서 차별을 경험한다.

그리고 명태 씨는 필수적으로 병원에 가야 하므로 면접을 볼 때 3개월에서 6개월에 한 번씩 병원에 가야 하는 자신의 상황을 이야기한다. 그랬을 때 어떤 면접관들은 명태 씨의 채용을 망설이는 태도를 보이기도 하고, 무엇보다 일하는 중에 명태 씨에게 무슨 일이 생기지는 않을까 하는 불안함을 내비치기도 한다.

약간 망설이는, 고개를 기웃거리는. 3개월에서 6개월인데. 인턴 기간도 짧은데, 약간 애매한. 위험한 질병이라 생각하니까. 만약에 이 친구가 일하다가 넘어지거나 마비를 일으키면은 자기들은 구해줄 수 없으니까 뽑기 되게 불안해하는 것 같아요.

이러한 질병에 대한 낙인과 편견은 명태 씨의 취업을 방해하는 요인으로 작용한다. 다른 사람들과 똑같이 혹은 더 잘할 수 있는 일이 있는데도 불구하고 우리 사회는 심장병이 있는 사람이면 으레 아무 일도 하지 못할 것이라는 편견으로 명태 씨에게 종종 차별을 경험하게 한다. 아파도 건강하게 살아갈 수 있고 조금의 이해와 도움이 있다면 일도 하고 몸도 관리하며 살아갈 수 있는데, 우리 사회에 그러한 상상력이 부족한 것이 아닐까 생각해본다.

일터에서 적응하기: 일도 미숙하지만, 사회생활이 어려워요

여러 번의 면접을 보고 나서 명태 씨는 스물네 살에 국가가 지원하는 청년 일자리 채용 파티를 통해 광고대행사에 입사를 했다. 하지만 2주 만에 "업무 불량"을 사유로 해고되었다. 일터라는 환경에 정해져 있는 시간과 업무 등에 명태 씨의 몸이 적응하기까지는 시간이 필요하지만 일터는 그의 상황을 이해해주지 않은 듯하다. 그 후 스물다섯 살에 명태 씨는 지역주도형 청년일자리 사업을 통해 문화행사 용역업체에서 4개월간 다시 일을 할 수 있었고, 현재는 코로나19 긴급일자리 안에서 다양한 행정업무를 보고 있다. 명태 씨의 근무 기간은 일자리에 따라 길게는 4개월, 짧게는 2주였다. 그는 여러 일을 경험하면서 자신에게 적절한 육체노동을 정의할 수 있게 되었다.

저와의 협상이라고 해야 하나? 어느 정도 움직이는 것도 좋아하고, 제가. '근데 난 택배는 절대 못 나른다' 그런 생각이 있기 때문에. '나 무거운 거 절대 못 나른다' 해서 어느 정도 협상을 본 거예요. '이삿짐 정도는 옮길 수 있지만, 이삿짐이 일상이 되면 안 된다'는 모토를 가지고 했기 때문에. 그래서 제 신체 컨디션을 생각해서 일자리를 구했죠.

이 기간에 명태 씨는 어렸을 때부터 신체활동을 많이 하지 않았던 자신의 몸 상태를 고려했을 때 "택배 노동자만큼은 아니지만 어느 정도 움직임이 있는 강도"의 업무가 적절하다는 생각을 하게 되었다. 이렇게 그는 일의 조건과 의미 등을 경험 속에서 하나씩 찾아가고 있다.

일단은 인턴 경험이 없으니까, 노동에 대한 경험이 없으니까 물론 일이 미숙한 것은 당연한 거구. 노동 경험이 없다는 게 뭐냐면 결국은 사회적인 눈칫밥을 많이 보잖아요. 회식을 하면은 어른들 먼저 술 따라줘야 하고 이런 게 있는데. 그런 사회문화? 그런 사회문화를 제가 알바를 많이 안 해봐서 몰라서, 약간 그런 어려운 게 있고.

조직생활의 규칙을 잘 모르고 일이 미숙해서 다른 직원의 눈치를 봐야 하는 상황이 명태 씨에게는 힘든 일이지만, 앞으로 사회 경험을 더 하면 괜찮아질 거라고 생각한다. 무엇보다 명태 씨는 병원에 가는 일이 힘들었다. 대학병원 정기 진료는 주말이나 평일 저녁보다 평일 일과 시간에 주로 있기에, 상사에게 미리 허락을 받아야 한다.

월차가 발생되기도 전에 예약일이 다가오고. 대표님이나 그런 분들한테는 말해요. "병원을 가야 한다. 근데 업무도 봐야 하니까 오전 반차나 오후 반차나 아니면 하루 빼달라. 월차는 아직 안 나왔지만 대신 내가 몇 시간을 쪼개서 야근을 하겠다. 아니면 주말에 나오겠다" 이런 식으로 쇼부를 보고. (중략) 업무 투입된 다음에 1주일 뒤에 병원 예약이 된 거예요. 그럼 정말 곤란하잖아요. 나는 진짜 아무것도 못 하는 인턴일 뿐인데, 입사하자마자 "대표님, 저 병원 가야 해요" 하면 어느 누가 좋아하겠냐고요. 그럴 땐 그래서 병원에 얘기하죠. "아직 업무 초기라서 병원을 못 갈 것 같다."

일을 시작한 상황에서 병원 예약일이 다가오는 것은 명태 씨에게 큰 압박이었고 병원에 가야 하는 시간을 확보하는 것은 스스로 해결해야 하는 큰 숙제와 같았다. 병원 가는 것을 허락받은 후에는 빠진 시간만큼을 야근, 주말 근무 등으로 어떻게든 채웠지만, 많은 경우 명태 씨는 병원 예약을 연기할 수밖에 없었다.

일: 건강을 책임지는 비용과 재활의 의미죠

그는 최근 정규직의 안정성이 건강을 관리하며 일해야 하는 자신에게는 다양한 측면에서 중요하겠다고 생각하게 되었다. 얼마 전 자리, 명함, 사물함도 없던 곳에서 일한 경험이 그가 바라는 노동환경의 조건을 더 생각하게 하는 계기였다.

간단한 건데, 명함이 있고 와이파이가 잘 터지고 내 짐을 놓을 수 있고 내 자리가 있는 그런 환경이 있는 정규직. 정규직이었으면 좋겠어요. 정규직인 사람들이 약간 가족들같이

유대감이 더 있을 것 같아서요. "내가 아픈 사람이고 난 3개월이나 6개월마다 외래 진료를 받아야 하고, 그리고 내 비상약도 여기 있으니까 내가 위급할 때 꺼내서 주시면 됩니다"라고 하는 걸 조금 더 인식시켜줄 수 있는 직장. 그게 결국은 정규직이거든요.

자신을 드러낼 수 있는 도구로서의 명함, 자신의 비상약을 넣어둘 수 있는 사물함은 이제 명태 씨가 일을 하는 데 중요한 조건이다. 그리고 정규직이 되면, 반차나 월차 혹은 병가로 병원에 가는 일정을 당당히 사용할 수 있고, 동료들에게 자신의 몸 상태를 솔직히 말하며 위급할 때 나에게 필요한 조치를 알려줄 수 있다. 이렇게 일할 수 있다면, 주변 사람들이 명태 씨의 질환으로 인해 나타날 수 있는 위급한 상황을 상상하며 가지게 되는 과도한 불안감이 조금은 해소될 수 있을 거라 생각해본다.

명태 씨에게 일이란 건강관리에 들어가는 비용을 해결하기 위한 방법이기도 하고 재활 그 자체이기도 한데, 핵심은 "건강을 위한 것"이라는 점이다. 이것은 명태 씨의 생존과도 연결되는 부분이다. 동시에 명태 씨가 일터의 조건이라고 이야기한 "명함"과 "자신의 자리"는 조직에서 자신의 존재를 분명히 하고 존중받고 싶은 그의 사회적 욕구를 드러낸다.

일은 저한테 현실적으로 생각을 하면은 나의 건강을 책임지는, 나의 건강을 회복시키기 위해서 들어가는 비용. 어쨌든 내가 내 노동을, 내가 내 체력을 이용해서 돈을 벌어서 내 삶을 연명하기 위해서 검사 비용을 내고, 내 스스로 약값을 지불하고 이런 현실적인 의미의 일이 있고. 또 다른 이유는 재활적인 의미 같아요, 재활. 어쨌든 사람은 몸을 안 쓰면 되게 삐걱거린단 말이에요. 지금도 자주 안 움직여서 무릎이 아프고 그런데 맨날 걸을 때마다 아파요. 근육통 있다고. 이건 자영업자 일 때문에 스트레스로 근육통을 얻은 건데. 그래서 뭔가 반복적으로 뭔가를 해줘야지 심장 기능에도 좋고. 어쨌든 잘 나가줘야 한단 말이에요.

명태 씨에게 일이란 소득, 자기를 인정받을 수 있는 기회, 건강관리, 재활 등 다양한 의미가 있다. 그리고 그것은 명태 씨의 모든 일상에서 이루어지는 것이기에, 장애가 극복의 대상이 아니라 함께하는 것이라는 그의 사유와 연결된다. 그렇기 때문에 우리는 그가 강조하는 일터의 조건을 진지하게 고민해 볼 필요가 있다. 만성적으로 아픈 사람도, 장애가 있는 사람도 일터에서 배제되지 않고 일할 수 있고, 몸의 속도에 따라 업무의 양이나 속도를 스스로 조절해서 일할 수 있다면 명태 씨를 비롯한 골골한 청년들의 분투적인 삶이 조금은 해결될 수 있지 않을까.

팬데믹과 신체적 취약성:
병원에 갈 때마다 설명해야 해요

명태 씨는 코로나19 팬데믹을 겪어내는 시간이 여러 가지로 힘들었다. 우선 심장병과 축농증이 함께 있어 입으로도 호흡을 해야 하는 명태 씨에게 마스크는 너무 답답한 도구다. 기저질환이 있는 사람은 특별히 조심하고 집에 머물라는 권고와 마스크는 그에게 신체적 취약성을 다시금 깨닫게 하는 일이 되었다.

일단 마스크를 매일 써야 하니까. 마스크 쓰는 걸 되게 답답해해요. 제가 축농증이 있어가지고. 심장병 있는 애들이 축농증까지 있으면 의사 선생님, 주치의가 그러는 거예요. "얘네들은 입으로 호흡한다. 보통 사람들은 코로 호흡을 하는데, 입을 닫고 있어도 코로 호흡을 할 수 있는데 얘네들은 둘 다 한다. 코도 쓰고 입도 쓰는데. 산소포화도가 항상 부족한 아이들이니까." 마스크 쓰고 있는 걸 되게 답답해해요. '마스크를 계속 써야 하기 때문에 힘들다. 숨쉬기가 불편하다.' 익숙해져서 괜찮기는 한데 항상 입이 말라요. 입이 자꾸 마르니까 물도 자주 마셔줘야 하는데, 입으로 숨 쉬니까. 마스크 쓰고 있으면 물을 마실 수 없으니까 불편하고.

숨을 쉬는 게 불편하니 입이 자꾸 마르고, 그럼 물을 자주 마셔야 하지만 마스크를 쓰고 있으니 물 마시기도 불편한 악순환이 계속된다. 또 지자체에서 기저질환이 있는 장애인에게 제공하는 마스크가 있기는 하지만, "이게 최선일까?"라는 생각이 든다. 만성질환자들의 개별성을 고려한 지원이 이루어질 수는 없는 것인지 아쉬움이 남는다. 그리고 무엇보다 명태 씨에게 코로나 시기에 가장 큰 걱정은 병원이었다. 코로나에 걸린다면 제대로 치료받을 수 있을까 걱정스럽다.

'만약에 내가 양성이 되면은 어떻게 해야 할까?' 격리는 격리인데 제가 병원으로 가야 하잖아요. 저는 일단 부모님께서는 "너는 무슨 사고가 나면은 너는 무조건 너가 다니는 병원으로 가야 한다" 하거든요. "거기가 네 병을 다 알고 있고 차트가 거기 다 있으니까 다른 병원에 가면 넌 죽을 수 있다" 해서. '코로나19에 걸려 병원으로 가야 할 때 나는 과연 그곳으로 갈 수 있을까?'라는 생각들이 있어요.

감염의 위험성을 늘 인지하지만 만약 자신이 코로나에 걸린다면 기저질환이 있는 자신의 몸 상태를 잘 알고 있는 주치의가 있는 병원으로 갈 수 있을지 걱정이 있다. 명태 씨의 질환은 그의 전 생애를 함께해왔고 정기적 검진과 약 복용으로 계속 관리를 해야 하기에 명태 씨의 치료 이력이나 약 정보 등은 치과 진료나 감기약 처방에서도 참고가 되어야 할 만큼 중요하기 때문이다.

내가 얼마 전에 감기로 진료를 동네 병원에서 받았다는 게 대학병원에도 공유되면 좋겠어요. 왜냐면 병원 갈 때마다 설명을 하거든요. "나는 무슨 병이 있고, 몇 살 때 수술받았고, 나는 원래 타이레놀이 잘 안 듣는 체질이고, 약은 이거 이거 먹고 있다" 해서 "괜찮은 약으로 달라, 독한 걸로" 하면은 해주시기는 하는데 이 설명을 하면은 입이 너무 아파요. 내가 감기 때문에 아파서 왔는데 감기 설명하기도 바쁜데 '내가 이래서 아파요' 하는 시간 플러스 내 병을 설명하는 시간을 들여야 한다는 게 너무 힘들고. (중략) 차트가 돌았으면 좋겠어요.

그렇기에 명태 씨는 얼마 전 감기에 걸려 찾아간 동네 병원에서 자신의 질환을 자세히 설명해야 했던 일을 떠올리며 "대학병원의 차트가 동네 병원까지 공유되면 어떨까"라는 상상을 해본다. 단순한 감기약이라고 할지라도 몸 상태에 맞는 약을 타야 하기에 의사에게 자신의 심장장애와 수술 이력, 현재 먹고 있는 약의 종류 등을 알려줘야 하는 상황의 반복이 힘들기 때문이다. 그리고 코로나19를 지내면서 그 불안감이 커졌다.

코로나19는 전 세계적으로 유례없는 위기지만, 그 시기를 지내는 경험은 사람마다 다르다. 만성질환을 지닌 사람들은 코로나19 팬데믹 시기에 감염 우려 등으로 의료서비스 이용률이 낮아진 것으로 보고되는데,[6] 명태 씨 역시 코로나19와 병원비 부담, 업무 등이 복합적으로 작용해 검진 시기를 미루기도 했다. 그리고 주치의가 아니면 자신의 병력을 스스로 말해야 하고, 산정특례 코드번호까지 외워서 말해줘야 했던 숱한 경험은 환자가 자신의 몸 상태와 병의 역사를 스스로 말해야 하는 현실을 드러낸다. 그렇기에 그는 기저질환자에게 집에 머물라는 권고나 장애인용 마스크를 지급하는 데 그치는 것이 아니라 심장 질환을 지닌 이들이 코로나에 걸린다면 어떤 치료를 받을 수 있는지, 만약 응급 상황이 된다면 환자가 말하지 않더라도 의료기관에서 어떤 준비를 해야 하는지 알려주면 어떨까 상상하곤 한다.

다양한 정체성과
건강할 권리

명태 씨는 일이 없는 날은 대부분 집에 머물며 혼자만의 시간을 보내거나 자신이 소속된 협동조합 일을 한다. 그리고 그는 학창 시절 친구들보다는 성소수자 인권 활동을 하면서 만난 친구들과 주로 교류한다. 명태 씨는 일 이외의 일상을 채우면서 끊임없이 자신의 생활과 관련된 고민을 하고 있다. 무엇보다 명태 씨는 자신의 병에 대해 더 알고 싶다고 이야기한다.

그리고 제 병에 대해서 더 알고 싶어요. 이러한 사례가 진짜 너무 궁금해가지고. 제가 젠더퀴어 정체성도 갖고 있다 보니까. '남자 뇌, 여자 뇌'를 믿는 것은 아니지만, 만약에 제가 트랜스 의료적 시술을 받고 싶다고 할 때 심장은 좀 다를 수 있잖아요. 수술도 대수술이니까. 그래서 친구한테 "심장병 환자인데 트랜스젠더 의료적 시술을 받은 적[케이스가] 있냐" 했을 때 친구가 "있기는 하겠지만 그 자료가 번역이 안 되어 있을 거다" 이랬던 적이 있고. 만약 질병 당사자가 퀴어 정체성을 갖고 있으면 어쨌든 필요할 텐데, 이런 거. 주치의가 환자의 정체성을 알고 있는 것은 커밍아웃의 문제겠지만 좀 알려줬으면 좋겠어요. '당신은 이런 질병을 갖고 있고 어떤 것을 조심해야 하며……' 이런 걸 천천히 소개하는 시간? 외래 진료 중에서 하루 정도 이런 시간이 있었으면 좋겠고. 이런 정보들이 인터넷에 가짜뉴스 말고 좀 전문적인, 환자가 납득할 수 있는 논문적인 게 있었으면 좋겠어요. 하나 찾기는 했는데 전 그것 때문에 알게 됐거든요. 제 질병에 대해서.

질병뿐 아니라 성소수자 정체성을 동시에 가지고 있기에 의료적 시술과 관련해 자신이 더 알아야 할 정보가 있을 텐데 전문적 정보를 구하기가 쉽지 않다. 정체성에 관한 심리상담을 여러 번 받긴 했지만, 질병과 통합적으로 상담해본 적은 없다. 의료적 트랜지션 수술이 현재 자신의 심장 질환뿐 아니라 몸에 어떠한 변화를 주는지, 혹은 이 수술을 위해서는 지금 먹는 약물을 조절해야 하는지 등을 알고 싶지만 의료적 조언을 받기 어렵다. 지금 다니는 병원의 담당 의사, 즉 내과 의사와 상담하기에는 아웃팅이 걱정되기 때문이다.

이러한 우려는 명태 씨 개인의 성향으로만 바라볼 수 없다. 2014년 《성적지향·성정체성에 따른 차별 실태조사》에 따르면, 최근 5년간 의료기관을 이용한 적이 있는 트랜스젠더 78명 중 28명, 즉 35.9퍼센트가 의료진으로부터 "부적절한 질문이나 비난을 받는 등" 의료기관에서 사회적 낙인과 차별을 경험한다는 보고를 볼 수 있다.[7] 의료적 트랜지션을 받고자 하는 사람 역시 중증질환이 있을 수 있다. 강력한 성별 이분법과 위계, 이성애 중심주의, 비장애 중심주의는 한 사람이 지닐 수 있는 다면적 정체성, 즉 성소수자의 존재를 가린다. 몸이 어떠해야 한다는 믿음은 이들의 존재뿐 아니라 이들이 겪는 몸의 고통을 제대로 바라볼 수도, 치료할 수도 없게 만든다.

또한 등록장애인구의 0.2퍼센트뿐인 심장장애는 지체장애, 청각장애, 뇌병변, 시각장애, 지적장애, 정신, 신장, 자폐성, 언어, 장루/요루, 간, 호흡기, 뇌전증, 심장 등 15가지 장애유형 중 두 번째로 인원이 적은, 즉 많이 알려지지 않은 장애다.[8] 그래서 심장장애인의 경우 제도적인 혜택에서 많이 배제되고, 사람들이 생각하는 장애인의 전형적 모습이 아니기 때문에 스스로 "나는 장애가 있습니다"라고 말하고 증명해야 한다.

장애가 신체 내부에 있는 장애인들은 진짜 혜택이 좀 적은 것 같아요. 제도적인 혜택도 좀 적고. 그냥 정상인으로 보는 느낌? 장애의 정체성이 잘 발현되지 않으니까 "너희는 정상인이잖아"라는 편견이 강하고, 어떠한 제도에 들어가려고 해도 증명하는 것도 그렇고. (중략) 장애인이라는 딱지에서 비장애인으로 바뀐다, 이게 좋은 현상이긴 한데. 홈리스, 수급권자도 마찬가지예요. 이 사람이 상황이 나아지는 건 좋은 거예요. 근데 그걸로 인해서 내가 받고 있는 정부 혜택이 끊긴다, 이건 안 좋은 거거든요. 만약 기초생활수급자가 일을 구했어요. 일을 구하면 자기가 가지고 있는 기초수급비용을 뺀대요. 그런 것처럼. 근데 그러면은 좀 불편한 게 내가 이걸로 살고 있었는데 월급은 후불제잖아요. 월급은 후불제고 언제 어떻게 잘릴지 모르는 상황에 갑자기 끊긴다? 이러면은……. 저는 진짜 그랬던 적이 있었어요. "장애수당 바로 끊겠다" 해놓고 끊었어요. 근데 다음 날 제가 잘린 거예요. 그래서 잘려가지고 장애수당을 다시 등록을 해야 하는 거예요. 근데 등록을 하려면 두 달이 걸린대요, 신청을 해놓고. 그러면 이제 저는 망하는 거예요. (중략) 사람의 질병적인 상황, 생존 가능성, 이런 걸 고려해서 기본소득 정도는 줬으면 좋겠어요.

그에게 "장애인 딱지"는 단순히 장애인과 비장애인을 구분하는 것이 아니라 국가로부터 다양한 혜택을 받을 수 있는 자격이며 생활을 위한 최소한의 비용을 지원받을 수 있는 조건이다. 따라서 장애인에서 비장애인으로 바뀌는 것이 좋다고 생각하겠지만 "장애인 딱지"를 떼어낸다는 것은 명태 씨가 받아왔던 장애수당을 당장 잃는 것을 의미한다. 실제로 명태 씨는 언제 잘릴지 모르는 불안정한 일터에서 일하고 있는데도 일을 하고 있다는 사실이 수당 수급 자격을 탈락시키는 조건이 되어 힘들었던 경험이 있다. 이에 명태 씨는 국가가 질병 당사자의 질병 상황, 생존 가능성 등을 고려해서 기본소득 정도는 보장해주면 어떨까 생각한다.

명태 씨는 심장장애를 가지고 태어났고 어린 시절 수술을 했지만, 평생 심장장애와 관련된 다양한 치료를 지속해야 한다. 명태 씨의 질환은 선천성 질환이었기에 의료적 기준에 의거한 정상적인 심장 기능을 경험해본 적이 없다. 그렇기 때문에 명태 씨가 가지고 있는 현재의 심장 상태는 그를 설명해주는 정체성과 같다. 그러나 가족과 사회는 있는 그대로의 그를 인정하기보다 자신들의 잣대로 명태 씨를 평가했고 그가 가질 수 있는 다양한 능력을 건강 상태와 결부시켰다. 무엇보다 등록장애인구 중 소수인 심장장애, 겉으로 드러나지 않는 만성질환을 지닌 성소수자 등 그의 다양한 정체성은 장애 정책이나 보건 정책 등에서 적극적으로 고려되지 않는 상황이기에 명태 씨가 경험할 수 있는 건강상의 문제, 사회제도에서의 배제 문제 등은 그가 혼자 감당해야 하는 부분이다.

명태 씨의 고민과 어려움은 앞으로도 계속될 가능성이 크다. 장애가 있는 노동자 혹은 취업 준비생으로서 일터에서 자신의 질환을 이해시켜야 하는 과정, 심장장애가 있는 장애인이지만 그것에 대한 사람들의 인식이 부족해 겪게 되는 사회적 편견이나 정책에서의 소외, 그리고 심장장애가 있는 성소수자로서 알고 싶지만 부족한 의료적 지식과 정보 등. 이러한 상황에 대한 적절한 대안의 마련은 그가 더 나은 삶을 살아갈 수 있게 하는 조건이 될 것이다.

아픈 이들의 목소리에 귀 기울이기:
대항서사로서의 질병서사

병이 있더라도 당연히 할 수 있는 것들이 있어요. 무거운 상
자를 들 수 있고 운전도 할 수 있잖아요. 근데 사람들은 아
프다고 하면, 중증 환자의 아픈 모습을 떠올리며 그것에 부
응하지 않으면 비난하는 것 같아요……. 청년이라고 하면
남성, 건강한 청년, 예를 들어서 박카스 CF에 나올 거 같은.
'열심히 살아라. 지금은 힘들지만 나중에 다 이뤄질거야' 그
게 아니라 '아픈 채로도 자기가 할 수 있다. 자기의 인생을
스스로 꾸려나갈 수 있다'.

—하양 씨 인터뷰 중에서

질병에 관한 이야기는 오랫동안 의학이 독점해왔다. 현대

의학은 인간의 몸을 장기, 조직, 세포, 유전자로 세분화했고, 통계와 임상 사례를 근거로 해부병리학적 판단에 따라 독해한다. 이 과정에서 개인의 질병 경험, 고통, 그리고 그에 대한 해석은 보편적이고 객관적 지식 뒤로 밀려났다. 하지만 아팠던 경험은 의료기록지인 차트와 처방전에 국한되지 않는다. 아픈 개인이 신체적 고통을 어떻게 이해하는지, 어떤 희망과 두려움으로 시간을 보내는지, 아픈 채 살아가며 어떤 사회적 낙인과 사회적 고통에 직면하는지, 이를 어떻게 협상하는지, 이 이야기들에 귀 기울이지 않으면 이들의 경험과 생각을 통해 배울 기회가 사라진다.

만성질환은 오랜 기간 병과 함께 살아가야 하기에, 진단과 치료, 수술이라는 단편적 일화로 아픈 이의 경험을 파악하기 어렵다. 이에 아픈 이들의 질병 경험과 내면세계를 분석하는 방법론으로 질병서사illness narrative가 도입되었다. 질병서사는 아픈 이가 진단부터 치료뿐 아니라 자기 삶에서 겪은 장기간의 고통과 경험에 관해 말하는 이야기다. 이 이야기는 화자가 과거에 겪은 경험을 담는다. 이야기에서 화자의 의지와 의도에 따라 머릿속 사건들이 중요한 사건과 불필요한 사건으로 분류되고 시간적 순서로 재배치된다. 그렇기에 서사는 화자가 자신의 삶에서 과거의 사건을 이해하는 방식, 그리고 현재의 가치관이 정립되는 과정, 그리고 미래의 행위를 기획하는 틀을 드러낸다. 의료인류학자 아서 클라인먼은 질병서사를 개인의 "질병 의미에 대한 자기반성적 싸움"[1]이라 명명한다. 아픈 이들은 질병으로 인해 변화를 겪으며 '나는 누구인가', '나는 어떻게 될 것인가'를 고민하는데, 질병서사를 통해 개인의 과거 역사, 현재 상황, 미래에 대한 예상 등을 연결하며 답을 찾아나가는 것이다. 질병서사는 개인과 개인의 세계가 질병에 영향을 끼치며 질병에 의해 영향을 받는다는 것을 이해하는 중요한 도구다.

인터뷰를 통해 우리가 만난 골골한 청년들은 그들을 바라보는 우리 사회의 시선이 변화해야 한다고 한목소리로 이야기했다. 질병의 종류, 질병의 중증도, 발병 연령 등 건강 상태도 다를 뿐 아니라, 성별, 거주지, 학력, 직업력, 소득, 부모의 지원 등에 따라 서로 다른 경험을 했는데도 말이다. 하양 씨는 우리 사회가 "박카스 CF"에 등장할 것 같은 청년, 즉 미래를 위해 열심히 노력하는 몸도 마음도 건강한 남성 청년만 청년으로 여긴다고 이야기한다. 이는 아팠거나 아픈 채 살아가야 하는 골골한 청년이 느끼며 갈등하는 우리 사회의 시선과 인식을 드러낸다.

건강하고 젊고 활력 넘치는 몸을 찬양하며, 운동, 식단, 시술 등으로 몸이 더 나아질 수 있다고 말하는 우리 사회 같은 곳은 질병을 개인의 잘못으로 여기게 만든다. 우리가 만난 청년들은 증상이 악화하지 않도록 자신의 만성질환을 적절히 관리하면서 지내려고 하지만, 여전히 아픔 몸을 개인의 의지 부족으로 여기는 사람들의 시선을 토로했다. 왜 사람들은 이상적 기준에 벗어난 몸, 아픈 몸, 골골한 몸, 허약한 몸, 장애를 지닌 몸을 사회적 이상에 맞는 몸으로 바꿔야 한다고 여기고, 그렇지 못하면 잘못된 것이라고 여기게 된 걸까?

장애여성철학자 수전 웬델은 질병이나 장애를 지닌 몸, 허약한 몸으로 살아가는 경험을 "거부당한 몸rejected body"이라고 명명하는데, 이는 몸을 통제할 수 있다고 믿는 환상에서 비롯한다고 진단한다. 이때 통제란 행동이라는 수단으로 우리가 원하는 신체를 만들 수 있다는 가정을 포함하며, 인간이 통제 가능한 존재, 즉 인간이 자신의 건강이나 병을 자기 뜻대로 노력한다면 조절할 수 있다고 생각하는 것은 사회적으로 비정상적이라 여겨지는 몸들에서 우리가 탈출할 수 있다는 가능성을 믿게 만든다.[2]

몸을 통제할 수 있고 통제해야 한다는 환상은 아름답고 경쟁력 있는 몸을 개인이 노력한 결과로, 스펙의 한 영역으로 여기게 만들었다. 신체발부수지부모身體髮膚受之父母라는《효경》의 첫 구절은 이제 옛말이 되었다. 부모로부터 물려받은 몸은 더 이상 터럭 하나라도 훼손하면 안 되는 것이 아니다. 우리의 몸은 운동, 식단, 시술 등 노력과 자기계발의 대상이 되었다. 질병, 장애, 노화, 죽음은 이제 최대한 피해야 하는 것으로 여겨지는데, 그럴수록 우리 사회에 존재하는 다양한 몸은 배제된다. 장애와 질병을 지닌 이들이 질병과 장애를 극복한 영웅으로만 미디어에 나온다면, 이들의 일상적 삶, 사회적 관계, 감정, 서로 다른 신체의 필요 등에 대한 이야기는 거의 다루어지지 않게 된다.

질병서사는 건강의 정상성이 우리 사회에 존재하는 기존의 불평등과 결합되어 작동하는 순간, 바로 그 순간의 경험을 담아내기도 한다. 우리가 만난 골골한 청년들 가운데 몇몇 여성은 각기 다른 질환을 가지고 있지만 젊은 여성의 병을 성적인 문제로 말하는 그 순간을 상세히 묘사하며 분개한다. 홍이 씨는 신장 질환으로 진료를 받기 위해 반차를 썼다. 병명을 알리지 않았지만, 동료들은 신장 질환이 마치 생식기와 배변 문제인 것처럼 그녀의 병을 부풀리며 농담과 안줏거리로 삼았다. 연두 씨는 아픈 허리를 두드리자, "애 낳을 수 있겠냐", "남자도 허리가 중요한데 여자도 중요하지 않겠냐"라는 남자 상사의 훈수를 들었다. 아픈 몸으로 일하는 동료에게 필요한 도움을 조심스레 물어보기보다, 출산이 가능할지 타박할 뿐이었다. 사회 초년생인 골골한 여성들은 질병이 여성의 자질, 행실이나 출산 가능 여부 등으로 해석된다는 점에 분노했다. 아프고 골골한 몸은 여성으로서 부끄러워해야 하고, 손가락질받아도 되는 몸처럼 공공연히 이야기된다. 이들은 그것이 성적 모멸감을 주는 방식으로 경험되기에 그것을 성희롱이라 명명한다. 이처럼 질병에 대한 사회적 낙인은 젊은 여성을 향한 가부장적 편견과 교차하며 작동한다.

　　골골한 남성들 역시 젠더화된 사회적 낙인에서 자유롭지 않았다. 하늘 씨는 크론병 발병 후 약해지고 느려진 자신을 남성 동성 사회에서 깔보고 무시한다며 남성 신체에 요구되는 이상이 무엇인지 질문한다. 강한 신체가 바로 헤게모니 남성성의 핵심적인 주된 조건으로 여겨지기 때문이다. 만성질환을 지닌 남성들이 몸이 아파서 누군가에게 의존하면, 독립적이고 책임감 있는 남성이 아니라는 주변화된 남성성을 경험하게 된다. 누구나 아프면 매일 홀로 했던 옷을 입거나 씻거나 움직이는 등의 일을 누군가의 도움을 받아서 수행하게 될 수도 있는데 말이다. 이처럼 질병은 개인적 능력과 일상, 가족, 사회적 관계에 영향을 준다.[3]

장애와 질병을 지닌 이들이 직면한 신체적 정상성과 여성성/남성성이라는 사회적 기대는 이들의 자아와 일상에 영향을 준다. 장애를 극복하고 병을 이겨내야 한다는 정상성서사 normalcy narrative가 지배하는 사회에서, 질병서사는 몸을 통제할 수 있다는 믿음을 흔들며 다양한 신체를 배제하고 그것을 비정상이라 규정하는 담론에 저항한다. 우리가 만난 골골한 청년들은 치료해도 여전히 아픈 몸을 의지와 노력의 부족으로 여기는 사회적 편견에 저항한다. 이들은 자신의 몸을 과신하지도, 병을 무시하지도 않았다. 이들은 한계를 지닌 몸을 수용하며 살아갈 뿐이다.

골골한 청년들은 크론병, 만성통증, 만성위염, 비염, 심장 질환, 소뇌염, 자가면역 질환 등 아픈 몸으로 인해 거부당하고 차별당하는 피해자로만, 도움이 필요한 사람으로만 자신의 경험을 이야기하지 않았다. 무엇이 문제인지, 아픈 내가 문제인지, 골골한 청년을 문제로 여기는 사회가 문제인지 끊임없이 질문한다. 영스톤 씨는 아프면 "혼자라고 생각할 수밖에 없는 순간"이 있지만, 아픈 이들에게 "혼자가 아니"라고 손 내밀며 다시 사회구성원으로 살아갈 수 있도록 조력하는 사회정책의 필요를 이야기한다. 성실 씨는 섭식장애, 우울증, 허리 디스크 등 질병을 단순히 몸의 문제로 여기지 않았다. 입시와 취업뿐 아니라 인적자원 개발이라는 자기계발에 매진하게 만든 사회, 외모 지상주의와 성범죄에 관대한 사회가 자신과 같은 젊은 여성들을 아프게 만들었다며, 의학적 처방뿐 아니라 사회적 처방이 없다면 더 아파질 수밖에 없다고 이야기한다. 많은 연구자가 질병서사를 대항서사counter-narrative로서 주목하는 이유가 바로 여기에 있다. 질병서사는 화자가 젠더와 건강의 정상성을 어떻게 경험하고 해석하는지, 이들의 사회적 고통이 무엇이고 무엇이 바뀌어야 하는지, 즉 자신의 경험과 사유를 바탕으로 청자에게 이야기하기 때문이다.

서사는 누군가가 살아가고 경험한 인생의 의미를 이해하는 도구다. 아파야 보이는 것이 있고 아파야 알게 되는 것이 있다. 이들의 질병서사는 무엇이 문제인지 문제의 정의부터, 행위, 감정, 사건에 관한 개인적 해석을 드러낸다. 나아가 질병과 젠더가 권력을 분배하는 방식, 골골한 사람들의 삶을 가로막는 방식과 상처 입히는 방식을 드러낸다. 그렇기에 의료사회학자 아서 프랭크는 질병서사에 담긴 아픈 이들을 위한 변화와 실천 요구에 귀 기울이는 "상식의 사회에 대한 책임감"[4]을 요구한다. 이 책의 구술자들이 몸이 아파 사회에서 배제되고 상처받은 경험을 이야기한 이유는 하나였다. 인간의 존재론적 조건으로 육체적 취약성corporeal vulnerability을 인식하며, 나아가 이들의 사회적 고통을 줄이기 위해 어떤 사회정치적 변화가 필요한지 전하고 싶어 했다. 무력해지고 현실에 순응하기보다, 아프고 골골한 이에게, 아픈 이를 돌보며 그 시간을 함께 보내는 이에게, 언젠가 아플 수 있는 이에게 용기 내어 말 거는 것이다.

하지만 이들은
말하기를 멈추지 않았다

2022년 3월 26일 스스로 생을 마감한 30대 남성은 2주 뒤에야 발견되었다. "밥과 약을 잘 챙겨 먹고 말실수를 줄이자"라는 그이의 메모도 발견되었다.[1] "밥과 약을 잘 챙겨 먹자"라는 다짐에서는 앓고 있던 병을 회복하고자 하는 마음, 그리고 홀로 살더라도 스스로 자신을 돌보고자 하는 의지를 알 수 있다. "말실수를 줄이자"라는 부분에서는 사회적 관계에서 더는 어려움을 겪지 않으려는 나름의 노력을 엿볼 수 있다. 골골하고 아픈 몸이었음을, 그럼에도 자신을 다잡고 고군분투하며 살아간 청년임을 알 수 있다.

최근 20~30대 무연고 사망자 증가로 청년들의 고독한 삶에 대한 관심과 정책에 대한 요구가 높아지고 있다. 실업률은 높고 일자리는 불안정하다. 전문가마다 각기 다른 해법을 제시한다. 청년복지 정책과 자살예방 정책만으로는 부족하다. 설령 경제적, 사회적 대책이 마련된다고 하더라도, 이 책의 구술자들이 이야기한 살만한 삶livable life의 조건들 역시 함께 고려되어야 한다. 골골한 청년들이 말한 삶에 대한 열정과 의욕은 의식주의 해결뿐 아니라 실존, 즉 자신의 존재 의미를 추구할 수 있는 가치 있는 삶에서 비롯하기 때문이다.

이 책의 구술자들은 녹록지 않은 하루를 보내는 청년들에게 자신의 이야기가 전해지길 바랐다. 아팠던 시간에 자신이 책에서 위로받고 공감했던 것처럼 한국 사회에서 아픈 청년으로 살아가는 고투가 이 책을 통해 전해지길 바랐다. 또한 동시대를 살아가는 사람들에게는 골골한 청년들에 대한 공감과 이해가 높아지길 바랐다. 그 과정을 통해 구술자들을 포함한 골골한 청년들의 경험과 생각이 사회정책에 반영되길 바라기 때문이다. 그렇기에 출간에 동의하고, 저자들이 재구성한 자신이 생애 이야기를 직접 검토했다. 아픈 몸으로 살아온 자신의 역사를 말하는 것은 쉬운 일이 아니다. 상처받고 배제당한 경험, 한 사람의 존재 자체를 무시하고 모멸하던 그 순간을 기억하고 그 감정을 회고하며 이야기해야 했다. 너무 힘들 때는 쉬었다 이야기하거나 혹은 그 경험은 이야기하지 않아도 된다고 안내했다. 하지만 이들은 말하기를 멈추지 않았다. 삶의 내밀한 부분까지 이야기해준 구술자들에게 진심으로 감사드린다.

고통받는 사람의 목소리에 귀 기울이는 것은 우리의 책무

다. 아프고 골골한 사람들의 이야기는 종종 넋두리로 여겨지거나, 이야기 속 시간과 방향이 상실된 채 쏟아져 나오기도 한다. 아픈 이의 이야기를 듣지 않는 사회에서, 사람들은 단편적 일화 외에는 분위기가 무거워질까 봐 화제를 돌릴 수밖에 없다. 특히 만성질환을 지닌 이들은 "왜 아프대", "왜 아직도 아파", "안 나아?"라는 질문에 말하기를 멈출 수밖에 없다.

한 구술자는 자신의 생애 이야기를 함께 검토한 친구들이 자신을 오롯이 이해할 수 있게 되었다면서도, 처음 본 연구자와 나눌 수 있는 이야기였는데도 어째서 친구인 자신은 그에 대한 단편적 일화만을 들었는지 서운해했던 친구도 있었다고 말했다. 이는 구술자와 그 친구의 우정 방식과 깊이라는 개인적 문제로 치부할 수 없다. 사실 우리 삶은 너저분한 일들의 연속이다. 때로는 뭔가 형언할 수 없는 묘한 감정들이 일렁이기도 한다. 때로는 내 말을 상대가 이해할 수 있을까 고민되는 순간도 있다. 질병으로 인해 겪는 사회적 관계의 어려움, 갈등 역시 이에 해당한다.

아픈 시간을 이야기하는 데는 용기가 필요하고, 잊은 채 살아왔던 혹은 잊어야 살아갈 수 있는 기억을 끄집어내야 할 때도 있다. 한 구술자는 "만성질환으로 자신의 삶을 편성했지만, 정리된 삶의 맥락을 보니 생애사를 하길 잘했구나"라고 했고, 한 구술자는 최근 코로나19로 다시 취약한 몸임을 깨달아 힘들었는데 1년 전 인터뷰를 보고 다시 위안을 받았다고 했다. 인터뷰를 생애사 형식으로 작성하고 검토받는 2년의 시간 동안 구술자들과 만나며 연구자로서 또 다른 배움이 있었다.

　이 책은 사회건강연구소 연구에서 시작되었다. 우리 사회에 필요하지만 연구되지 않은 건강 문제를 발굴하고 대안적 사회구조와 삶의 방식을 모색하는 연구소인 사회건강연구소 회원들의 지원과 지지가 없었다면 시작도, 마무리도 하지 못했을 것이다. OECD 국가 중 노동시간이 가장 긴 나라 중 하나에서 골골한 이들이 건강하게 일할 수 있는 일터가 필요하다며 연구 기획부터 실질적 도움을 준 정진주 고문, "사지육신 멀쩡한 사람도 죽기 살기로" 일하고 쫓아가야 하는 현실을 바꾸면 좋겠다며 초고에 자문해준 김명희 박사, 한국여성노동자회 임윤옥 전 상임대표, 이 책이 세상에 나올 수 있도록 기획부터 애정 어린 의견을 준 이정신 편집자에게 특별히 감사의 말을 전한다.

　"골골하다"라는 말의 사전적 의미는 "병이 오래되거나 몸이 약하여 시름시름 앓다"인데, 이 책의 "골골한 청년"이라는 명명을 반긴 구술자들이 있었다. 그 이유는 첫째, 청년이라면 당연히 건강할 것이라는 사회적 편견 속에 그들의 존재가 지워졌기 때문이다. 둘째, 환자로 혹은 자신이 앓는 질환명으로 자신의 정체성이 매몰되지 않길 원했다. 셋째, 질병이 병리적 상태로 정의되며 때로는 질병을 신체적 결함으로 바라보는 사회에서 골골한 몸이 다른 몸, 다른 신체 상태로 명명되길 바랐다. 부족함이나 결함이 아닌 차이로 인식되길 바라는 것이다.

한 구술자는 "20~30년 전에 애를 낳으면 당연히 회사를 그만두어야 한다"라는 인식이 바뀌고, 출산휴가와 육아휴직이 제도화되지 않았느냐며, 아파도 눈치 보지 않고 회복의 시간을 보낼 권리가 필요하다는 사회적 인식이 확산되길 바랐다. 어쩌면 이는 일하다 다치거나 아파지지 않는 건강한 일터에 대한 한국 사회의 사회적 담론과 정책에 질병과 장애를 지닌 이들의 필요 역시 배제되지 않길 바라는 것일 테다.

이 책이 아프고 골골한 청년이 우리 사회에 존재한다는 것을 가시화하며, 이들을 위한 사회정책이 무엇인지, 나아가 아프고 골골한 이들의 사회권 보장을 위해 무엇이 필요한지 논의하는 데 디딤돌이 되길 바란다.

들어가며

1   김난도 외, 《트렌드 코리아 2018: 서울대 소비트렌드분석센터의 2018 전망》, 미래의창, 2017.

2   아서 프랭크, 《몸의 증언: 상처 입은 스토리텔러를 통해 생각하는 질병의 윤리학》, 최은경 옮김, 갈무리, 2013, 49~50쪽.

3   서문영, 〈'사장님귀는 당나귀귀' 매화 조리장, "아플 때 퇴근 안 시켜줘서 서운했다" 무슨 사연이길래?〉, 《시민일보》, 2019년 6월 28일, http://m.siminilbo.co.kr/news/articleView.html?idxno=641736.

4   Jeffrey Jensen Arnett, *Adolescence and Emerging Adulthood*, Pearson, 2014.

5   김세로, 〈더 벌어진 20대 출발… 상위 20% 자산, 하위 20%의 39배〉, 《뉴스데스크》, 2021년 10월 11일, https://imnews.imbc.com/replay/2021/nwdesk/article/6306455_34936.html.

6   김승연·최광은·박민진, 《장벽사회, 청년 불평등의 특성과 과제》, 서울연구원, 2020.

7   정세정 외, 《청년층 생활실태 및 복지욕구조사》, 한국보건사회연구원, 2020.

8   존 W. 크레스웰·셰릴 N. 포스, 《질적연구방법론: 다섯 가지 접근》, 조흥식·정선욱·김진숙·권지성 옮김, 학지사, 2015, 128~129쪽.

9 올리히 벡, 《위험사회: 새로운 근대(성)을 향하여》, 홍성태 옮김, 새물결, 1997, 20쪽.

1장. 영스톤 씨 이야기

1 남재욱·김영민·한기명, 〈고졸 청년 노동자의 노동시장 불안정 연구〉, 《사회복지연구》 제49권 제1호, 2018, 242쪽.
2 조해영, 〈한해 천억 쏟아붇는 서울시 뉴딜일자리… "알바만 못해요"〉, 《이데일리》, 2018년 11월 7일, https://www.edaily.co.kr/news/read?newsId=01295606619403424.
3 이재호, 〈일차의료의 가치와 근거, 현실과 대안〉, 《근거와 가치》 제5권 제1호, 2014, 6~22쪽.
4 김영·황정미, 〈"요요 이행"과 "DIY 일대기": 이행기 청년들의 노동경험과 생애 서사에 대한 질적 분석〉, 《한국사회》 제14권 제1호, 2013, 237쪽.
5 아서 클라인먼, 《케어: 의사에서 보호자로, 치매 간병 10년의 기록》, 노지양 옮김, 시공사, 2020, 76쪽.
6 공선영·박건·정진주, 《2019년 사회건강연구소 연구 보고서: 의료현장에서의 보호자 개념은 다양한 가족을 포함하고 있는가?》, 사회건강연구소, 2019.
7 같은 책, 49쪽.
8 강애란, 〈코로나19 국내 첫 사망자 발생… 63세 남성 사후 확진〉, 《연합뉴스》, 2020년 2월 20일, https://www.yna.co.kr/view/AKR20200220163551017.
9 Jose A. Meza-Palmeros, "Risk Perception, Coronavirus and Precariousness: A Reflection on Fieldwork under Quarantine", *Health Sociology Review* 29(2), 2020, pp.113-121, doi: 10.1080/14461242.2020.1785321.
10 최현숙, 《천당허고 지옥이 그만큼 칭하가 날라나》, 이매진, 2013.
11 신영전, 《퓨즈만이 희망이다: 디스토피아 시대, 우리에게 던지는 어떤 위로》, 한겨레출판, 2020, 28쪽.

골골함 깊이 읽기 1

1 Stephanie Bernell and Steven W. Howard, "Use Your Words

Carefully: What Is a Chronic Disease?", *Frontiers in Public Health* 4(159), 2016, doi: 10.3389/fpubh.2016.00159.

2   Suzanne Heurtin-Roberts and Gay Becker, "Anthropological Perspectives On Chronic Illness", *Social Science & Medicine* 37(3), 1993, pp.281-283, doi: 10.1016/0277-9536(93)90259-7.

3   Claudia Fonseca, Soraya Fleischer and Taniele Rui, "The Ubiquity of Chronic Illness", *Medical Anthropology* 35(6), 2016, pp.588-596, doi: 10.1080/01459740.2016.1194411.

4   Drew Leder, *The Absent Body*, University of Chicago Press, 1990.

5   Kathy Charmaz, "Loss of Self: A Fundamental Form of Suffering in the Chronically Ill", *Sociology of Health & Illness* 5(2), 1983, pp.168-195, doi: 10.1111/1467-9566.ep10491512.

2장. 성실 씨 이야기

1   전혜민, 〈서울 지하철 내 성범죄 신고건수, 작년에만 1000건〉, 《여성신문》, 2022년 9월 18일, http://www.womennews.co.kr/news/articleView.html?idxno=228035.

2   한형용, 〈수입보다 여가, 결혼 대신 동거, 이직도 가능: MZ 세대, 서울시민 35.5% 차지… 베이비부머와 가치관 차이 뚜렷〉, 《한국일보》, 2021년 8월 4일, https://m.dnews.co.kr/m_home/view.jsp?idxno=20210804133215190540.

3   김준일·임현주, 〈불안한 직장인들, '자기계발 강박증'〉, 《경향신문》, 2007년 3월 2일, https://m.khan.co.kr/national/national-general/article/200703021822461#c2b.

4   리차드 세넷, 《신자유주의와 인간성의 파괴》, 조용 옮김, 문예출판사, 2002, 139~140쪽.

5   한병철, 《피로사회》, 김태환 옮김, 문학과지성사, 2012.

6   피터 콘래드, 《어쩌다 우리는 환자가 되었나》, 정준호 옮김, 후마니타스, 2018.

7   박현주, 〈"평생 직장? 옛말이죠" 퇴사 결심하는 20·30세대: 20·30세대 절반 이상 "더 좋은 회사로의 이직 위해 퇴사"〉, 《아시아경제》, 2022년 7월 27일, https://view.asiae.co.kr/article/2022072616513391421.

8   원호섭, 〈직장인 37.5% '나는 퇴준생' 취업하자마자 이직 준비: 급여, 급한 마음에 취업해서 퇴사 준비〉, 《매일경제》, 2021년 6월 18일, https://

www.mk.co.kr/news/business/view/2021/06/590861/.

골골함 깊이 읽기 2

1   남궁준, 〈병가제도의 국제비교: 현황 및 시사점〉, 《노동리뷰》 제186호,
    2020, 7~18쪽.

2   근로기준법 제93조.

3   신기철, 〈상병소득보장제도 충실화 방안 연구: 급여소득자를 중심으로〉,
    《사회보장연구》 제127권 제1호, 2011, 134쪽.

4   김수진·김기태, 〈누가 아파도 쉬지 못할까: 우리나라의 병가제도 및
    프리젠티즘 현황과 상병수당 도입 논의에 주는 시사점〉, 《보건·복지 Issue &
    Focus》 제391호, 2020, 1~10쪽.

5   Tanja Stamm et al., "I Have a Disease But I Am Not Ill: A Narrative
    Study of Occupational Balance in People with Rheumatoid
    Arthritis", *OTJR: Occupation, Participation and Health* 29(1), 2009,
    pp.32-39, doi: 10.1177/15394492090290010.

6   Carol Coole, Paul J. Watson and Avril Drummond, "Low Back Pain
    Patients' Experiences of Work Modifications: A Qualitative Study",
    BMC Musculoskeletal Disorders 11(1), 2010, doi: 10.1186/1471-
    2474-11-277.

7   Elizabeth Maunsell et al., "Work Problems After Breast Cancer:
    An Exploratory Qualitative Study", *Psycho-Oncology: Journal
    of the Psychological, Social and Behavioral Dimensions
    of Cancer* 8(6), 1999, pp.467-473, doi: 10.1002/(sici)1099-
    1611(199911/12)8:6<467::aid-pon400>3.0.co;2-p; Fiona Kennedy et
    al., "Returning to Work Following Cancer: A Qualitative Exploratory
    Study into the Experience of Returning to Work Following Cancer",
    European Journal of Cancer Care 16(1), 2007, pp.17-25, doi:
    10.1111/j.1365-2354.2007.00729.x; Tainya C. Clarke et al., "Working
    with Cancer: Health and Employment among Cancer Survivors",
    Annals of Epidemiology 25(11), 2015, pp.832-838, doi: 10.1016/j.an
    nepidem.2015.07.011.

8   수전 웬델, 《거부당한 몸: 장애와 질병에 대한 여성주의 철학》, 강진영 외
    옮김, 그린비, 2013.

9   Eurofound, *The Social and Employment Situation of People with*

Disabilities, Publications Office of the European Union, 2018, pp.5-6.

10 European Patients Forum, *Equal Treatment for Patients in Education and Employment: Tackling Discrimination in Education and in the Workplace*, European Patients Forum, 2016.

11 fit2work, "fit2work", http://www.fit2work.at/home/.

3장. 나래 씨 이야기

1 진은영, 〈시, 아름다움, 질병: 문학적 감염과 치유에 대하여〉, 《인문언어》 제14권 제2호, 2012, 63~86쪽.

2 질병관리본부, 〈소아 아토피피부염에서 대체요법의 사용 실태 및 올바른 관리〉, 《주간 건강과 질병》 제2권 제29호, 2009, 473~477쪽.

3 Rahul A. Shenolikar, Rajesh Balkrishnan and Mark A. Hall, "How Patient-Physician Encounters in Critical Medical Situations Affect Trust: Results of a National Survey", *BMC Health Services Research* 4(24), 2004, doi: 10.1186/1472-6963-4-24.

4 송재철, 《아토피 피부염과 가공식품》, 울산대학교출판부, 2005.

5 Debra A. Swoboda, "The Social Construction of Contested Illness Legitimacy: A Grounded Theory Analysis", *Qualitative Research in Psychology* 3(3), 2006, pp.233-251, doi: 10.1191/1478088706qrp061oa.

6 대한건선학회, "건선이란", http://kspder.or.kr/diseaseintroduce.

7 질병관리청, "건선", 국가건강정보포털, https://health.kdca.go.kr/healthinfo/biz/health/gnrlzHealthInfo/gnrlzHealthInfo/gnrlzHealthInfoView.do.

8 같은 자료.

9 이인복, 〈건선환자 90% 생물학적 제제 만족…73% "비용은 부담"〉, 《메디컬타임즈》, 2020년 10월 28일, https://www.medicaltimes.com/Main/News/NewsView.html?ID=1136813.

10 송인섭, 《자아개념》, 학지사, 2013, 21~22쪽.

11 Barbara Jankowiak et al., "Stigmatization and Quality of Life in Patients with Psoriasis", *Dermatology and Therapy* Apr 10(2), 2020, pp.285-296, doi: 10.1007/s13555-020-00363-1; 류정호 외, 〈건선 환자의 삶의 질〉, 《대한피부과학회지》 제42권 제3호, 2004, 264~271쪽.

12 장인선, 〈중증건선, 생물학제제로 치료효과↑ …완화된 산정특례기준도
   희망〉,《헬스경향》, 2022년 5월 11일, http://www.k-health.com/news/
   articleView.html?idxno=59288.

13 통계청, "연령별 경제활동인구 총괄", KOSIS, https://kosis.kr/statHtml/
   statHtml.do?orgId=101&tblId=DT_1DA7002S&conn_path=I2.

14 정세정 외,《청년층 생활실태 및 복지욕구조사》, 한국보건사회연구원, 2020,
   67~69쪽.

15 이승윤·김기태, 〈아픈 노동자는 왜 가난해지는가?〉,《한국사회정책》제24권
   제4호, 2017, 113~150쪽.

16 서울특별시, "청년수당이란", 서울청년포털 청년몽땅정보통, https://
   youth.seoul.go.kr/site/main/content/youth_allowance_justice.

17 정세정 외,《청년층 생활실태 및 복지욕구조사》, 한국보건사회연구원, 2020,
   288~289쪽.

18 구체적으로 서울시는 '2025 서울청년 종합계획'에 일자리, 주거, 금융·복지,
   교육·문화 등의 영역을 포함시킴으로써 취·창업 지원, 주거비 및 주택 지원,
   금융, 건강, 교통서비스 지원, 인생 설계까지 다양한 사업을 청년들에게
   제공하고 있다. 서울특별시, "청년정책 개요", 서울청년포털 청년몽땅정보통,
   https://youth.seoul.go.kr/site/main/content/youth_policy.

19 Jeffrey Jensen Arnett, *Adolescence and Emerging Adulthood*,
   Pearson, 2014.

골골함 깊이 읽기 3

1 이 글에서 다룬 사회정책 내용 중 일부의 원출처는 다음과 같고, 재수록을
  하며 약간의 수정을 거쳤다. 김미영·김향수, 〈만성질환을 지닌 청년의
  일 경험에 관한 질적 연구: 환자 친화적 일터의 요구를 중심으로〉,
  《한국사회정책》제28권 제2호, 2021, 889~120쪽.

2 아서 프랭크,《아픈 몸을 살다》, 메이 옮김, 봄날의책, 2017, 190쪽.

3 김영·황정미, 〈"요요 이행"과 "DIY 일대기": 이행기 청년들의 노동경험과
  생애 서사에 대한 질적 분석〉,《한국사회》제14권 제1호, 2013, 215~260쪽.

4 고용노동부 한국고용정보원, "국민취업지원제도 사업소개", 취업이룸
  국민취업지원제도, https://www.work.go.kr/kua/intro/kuaIntro.do#.

5 취업 지원 서비스에 포함되어 있는 취업 역량 강화 프로그램을 통해
  청년들은 자기 이해, 자신감 향상, 사회성 향상 등과 같은 인적 역량을
  개발할 수 있을 뿐만 아니라 이력서, 자기소개서, 면접 등 기술적

역량을 향상시킬 수 있는 기회를 가질 수 있다. 동시에 한국폴리텍대학, 고용노동부 인증 직업훈련기관, 한국장애인고용공단과 같은 기관에서 다양한 직업 훈련을 받을 수 있고 상담, 금융, 정신건강 증진 등을 포함하는 심리안정·집단상담·복지 지원 프로그램에도 참여할 수 있다. 고용노동부 한국고용정보원, "취업지원 프로그램", 취업이룸 국민취업지원제도, https://www.kua.go.kr/uapac010/selectEmssPrgm.do.

6 정희선·윤상용, 〈국내 장애인 고용정책 연구의 동향과 함의〉, 《생활과학연구논총》 제24권 제3호, 2020, 109~123쪽.

7 European Patients Forum, *Equal Treatment for Patients in Education and Employment: Tackling Discrimination in Education and in the Workplace*, European Patients Forum, 2016.

8 Marjolijn I. Bal et al., "Entering the Labor Market: Increased Employment Rates of Young Adults with Chronic Physical Conditions after a Vocational Rehabilitation Program", *Disability and Rehabilitation* 43(14), 2021, pp.1965-1972, doi: 10.1080/09638288.2019.1687764.

4장. 여정 씨 이야기

1 서울대학교병원, "크론병", 서울대학교병원 N 의학정보, http://www.snuh.org/health/nMedInfo/nView.do?category=DIS&medid=AA000324.

2 이유경, 〈크론병 자녀를 돌보는 어머니의 경험에 대한 자전적 내러티브 탐구〉, 《학습자중심교과교육연구》 제21권 제10호, 2021, 643~661쪽.

3 Wendy N. Gray et al, "Parenting Stress in Pediatric IBD: Relations with Child Psychopathology, Family Functioning, and Disease Severity", *Journal of Developmental & Behavioral Pediatrics* 34(4), 2013, pp.237-244, doi: 10.1097/DBP.0b013e318290568a.

4 일레인 스캐리, 《고통받는 몸: 세계를 창조하기와 파괴하기》, 메이 옮김, 오월의봄, 2018.

5 Cheryl Kluthe et al., "Qualitative Analysis of Pediatric Patient and Caregiver Perspectives After Recent Diagnosis With Inflammatory Bowel Disease", *Journal of Pediatric Nursing* 38, 2018, pp.102-113, doi: 10.1016/j.pedn.2017.11.011.

6 남재욱·김영민·한기명, 〈고졸 청년 노동자의 노동시장 불안정 연구〉,

《사회복지연구》 제49권 제1호, 2018, 221~262쪽.

7　김다연, 〈질병권 관점에서 만성질환자의 노동권을 이야기하기〉,
《오마이뉴스》, 2021년 4월 8일, http://www.ohmynews.com/
NWS_Web/View/at_pg.aspx?CNTN_CD=A0002733236.

8　남궁준, 〈병가제도의 국제비교: 현황 및 시사점〉, 《노동리뷰》 제186호,
2020, 7~18쪽.

9　보건복지부, 〈아픈 근로자의 쉼과 소득보장을 위한 상병수당 시범사업
추진한다〉(보도자료), 2022년 1월 19일, https://www.mohw.go.kr/
react/al/sal0301vw.jsp?PAR_MENU_ID=04&MENU_ID=0403&CO
NT_SEQ=369826.

10　이승윤·김기태, 〈아픈 노동자는 왜 가난해지는가?〉, 《한국사회정책》 제24권
제4호, 2017, 113~150쪽.

11　김미란, 〈포커스 그룹 인터뷰를 이용한 암 생존자의 구직과 사회복귀
경험〉, 《인문사회 21》 제11권 제2호, 2020, 611~623쪽; 이인정, 〈저소득
암생존자의 구직 경험에 대한 현상학적 연구〉, 《보건사회연구》 제39권
제3호, 2019, 468~505쪽.

12　브레네 브라운, 《나는 왜 내 편이 아닌가: 나를 괴롭히는 완벽주의
신화로부터 자유로워지는 법》, 서현정 옮김, 북하이브, 2012.

13　애비. L. 윌커슨, 〈학생들에게 내가 우울증이 있다고 말해야 할까?〉, 《우리에
관하여: 장애를 가지고 산다는 것》, 피터 카타파노, 로즈마리 갈런드-톰슨
지음, 공마리아·김준수·이미란 옮김, 해리북스, 2021, 193~199쪽.

골골함 깊이 읽기 4

1　어빙 고프만, 《스티그마: 장애의 세계와 사회적응》, 윤선길 옮김,
한신대학교출판부, 2009.

2　Elaine Cameron and Jon Bernardes, "Gender and Disadvantage in
Health: Men's Health for a Change", *Sociology of Health and Illness*
20(5), 1998, pp.673-693.

3　Donata Kurpas, Katarzyna Szwamel and Bożena Mroczek,
〈Frequent Attenders with Chronic Respiratory Diseases in Primary
Care Settings〉 *Advances in Experimental Medicine and Biology*
952, 2016, pp.17-29.

4　Eurofound, *The Social and Employment Situation of People with
Disabilities*, Publications Office of the European Union, 2018.

5   European Patients Forum, *Equal Treatment for Patients in Education and Employment: Tackling Discrimination in Education and in the Workplace*, European Patients Forum, 2016.

5장. 석원 씨 이야기

1   Irving Kenneth Zola, "Pathways to the Doctor: From Person to Patient", *Social Science and Medicine* 7(9), 1973, pp.677-689, doi: 10.1016/0037-7856(73)90002-4.

2   김준영·안희재, 〈"본교 학부 출신은 성골, 타 대학 출신은 6두품"〉, 《신동아》, 2017년 11월 26일, https://shindonga.donga.com/ Library/3/02/13/1134961/1#.

3   Marie-Luise Assmann et al., "Public Employment Services: Building Social Resilience in Youth?", *Social Policy Administration* 55(4), 2021, pp.659-673, 10.1111/spol.12649.

4   김석호 외, 〈한국 청년세대의 꿈-자본 측정〉, 《문화와 사회》 제24권, 2017, 289~331쪽.

5   김용회·한창근, 〈한국사회에 대한 청년인식의 잠재계층유형: 경제적 지위의 영향력을 중심으로〉, 《사회복지연구》 제50권 제1호, 2019, 309~339쪽.

6   통계청, "연령별 경제활동인구 총괄", KOSIS, https://kosis.kr/ statHtml/statHtml.do?orgId=101&tblId=DT_1DA7002S&con n_path=I2; 임권택, 〈산업 현장에서 사라지는 청년 정규직…한경연 "제도개선 선행돼야"〉, 《파이낸셜신문》, 2021년 4월 13일, http:// www.efnews.co.kr/news/articleView.html?idxno=89602.

7   이지혜, 〈하반기 '청년 대책'에 집중…일자리·주거·자산형성〉, 《한겨레》, 2021년 6월 28일, https://www.hani.co.kr/arti/economy/ economy_general/1001199.html.

8   1988년 전국민의료보험제도가 도입되었으나 보장성이 낮았기에, 민간보험은 암, 사망보장, 간병비, 후유장애 등의 정액형 보험, 2007년 이후에는 병원과 약국에서 지출한 의료비와 약제비를 보상해주는 실손의료보험을 도입했다. 정형준, 〈민간의료보험 실태와 문제점〉, 《월간복지동향》, 2019년 2월 4일, https://www.peoplepower21.org/ Welfare/1610335. 석원 씨뿐 아니라 우리가 만난 청년들은 병원에 가서 검사를 받고 치료를 받는 데 실손보험의 도움을 받았다는 이야기를 했다. 어떤 치료를 받을지는 질병의 경과뿐 아니라 환자의 지불 능력에 따라

달라진다. 특히 치료비 중 비급여 진료는 환자 본인이 그 금액을 전액 부담해야 하기에, 실손보험 가입이 큰 경제적 도움이 된다고 이야기하는 것이다.

9   임광복, 〈청년 10명 중 1명 "세상에 홀로 있는 외로움 느꼈다"〉, 《파이낸셜뉴스》, 2022년 3월 21일, https://www.fnnews.com/news/202203210849335670.

10 주디스 버틀러, 《연대하는 신체들과 거리의 정치: 집회의 수행성 이론을 위한 노트》, 김응산·양효실 옮김, 창비, 2020, 297~298쪽.

골골함 깊이 읽기 5

1   Joan Toronto, *Moral Boundaries: A Political Argument for an Ethic of Care*, Routledge, 1993, p.103.

2   Berenice Fisher and Joan Toronto, "Towards a Feminist Theory of Caring", in *Circle of Care: Work and Identity in Women's Live*, edited by Emily K. Able and Margaret K. Nelson, State University of New York Press, 1990, pp.35-62.

3   Catriona Mackenzie, Wendy Rogers, Rogers and Susan Dodds, "Introduction: What Is Vulnerability and Why Does It Matter for Moral Theory?" in *Vulnerability: New Essays in Ethics and Feminist Philosophy*, Edited by Catriona Mackenzie, Wendy Rogers, Rogers and Susan Dodds, Oxford University Press, 2014, pp.1-30.

4   더 케어 컬렉티브, 《돌봄 선언: 상호의존의 정치학》, 정소영 옮김, 니케북스, 2021, 10~41쪽.

5   킴 닐슨, 《장애의 역사: 침묵과 고립에 맞서 빼앗긴 몸을 되찾는 투쟁의 연대기》, 김승섭 옮김, 동아시아, 2020, 20쪽.

6장. 조이 씨 이야기

1   미셸 푸코, 《임상의학의 탄생: 의학적 시선에 대한 고고학》, 홍성민 옮김, 이매진, 2006.

2   Zygmunt Bauman, *Mortality, Immortality and Other Life Strategies*, Stanford University Press, 1993.

3   조병희, 《질병과 의료의 사회학》, 집문당, 2015, 234쪽.

4   분당서울대병원, "자가면역성 뇌염 클리닉", 분당서울대학교병원
    희귀질환센터, https://www.snubh.org/dh/main/index.do?DP_CD=R
    DC&MENU_ID=003032.

5   마야 뒤센베리, 《의사는 왜 여자의 말을 믿지 않는가: 은밀하고 뿌리 깊은
    의료계의 성 편견과 무지》, 김보은·이유림 옮김, 한문화, 2019.

6   Lesley Doyal, "Gender Equity in Health: Debates and Dilemmas",
    Social Science & Medicine 51(6), 2000, pp.931-939, doi: 10.1016/
    S0277-9536(00)00072-1.

골골함 깊이 읽기 6

1   Elisa Rose Birch, Anh T. Le and Paul W. Miller, *Household
    Divisions of Labour: Teamwork, Gender and Time*, Palgrave
    Macmillan, 2009.

2   Kimberly Fisher and Yiu-Tung Suen, "A 'Queer' Omission:
    What Time Use Surveys Might Gain from Asking Diarists about
    Sexuality", *Electronic International Journal of Time Use Research*
    11(1), 2014, pp.100-105.

3   OECD, "Hours Worked" (indicator), 2022, doi: 10.1787/47be1c78-
    en.

4   김형주·연보라·배주희, 《청년 사회·경제실태 및 정책방안 연구 V:
    기초분석보고서》, 한국청소년정책연구원, 2020.

5   폴 라파르그, 《게으를 수 있는 권리》, 조형준 옮김, 새물결, 1997, 27, 51쪽.

6   이선형·기나휘, 《서울시 청년세대의 일·생활 균형 실태 및 지원방안 연구》,
    서울여성가족재단, 2020.

7   Cornell University, "Living with a Disability", Work-Life Balance &
    Disability, https://work-life-disability.org/#living.

8   Isaac Barker et al, "Self-Management Capability in Patients with
    Long-Term Conditions is Associated with Reduced Healthcare
    Utilisation across a Whole Health Economy: Cross-Sectional
    Analysis of Electronic Health Records", *BMJ Quality & Safety*
    27(12), 2018, pp.989-999, doi: 10.1136/bmjqs-2017-007635.

9   Gary Bedell, "Balancing Health, Work, and Daily Life: Design and
    Evaluation of a Pilot Intervention for Persons with HIV/AIDS", *Work*
    31(2), 2008, pp.131-144; Victoria Vaughan Dickson, Jin Jun and Gail

D'Eramo Melkus, "Mixed Methods Study Describing the Self-Care
Practices in an Older Working Population with Cardiovascular
Disease (CVD): Balancing Work, Life and Health", *Heart Lung*
50(3), 2021, pp.447-454, doi: 10.1016/j.hrtlng.2021.02.001; Lavanya
Vijayasingham, Uma Jogulu and Pascale Allotey, "Work Change in
Multiple Sclerosis as Motivated by the Pursuit of Illness-Work-Life
Balance: A Qualitative Study", *Multiple Sclerosis International* 2017,
2017, doi: 10.1155/2017/8010912.

7장. 명태 씨 이야기

1   보건복지부, "장애등급판정기준", https://www.law.go.kr/행정규칙/
    장애등급판정기준/(2018-151,20180727).
2   김향수·배은경, 〈자녀의 질환에 대한 모성 비난과 '아토피 엄마'의 경험〉,
    《페미니즘연구》 제13권 제1호, 2013, 1~46쪽.
3   수전 웬델, 《거부당한 몸: 장애와 질병에 대한 여성주의 철학》,
    김은정·강진영·황지성 옮김, 그린비, 2013, 129쪽.
4   강정·이영선, 〈의료이용에 대한 저소득층의 경험과 인식 연구: Q방법론
    접근〉, 《주관성 연구》 제27권, 2013, 129~147쪽.
5   강혜민, 〈'청각장애 이유로 탈락했다', 법원 장애인 손 들어줬다〉,
    《비마이너》, 2020년 11월 19일, https://www.beminor.com/news/
    articleView.html?idxno=20316.
6   설성현, 〈코로나19 확산으로 의료서비스 이용 경험 줄고, 감염 불안감 증가〉,
    《K스피릿》, 2022년 2월 24일, http://www.ikoreanspirit.com/news/
    articleView.html?idxno=66740.
7   장서연 외, 《성적지향·성별정체성에 따른 차별 실태조사》, 국가인권위원회,
    2014.
8   고용개발원 조사통계팀, 《한눈에 보는 2020 장애인 통계》,
    한국장애인고용공단 고용개발원, 2020.

골골함 깊이 읽기 7

1   Arthur Kleinman, *The Illness Narratives: Suffering, Healing and the
    Human Condition*, Basic Books, 1988, 48p.[국역판: 아서 클라인먼,

《우리의 아픔엔 서사가 있다: 하버드 의과대학 교수가 들려주는 온몸으로 삶의 무게를 견뎌내는 우리의 질병과 그 의미에 대하여》, 이애리 옮김, 사이, 2022.]

2 수전 웬델, 《거부당한 몸: 장애와 질병에 대한 여성주의 철학》, 김은정·강진영·황지성 옮김, 그린비, 2013, 167~182쪽.

3 Lisa Gibbs, "Applications of Masculinity Theories in a Chronic Illness Context", *International Journal of Men's Health* 4(3), 2005, pp.287-300, doi: 10.3149/jmh.0403.287. Catherine Kohler Riessman, "Performing Identities in Illness Narrative: Masculinity and Multiple Sclerosis", *Qualitative Research* 3(1), 2003, pp.5-33, doi: 10.1177/1468794103003000101.

4 아서 프랭크, 《몸의 증언: 상처 입은 스토리텔러를 통해 생각하는 질병의 윤리학》, 최은경 옮김, 갈무리, 2013, 64쪽.

나가며

1 조보경·윤재영, 〈죽기 전 메모엔 구직 노력 빼곡…젊어진 고독사〉, 《JTBC뉴스》, 2022년 3월 26일, https://news.jtbc.co.kr/article/article.aspx?news_id=NB12052570.

참고문헌

강애란, 〈코로나19 국내 첫 사망자 발생… 63세 남성 사후 확진〉,
    《연합뉴스》, 2020년 2월 20일, https://www.yna.co.kr/view/
    AKR20200220163551017.
강정·이영선, 〈의료이용에 대한 저소득층의 경험과 인식 연구: Q방법론 접근〉,
    《주관성 연구》 제27권, 2013, 129~147쪽.
강혜민, 〈'청각장애 이유로 탈락했다', 법원 장애인 손 들어줬다〉,
    《비마이너》, 2020년 11월 19일, https://www.beminor.com/news/
    articleView.html?idxno=20316.
고용개발원 조사통계팀, 《한눈에 보는 2020 장애인 통계》, 한국장애인고용공단
    고용개발원, 2020.
고용노동부 한국고용정보원, "국민취업지원제도 사업소개", 취업이룸
    국민취업지원제도, https://www.work.go.kr/kua/intro/kuaIntro.do#.
고용노동부 한국고용정보원, "취업지원 프로그램", 취업이룸 국민취업지원제도,
    https://www.kua.go.kr/uapac010/selectEmssPrgm.do.
공선영·박건·정진주, 《2019년 사회건강연구소 연구 보고서: 의료현장에서의
    보호자 개념은 다양한 가족을 포함하고 있는가?》, 사회건강연구소, 2019.
근로기준법 제93조.

김난도·전미영·이향은·이준영·김서영·최지혜·서유현·이수진,《트렌드 코리아 2018: 서울대 소비트렌드분석센테의 2018 전망》, 미래의창, 2017.

김다연,〈질병권 관점에서 만성질환자의 노동권을 이야기하기〉,《오마이뉴스》, 2021년 4월 8일, http://www.ohmynews.com/NWS_Web/View/at_pg.aspx?CNTN_CD=A0002733236.

김미란,〈포커스 그룹 인터뷰를 이용한 암 생존자의 구직과 사회복귀 경험〉, 《인문사회 21》제11권 제2호, 2020, 611~623쪽.

김미영·김향수,〈만성질환을 지닌 청년의 일 경험에 관한 질적 연구: 환자 친화적 일터의 요구를 중심으로〉,《한국사회정책》제28권 제2호, 2021, 889~120쪽.

김석호·주윤정·성연주·김지애·김은지·이상규·김홍중,〈한국 청년세대의 꿈-자본 측정〉,《문화와 사회》제24권, 2017, 289~331쪽.

김세로,〈더 벌어진 20대 출발... 상위 20% 자산, 하위 20%의 39배〉, 《뉴스데스크》, 2021년 10월 11일, https://imnews.imbc.com/replay/2021/nwdesk/article/6306455_34936.html.

김수진·김기태,〈누가 아파도 쉬지 못할까: 우리나라의 병가제도 및 프리젠티즘 현황과 상병수당 도입 논의에 주는 시사점〉,《보건·복지 Issue & Focus》 제391호, 2020, 1~10쪽.

김승연·최광은·박민진,《장벽사회, 청년 불평등의 특성과 과제》, 서울연구원, 2020.

김영·황정미,〈"요요 이행"과 "DIY 일대기": 이행기 청년들의 노동경험과 생애 서사에 대한 질적 분석〉,《한국사회》제14권 제1호, 2013, 215~260쪽.

김용회·한창근,〈한국사회에 대한 청년인식의 잠재계층유형: 경제적 지위의 영향력을 중심으로〉,《사회복지연구》제50권 제1호, 2019, 309~339쪽.

김준영·안희재,〈"본교 학부 출신은 성골, 타 대학 출신은 6두품"〉, 《신동아》, 2017년 11월 26일, https://shindonga.donga.com/Library/3/02/13/1134961/1#.

김준일·임현주,〈불안한 직장인들, '자기계발 강박증'〉,《경향신문》, 2007년 3월 2일, https://m.khan.co.kr/national/national-general/article/200703021822461#c2b.

김향수·배은경,〈자녀의 질환에 대한 모성 비난과 '아토피 엄마'의 경험〉, 《페미니즘연구》제13권 제1호, 2013, 1~46쪽.

김형주·연보라·배주희,《청년 사회·경제실태 및 정책방안 연구Ⅴ:기초분석보고서》, 한국청소년정책연구원, 2020.

남궁준,〈병가제도의 국제비교: 현황 및 시사점〉,《노동리뷰》제186호, 2020, 7~18쪽.

남재욱·김영민·한기명, 〈고졸 청년 노동자의 노동시장 불안정 연구〉,
《사회복지연구》 제49권 제1호, 2018, 221~262쪽.

대한건선학회, "건선이란", http://kspder.or.kr/diseaseintroduce.

더 케어 컬렉티브, 《돌봄 선언: 상호의존의 정치학》, 정소영 옮김, 니케북스,
2021.

리차드 세넷, 《신자유주의와 인간성의 파괴》, 조용 옮김, 문예출판사, 2002.

마야 뒤센베리, 《의사는 왜 여자의 말을 믿지 않는가: 은밀하고 뿌리 깊은
의료계의 성 편견과 무지》, 김보은·이유림 옮김, 한문화, 2019.

미셸 푸코, 《임상의학의 탄생: 의학적 시선에 대한 고고학》, 홍성민 옮김, 이매진,
2006.

박현주, 〈"평생 직장? 옛말이죠" 퇴사 결심하는 20·30세대: 20·30세대 절반
이상 "더 좋은 회사로의 이직 위해 퇴사"〉, 《아시아경제》, 2022년 7월 27일,
https://view.asiae.co.kr/article/2022072616513391421.

보건복지부, "장애등급판정기준", https://www.law.go.kr/행정규칙/
장애등급판정기준/(2018-151,20180727).

보건복지부, 〈아픈 근로자의 쉼과 소득보장을 위한 상병수당 시범사업
추진한다〉(보도자료), 2022년 1월 19일, https://www.mohw.go.kr/
react/al/sal0301vw.jsp?PAR_MENU_ID=04&MENU_ID=0403&CO
NT_SEQ=369826.

분당서울대병원, "자가면역성 뇌염 클리닉", 분당서울대학교병원 희귀질환센터,
https://www.snubh.org/dh/main/index.do?DP_CD=RDC&MENU_
ID=003032.

브레네 브라운, 《나는 왜 내 편이 아닌가: 나를 괴롭히는 완벽주의 신화로부터
자유로워지는 법》, 서현정 옮김, 북하이브, 2012.

서문영, 〈'사장님귀는 당나귀귀' 매화 조리장, "아플 때 퇴근 안 시켜줘서
서운했다" 무슨 사연이길래?〉, 《시민일보》, 2019년 6월 28일, http://
m.siminilbo.co.kr/news/articleView.html?idxno=641736.

서울대학교병원, "크론병", 서울대학교병원 N 의학정보, http://
www.snuh.org/health/nMedInfo/nView.do?category=DIS&medid=
AA000324.

서울특별시, "청년수당이란", 서울청년포털 청년몽땅정보통, https://
youth.seoul.go.kr/site/main/content/youth_allowance_justice.

서울특별시, "청년정책 개요", 서울청년포털 청년몽땅정보통, https://
youth.seoul.go.kr/site/main/content/youth_policy.

설성현, 〈코로나19 확산으로 의료서비스 이용 경험 줄고, 감염 불안감 증가〉,
《K스피릿》, 2022년 2월 24일, http://www.ikoreanspirit.com/news/

articleView.html?idxno=66740.

송인섭, 《자아개념》, 학지사, 2013.

송재철, 《아토피 피부염과 가공식품》, 울산대학교출판부, 2005.

수전 웬델, 《거부당한 몸: 장애와 질병에 대한 여성주의 철학》, 강진영 외 옮김, 그린비, 2013.

신기철, 〈상병소득보장제도 충실화 방안 연구: 급여소득자를 중심으로〉, 《사회보장연구》 제127권 1호, 2011, 134쪽.

신현보, 〈코로나는 여성에 더 가혹했다…취업자 감소폭 남성의 3배[신현보의 딥데이터]〉, 《한국경제》, 2020년 10월 18일, https:// www.hankyung.com/society/article/2020101898027.

아서 클라인먼, 《케어: 의사에서 보호자로, 치매 간병 10년의 기록》, 노지양 옮김, 시공사, 2020.

아서 프랭크, 《몸의 증언: 상처 입은 스토리텔러를 통해 생각하는 질병의 윤리학》, 최은경 옮김, 갈무리, 2013.

아서 프랭크, 《아픈 몸을 살다》, 메이 옮김, 봄날의책, 2017.

애비. L. 윌커슨, 〈학생들에게 내가 우울증이 있다고 말해야 할까?〉, 《우리에 관하여: 장애를 가지고 산다는 것》, 피터 카타파노, 로즈마리 갈런드-톰슨 지음, 공마리아·김준수·이미란 옮김, 해리북스, 2021.

어빙 고프만, 《스티그마: 장애의 세계와 사회적응》, 윤선길 옮김, 한신대학교출판부, 2009.

울리히 벡, 《위험사회: 새로운 근대(성)을 향하여》, 홍성태 옮김, 새물결, 1997, 20쪽.

원호섭, 〈직장인 37.5% '나는 퇴준생' 취업하자마자 이직 준비: 급여, 급한 마음에 취업해서 퇴사 준비〉, 《매일경제》, 2021년 6월 18일, https:// www.mk.co.kr/news/business/view/2021/06/590861/.

이선형·기나휘, 《서울시 청년세대의 일·생활 균형 실태 및 지원방안 연구》. 서울여성가족재단, 2020.

이승윤·김기태, 〈아픈 노동자는 왜 가난해지는가?〉, 《한국사회정책》 제24권 제4호, 2017, 113~150쪽.

이유경, 〈크론병 자녀를 돌보는 어머니의 경험에 대한 자전적 내러티브 탐구〉, 《학습자중심교과교육연구》 제21권 제10호, 2021, 643~661쪽.

이인복, 〈건선환자 90% 생물학적 제제 만족…73% "비용은 부담"〉, 《메디컬타임즈》, 2020년 10월 28일, https://www.medicaltimes.com/ Main/News/NewsView.html?ID=1136813.

이인정, 〈저소득 암생존자의 구직 경험에 대한 현상학적 연구〉, 《보건사회연구》 제39권 제3호, 2019, 468~505쪽.

이재호, 〈일차의료의 가치와 근거, 현실과 대안〉, 《근거와 가치》 제5권 제1호, 2014, 6~22쪽.

이지혜, 〈하반기 '청년 대책'에 집중…일자리·주거·자산형성〉, 《한겨레》, 2021년 6월 28일, https://www.hani.co.kr/arti/economy/economy_general/1001199.html.

일레인 스캐리, 《고통받는 몸: 세계를 창조하기와 파괴하기》, 메이 옮김, 오월의봄, 2018.

임광복, 〈청년 10명 중 1명 "세상에 홀로 있는 외로움 느꼈다"〉, 《파이낸셜뉴스》, 2022년 3월 21일, https://www.fnnews.com/news/202203210849335670.

장서연·김정혜·김현경·나영정·정현희·류민희·조혜인·한가람·박한희, 《성적지향·성별정체성에 따른 차별 실태조사》, 국가인권위원회, 2014.

장인선, 〈중증건선, 생물학제제로 치료효과↑…완화된 산정특례기준도 희망〉, 《헬스경향》, 2022년 5월 11일, http://www.k-health.com/news/articleView.html?idxno=59288.

전종희, 〈중학생의 독서활동, 봉사활동, 수업 상호작용, 규칙 준수와 공동체 의식 사이에서 자기 관리, 사회적 자아개념의 조절효과〉, 《청소년학연구》 제28권 제2호, 2021, 89~116쪽.

전혜민, 〈서울 지하철 내 성범죄 신고건수, 작년에만 1000건〉, 《여성신문》, 2022년 9월 18일, http://www.womennews.co.kr/news/articleView.html?idxno=228035.

정세정·김태완·김문길·정해식·김기태·주유선·강예은·최준영·송아영·김용환, 《청년층 생활실태 및 복지욕구조사》, 한국보건사회연구원, 2020.

정형준, 〈민간의료보험 실태와 문제점〉, 《월간복지동향》 제244호, 2019년 2월 4일, https://www.peoplepower21.org/Welfare/1610335.

정희선·윤상용, 〈국내 장애인 고용정책 연구의 동향과 함의〉, 《생활과학연구논총》 제24권 제3호, 2020, 109~123쪽.

조병희, 《질병과 의료의 사회학》, 집문당, 2015.

조보경·윤재영, 〈죽기 전 메모엔 구직 노력 빼곡… 젊어진 고독사〉, 《JTBC뉴스》, 2022년 3월 26일, https://news.jtbc.co.kr/article/article.aspx?news_id=NB12052570.

조해영, 〈한해 천억 쏟아붓는 서울시 뉴딜일자리… "알바만 못해요"〉, 《이데일리》, 2018년 11월 7일, https://www.edaily.co.kr/news/read?newsId=01295606619403424.

존 W. 크레스웰·셰릴 N. 포스, 《질적연구방법론: 다섯 가지 접근》, 조흥식·정선욱·김진숙·권지성 옮김, 학지사, 2015.

주디스 버틀러, 《연대하는 신체들과 거리의 정치: 집회의 수행성 이론을 위한 노트》, 김응산·양효실 옮김, 창비, 2020.

진은영, 〈시, 아름다움, 질병: 문학적 감염과 치유에 대하여〉, 《인문언어》 제14권 제2호, 2012, 63~86쪽.

질병관리본부, 〈소아 아토피피부염에서 대체요법의 사용 실태 및 올바른 관리〉, 《주간 건강과 질병》 제2권 제29호, 2009, 473~477쪽.

질병관리청, "건선", 국가건강정보포털, https://health.kdca.go.kr/healthinfo/biz/health/gnrlzHealthInfo/gnrlzHealthInfo/gnrlzHealthInfoView.do.

킴 닐슨, 《장애의 역사: 침묵과 고립에 맞서 빼앗긴 몸을 되찾는 투쟁의 연대기》, 김승섭 옮김, 동아시아, 2020.

통계청, "연령별 경제활동인구 총괄", KOSIS, https://kosis.kr/statHtml/statHtml.do?orgId=101&tblId=DT_1DA7002S&conn_path=I2; 임권택, 〈산업 현장에서 사라지는 청년 정규직…한경연 "제도개선 선행돼야"〉, 《파이낸셜신문》, 2021년 4월 13일, http://www.efnews.co.kr/news/articleView.html?idxno=89602.

폴 라파르그, 《게으를 수 있는 권리》, 조형준 옮김, 새물결, 1997.

피터 콘래드, 《어쩌다 우리는 환자가 되었나》, 정준호 옮김, 후마니타스, 2018.

한형용, 〈수입보다 여가, 결혼 대신 동거, 이직도 가능: MZ 세대, 서울시민 35.5% 차지… 베이비부머와 가치관 차이 뚜렷〉, 《한국일보》, 2021년 8월 4일, https://m.dnews.co.kr/m_home/view.jsp?idxno=202108041332155190540.

Arthur Kleinman, *The Illness Narratives: Suffering, Healing and the Human Condition* Basic Books, 1988[국역판: 아서 클라인먼, 《우리의 아픔엔 서사가 있다: 하버드 의과대학 교수가 들려주는 온몸으로 삶의 무게를 견뎌내는 우리의 질병과 그 의미에 대하여》, 이애리 옮김, 사이, 2022].

Bauman, Zygmunt, *Mortality, Immortality and Other Life Strategies*, Stanford University Press, 1993.

Berenice Fisher and Joan Toronto, "Towards a Feminist Theory of Caring", in *Circle of Care: Work and Identity in Women's Live*, edited by Emily K. Able and Margaret K. Nelson, State University of New York Press, 1990, pp.35-62.

Carol Coole, Paul J. Watson and Avril Drummond, "Low Back Pain Patients' Experiences of Work Modifications: A Qualitative Study",

BMC Musculoskeletal Disorders 11(1), 2010, doi: 10.1186/1471-2474-11-277.

Catherine Kohler Riessman, "Performing Identities in Illness Narrative: Masculinity and Multiple Sclerosis", Qualitative Research# 3(1), 2003, pp.5-33, doi: 10.1177/146879410300300101.

Cheryl Kluthe, Daniela Migliarese Isaac, Kaitlynd Hiller, Matthew Carroll, Eytan Wine, Michael van Manen and Hien Quoc Huynh, "Qualitative Analysis of Pediatric Patient and Caregiver Perspectives After Recent Diagnosis With Inflammatory Bowel Disease", *Journal of Pediatric Nursing* 38, 2018, pp.102-113, doi: 10.1016/j.pedn.2017.11.011.

Claudia Fonseca, Soraya Fleischer and Taniele Rui, "The Ubiquity of Chronic Illness", *Medical Anthropology* 35(6), 2016, pp.588-596, doi: 10.1080/01459740.2016.1194411.

Cornell University, "Living with a Disability", Work-Life Balance & Disability, https://work-life-disability.org/#living.

Debra A. Swoboda, "The Social Construction of Contested Illness Legitimacy: A Grounded Theory Analysis", *Qualitative Research in Psychology* 3(3), 2006, pp.233-251, doi: 10.1191/1478088706qrp061oa.

Donata Kurpas, Katarzyna Szwamel and Bożena Mroczek, "Frequent Attenders with Chronic Respiratory Diseases in Primary Care Settings", *Advances in Experimental Medicine and Biology* 952, 2016, pp.17-29.

Drew Leder, *The Absent Body*, University of Chicago Press, 1990.

Elaine Cameron and Jon Bernardes, "Gender and Disadvantage in Health: Men's Health for a Change", *Sociology of Health and Illness* 20(5), 1998, pp.673-693.

Elisa Rose Birch, Anh T. Le and Paul W. Miller, *Household Divisions of Labour Teamwork, Gender and Time*, Palgrave Macmillan, 2009.

Elizabeth Maunsell, Chantal Brisson, Lise Dubois, Sophie Lauzier and Annie Fraser, "Work Problems After Breast Cancer: An Exploratory Qualitative Study", *Psycho-Oncology: Journal of the Psychological, Social and Behavioral Dimensions of Cancer* 8(6), 1999, pp.467-473, doi: 10.1002/(sici)1099-1611(199911/12)8:6<467::aid-pon400>3.0.co;2-p.

Eurofound, *The Social and Employment Situation of People with Disabilities*, Publications Office of the European Union, 2018.

European Patients Forum, *Equal Treatment for Patients in Education and Employment: Tackling Discrimination in Education and in the Workplace*, European Patients Forum, 2016

Fiona Kennedy, Cheryl Olga Haslam andFehmidah Munir, "Returning to Work Following Cancer: A Qualitative Exploratory Study into the Experience of Returning to Work Following Cancer", *European Journal of Cancer Care* 16(1), 2007. pp.17-25, doi: 10.1111/j.1365-2354.2007.00729.x.

fit2work, "fit2work", http://www.fit2work.at/home/.

Gary Bedell, "Balancing Health, Work, and Daily Life: Design and Evaluation of a Pilot Intervention for Persons with HIV/AIDS", *Work* 31(2), 2008, pp.131-144.

Irving Kenneth Zola, "Pathways to the Doctor: From Person to Patient", *Social Science and Medicine* 7(9), 1973, pp.677-689, doi: 10.1016/0037-7856(73)90002-4.

Isaac Barker, Adam Steventon, Robert Williamson and Sarah R. Deeny, "Self-Management Capability in Patients with Long-Term Conditions is Associated with Reduced Healthcare Utilisation across a Whole Health Economy: Cross-Sectional Analysis of Electronic Health Records", *BMJ Quality & Safety* 27(12), 2018, pp.989-999, doi: 10.1136/bmjqs-2017-007635.

Jeffrey Jense Arnett, *Adolescence and Emerging Adulthood*, Pearson, 2014.

Joan Toronto, *Moral Boundaries: A Political Argument for an Ethic of Care*, Routledge, 1993.

Jose A. Meza-Palmeros, "Risk Perception, Coronavirus and Precariousness: A Reflection on Fieldwork under Quarantine", *Health Sociology Review* 29(2), 2020, pp.113-121, doi: 10.1080/14461242.2020.1785321.

Kathy Charmaz, "Loss of Self: A Fundamental Form of Suffering in the Chronically Ill", *Sociology of Health & Illness* 5(2), 1983, pp.168-195, doi: 10.1111/1467-9566.ep10491512.

Kimberly Fisher and Yiu-Tung Suen, "A 'Queer' Omission: What Time Use Surveys Might Gain from Asking Diarists about Sexuality",

Electronic International Journal of Time Use Research 11(1), 2014, pp.100-105.

Lavanya Vijayasingham, Uma Jogulu and Pascale Allotey, "Work Change in Multiple Sclerosis as Motivated by the Pursuit of Illness-Work-Life Balance: A Qualitative Study", *Multiple Sclerosis International* 2017, 2017, doi: 10.1155/2017/8010912.

Lesley Doyal, "Gender Equity in Health: Debates and Dilemmas", *Social Science & Medicine* 51(6), 2000, pp.931-939, doi: 10.1016/S0277-9536(00)00072-1.

Lisa Gibbs, "Applications of Masculinity Theories in a Chronic Illness Context", *International Journal of Men's Health* 4(3), 2005, pp.287-300, doi: 10.3149/jmh.0403.287.

Marie-Luise Assmann, Ida Tolgensbakk, Janikke S. Vedeler and Kjetil K. Bøhler, "Public Employment Services: Building Social Resilience in Youth?", *Social Policy Administration* 55(4), 2021, pp.659-673, 10.1111/spol.12649.

Marjolijn I. Bal, Pepijn P. D. M. Roelofs, Sander R. Hilberink, Jetty van Meeteren, Henk J. Stam, Marij E. Roebroeck and Harald S. Miedema, "Entering the Labor Market: Increased Employment Rates of Young Adults with Chronic Physical Conditions after a Vocational Rehabilitation Program", *Disability and Rehabilitation* 43(14), 2021, pp.1965-1972, doi: 10.1080/09638288.2019.1687764.

OECD, "Hours worked" (indicator), 2022, doi: 10.1787/47be1c78-en.

Rahul A. Shenolikar, Rajesh Balkrishnan and Mark A. Hall, "How Patient-Physician Encounters in Critical Medical Situations Affect Trust: Results of a National Survey", *BMC Health Services Research* 4(24), 2004, doi: 10.1186/1472-6963-4-24.

Stephanie Bernell and Steven W. Howard, "Use Your Words Carefully: What Is a Chronic Disease?", *Frontiers in Public Health* 4(159), 2016, doi: 10.3389/fpubh.2016.00159.

Suzanne Heurtin-Roberts and Gay Becker, "Anthropological Perspectives On Chronic Illness", *Social Science & Medicine* 37(3), 1993, pp.281-283, doi: 10.1016/0277-9536(93)90259-7.

Tainya C. Clarke, Sharon L. Christ, Hosanna Soler-Vila, David J. Lee, Kristopher L. Arheart, Guillermo Prado, Alberto Caban-Martinez and Lora E. Fleming, "Working with Cancer: Health and

Employment among Cancer Survivors", *Annals of Epidemiology*, 25(11), 2015, pp.832-838, doi: 10.1016/j.annepidem.2015.07.011.

Tanja Stamm, Linda Lovelock, Graham Stew, Valerie Nell, Josef Smolen, Klaus MacHold, Hans Jonsson, and Gaynor Sadlo, "I Have a Disease But I Am Not Ill: A Narrative Study of Occupational Balance in People with Rheumatoid Arthritis", *OTJR: Occupation, Participation and Health* 29(1), 2009, pp.32-39, doi: 10.1177/15394492090290010.

Wendy N. Gray, Danielle M. Graef, Shana S. Schuman, David M. Janicke and Kevin A. Hommel, "Parenting Stress in Pediatric IBD: Relations with Child Psychopathology, Family Functioning, and Disease Severity", *Journal of Developmental & Behavioral Pediatrics* 34(4), 2013, pp.237-244, doi: 10.1097/DBP.0b013e318290568a.

Victoria Vaughan Dickson, Jin Jun and Gail D'Eramo Melkus, "Mixed Methods Study Describing the Self-Care Practices in an Older Working Population with Cardiovascular Disease (CVD): Balancing Work, Life and Health", *Heart Lung* 50(3), 2021, pp.447-454, doi: 10.1016/j.hrtlng.2021.02.001.

골골한 청년들

초판 1쇄 펴낸날 2022년 12월 20일
기획 사회건강연구소
지은이 김미영·김향수
펴낸이 박재영
편집 이정신·임세현·한의영
마케팅 신연경
디자인 조하늘
제작 제이오
펴낸곳 도서출판 오월의봄
주소 경기도 파주시 회동길 363-15 201호
등록 제406-2010-000111호
전화 070-7704-2131
팩스 0505-300-0518
이메일 maybook05@naver.com
트위터 @oohbom
블로그 blog.naver.com/maybook05
페이스북 facebook.com/maybook05
인스타그램 instagram.com/maybooks_05

ISBN 979-11-6873-044-1 03330

이 책은 저작권법에 따라 보호받는 저작물이므로 무단전재와 복제를 금합니다.
이 책 내용의 전부 또는 일부를 이용하려면 반드시 저작권자와 도서출판 오월의봄에
서면 동의를 받아야 합니다.

책값은 뒤표지에 있습니다. 잘못된 책은 바꾸어 드립니다.

만든 사람들
편집 이정신
디자인 조하늘